ジェシー・ターボックス・ビールズのアメリカ

写真が映し出した世紀末のアメリカ

杉山恵子

慶應義塾大学出版会

ジェシー・ターボックス・ビールズのアメリカ　目次

はじめに

いまでは忘れられた写真家、ジェシー・ターボックス・ビールズ（一八七〇―一九四二）はニューヨークのグリニッジ・ヴィレッジのかたすみで、一人で子育てをしながら、苦しい生計をやりくりしていた。セントルイス万国博覧会では女性写真家としてもてはやされたりもしたが、競争の激しいなか、写真の題材を選んでいる暇はなかった。新聞のファッション欄に掲載する写真、雑誌のインタヴューに添える肖像写真、庭園写真、裕福な家庭の子供たちの記念写真、新築の家を宣伝するための写真……売れるなら何でもよかった。買い手がつくと、その路線に期待して何度も似たような写真を撮って現像した。ポーズを変えて同じテーマの写真を撮った。そうした写真の一枚に看護婦と少女を撮った写真がある（写真1）。「病院のナネット」と題されたものだ。このテーマで似たような構図のものが何枚も残っている。実はこの写真、一九世紀から二〇世紀を生きたアメリカの女性たちを考える上でいろいろな示唆に富む。被写体となったナネットはビールズの実の一人娘、特別の思いで育ててきた子である。

ビールズが家族写真を残すことはまれだったが一人娘ナネットの成長写真は残っている。子守が見つからなかったのだろう。仕事場まで連れていって、足元の木箱のなかでやむなくあやしたりもした。遅くに生まれた子がかわいくて仕方がなかった。ナネットは幼いときから体が弱く病院に入院することもたびたびだった。働く母親ビールズの留守中、家で面倒を見ていたのは、若いアフリカ系アメリカ人（以下黒人）の女性であった（写真2）。何枚か写真が残っている。ビールズの限られた収入でなんとか雇えたのである。しかしビールズは決してそのことを公にしなかった。娘をあやす黒人女性の写真は、「その他」という未整理の箱に無駄になった割れた銀板のかけらとともに無造作に何枚も納められていた(1)。

黒人女性が白人の子供を世話する写真ほど二〇世紀初頭のアメリカで不安感をつのらせるものはなかったろう。白人女性の出生率の低下が叫ばれ、白人種が滅びゆくとセオドア・ルーズヴェルト大統領までが躍起になっていた時代である。白人の子供を増やすように、子育てに勤しむようにと世をあげて母親の役割が強調されていた時代だった。もし母親が至らないなら、専門職の看護婦こそ、その任に相応しいといわれていた時代だった(2)。

黒人の乳母を退け、ビールズが撮って公にしたのは、まばゆいばかりの白い制服を着た若い看護婦が娘ナネットを看病する写真であった。一見、病院生活の多かったナネットの姿を自然に写真に収めたようにも見える。タイトルもそうだ。しかし、後にナネットが語ったところによると、看護婦は本物ではなかった。グリニッジ・ヴィレッジで舞台女優をしていたビールズの知人が看護婦姿に変装してモデルになり自宅で撮られたものだという(3)。天使のような子供をこれも天使と見間違え

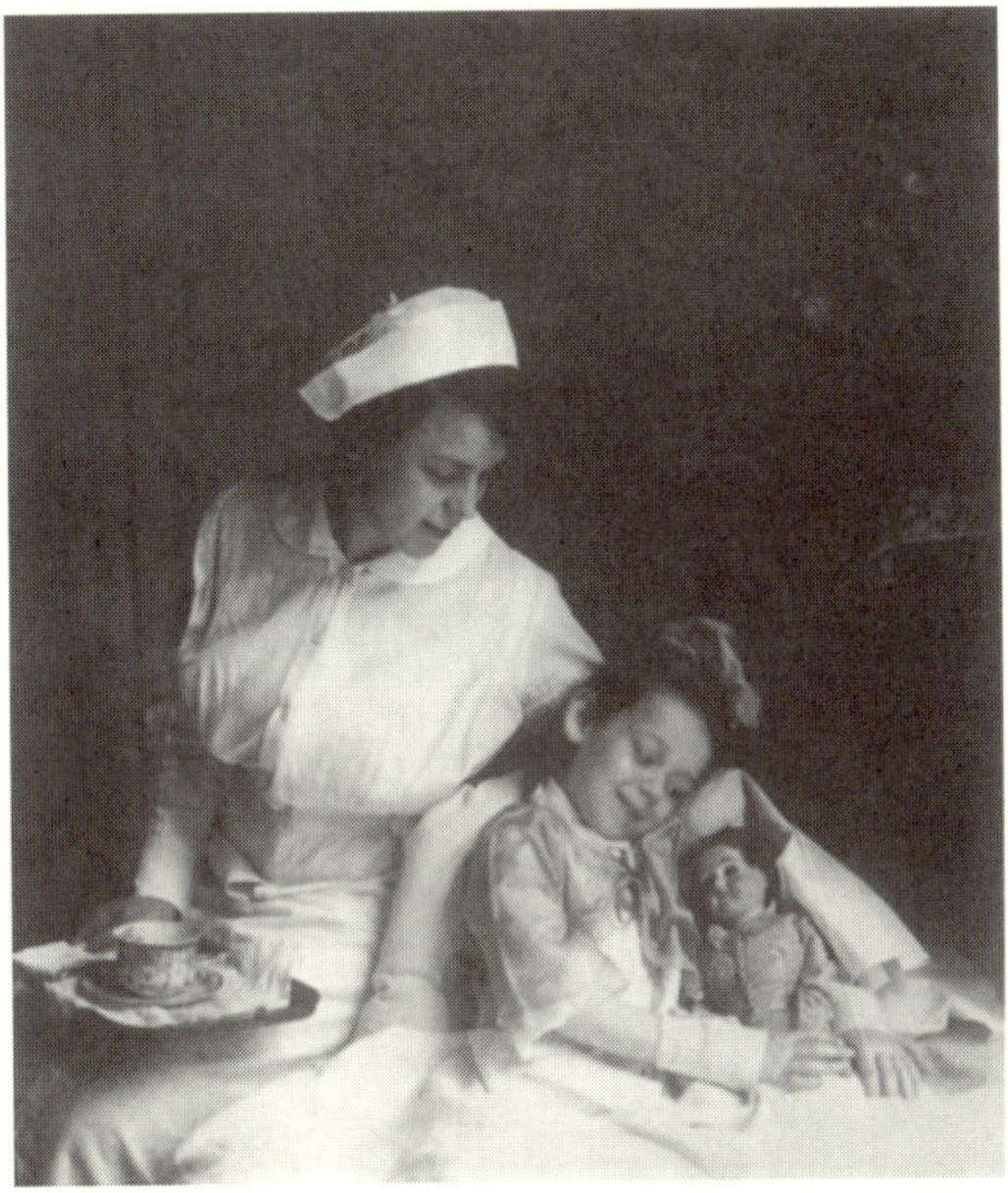

写真1　病院のナネット

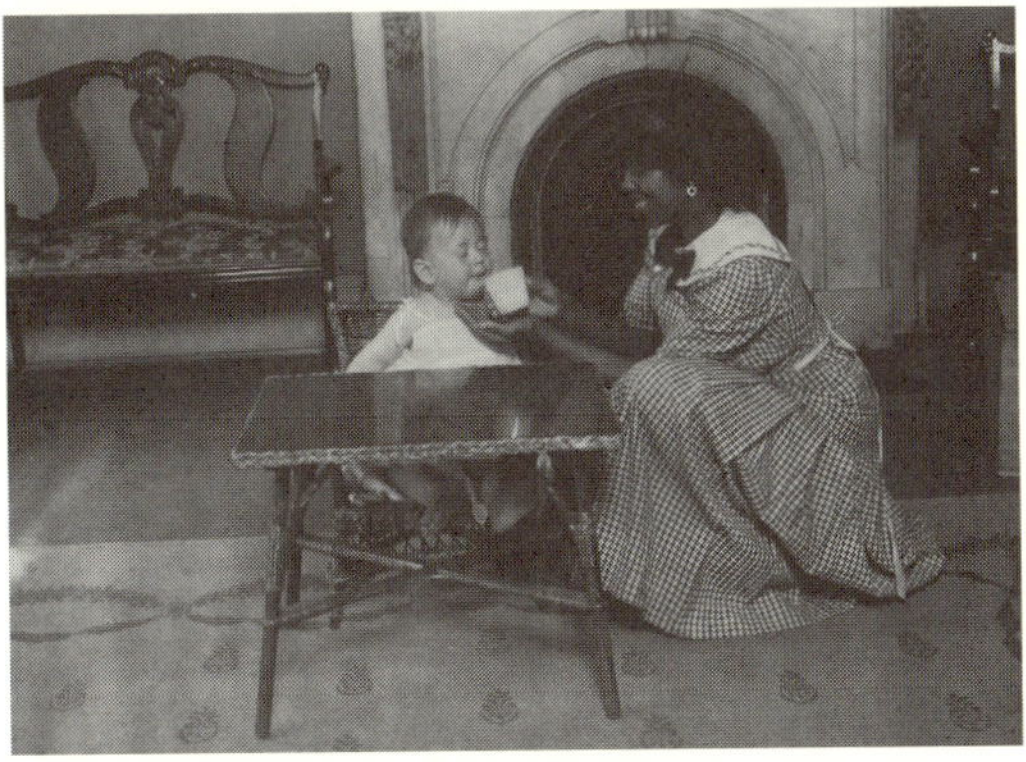

写真2　黒人乳母とナネット

るほどの美しい看護婦が世話する写真。売れるだろうとビールズはふんだに違いない。

この写真捏造ほど、この時代を象徴するものはないだろう。国家の将来を担う子供たちを育てるのに、誰がもっとも相応しいか。理想の母親とは誰か、どのような母親か。当時のアメリカでは、そこに黒人女性の母性や子育てを含める発想はない。ビールズは黒人乳母の存在を明かせなかった、明かさなかった、そしてそれはそうした現実を嫌悪する社会に、写真を売るためにであった。写真家が背負う、逃れられない買手との関係を見ることができる。本来、かわいいナネットを留守の間預けていたのだから、どれほど乳母の彼女を信頼していたことだろう。しかしそれをかたちに残せなかったことにこの時代の人種観の限界とジェンダー観を見ることができるのである。

ビールズを含む、ここで取り上げる六人は、一九世紀末から二〇世紀初頭アメリカの人種とジェンダー観の接点を考える上で多くの示唆を与えてくれる人物群である。実はこの六人、何らかの形でお互いが接点を持ち、ビールズの被写体であった。しかし、彼らの名を今日知る人は少ない。彼らはどのような時代を生き、忘れ去られていったのであろうか。

（女性集団としての看護の発想を焦点にしているため、本書では「看護師」ではなく「看護婦」の用語を使用している）

註

（1）Jessie Tarbox Beals Papers（1886-1972）The Schlesinger Library, Radcliffe Institute, Harvard University, 91-M154-2-1, 掲載したのは、Photo a531 July 3, 1912, 他にもアフリカ系アメリカ人女性とナネットの写真が残る。

（2）セオドア・ルーズヴェルトの白人出生率低下への不安は、Theodore Roosevelt to Prof. Münsterberg, June 3, 1901, Theodore Roosevelt to Bessie Van Vorst Oct18, 1902, in Elting Morison, ed., *The Letters of Theodore Roosevelt*, Vol.III, Cambridge, Massachusetts: Harvard University Press, 1951, pp.355-356, p.86. 問題が山積みの中、race suicide（白人種の出生率低下による自滅）ほど、重大な問題はない、と明言している。母親に関する意識の変化と、より有能な母親を求める動きは、Sheila M. Rothman, "The Ideology of Educated Motherhood," in *Woman's Proper Place: A History of Changing Ideals and Practices, 1870-to the Present*, New York: Basic Books, 1978, pp.97-134. とくに科学的に最新の知識を持ち合わせることへの動向は Rima D. Apple, *Perfect Motherhood: Science and Childrearing in America*, New Brunswick: Rutgers University Press, 2006 にくわしい。

（3）Jessie Tarbox Beals Papers, The Schlesinger Library, Radcliffe Institute, Harvard University, 92-M45, Photo a8778 July 5, 1917 に以下のメモ。"According to Nanette Brainard, Nanette in bed with doll a 'nurse,' standing by her was play-acting—Not in hospital but at Home.（Alland misidentified in his book.）4/1/92"（ナネットによると、看護婦像は病院ではなく、自宅で撮られたこと、ビールズの写真を整理したアレクサンダー・アランド・シニアがその著書で「病院のナネット」と誤ったタイトルを付けたことが記されている。メモは看護婦がナネットのそばで立って撮られた構図の写真に言及している）。

序

一九世紀後半から顕著になるアメリカ社会の産業化は、人々に豊かさの到来を約束し、それまでにはない多くの移民の流入をもたらした。しかしそれはそれまでの安定した世界観を揺るがし、社会の中心を担ってきた人々を不安に陥れた。ことに、進む都市化とその住環境の悪化は、衛生面の不安のみならず、政治腐敗の温床となり、アメリカの政治制度の根底を揺るがしかねない危機感を生んだ。誰が投票すべきか、誰が相応しい市民であるべきか、移民の市民権をめぐって論争が続いた。その結果、相応しくないと判断された人々は移民制限法の形で次々と締め出されていった。

いっぽう、都市部から開拓地に目をむけると、南北戦争後さらに進んだ西部開拓は、「フロンティア」の終焉を宣言し、それにともない先住民族の支配が完了した。領土の征服と拡大は海外植民地の獲得へと続いていった。遅れて列強の仲間入りをしたアメリカだが、着々と『アメリカの世紀』と呼ばれる二〇世紀に歩みを進めていた。

こうした変化は、立ちゆかなくなった古い考え方を見直す一方で、新しい考え方、新しい物事の整理の仕方を要求した。なにより進化論をはじめ、新しい科学思想の到来に宗教も哲学も頼りにならなかった。古いものと新しいものがせめぎあう興味深い時代がアメリカに現出した。その試行錯誤の動きは、英国との連帯感を示す呼び名、「ヴィクトリア」的価値観で安定した時代から、「モダニズム」の時代へと呼ばれたり、「お上品」な時代から「野蛮」な時代へと呼ばれたり、変わることへの抵抗しがたい潮流を「テロ」とさえ呼んだ歴史家もいた。たしかなのは、もう後戻りできない、新しいアメリカが出現した時代であったことだ。

思い浮かぶ代表的な人物でこの時代を振り返ってみよう。まず、産業主義を推し進め、多くの人々が同じ資本主義の「夢」を見ることを可能にした、アンドリュー・カーネギーら大資本家が挙がるだろう。一方、野放しだった、そうした資本家たちの横暴に待ったをかけ、政治の仕組み、大統領のそれまでのあり方を変えたといわれる行動派大統領の出現にも言及が必要だろう。セオドア・ルーズヴェルトやウッドロウ・ウィルソンの登場である。「民主主義」を旗頭にしながら、彼らの視線が南アメリカやアジア、ヨーロッパ、はてはアフリカにまで及び、超大国への足がかりを築く姿も見逃してはならない。加えて、社会福祉制度作りのさきがけ、ジェーン・アダムズの名も挙がるだろう。その役割を通して後の福祉国家の礎が築かれたとし、ニューディールへと続く、制度を修正していくアメリカ社会の柔軟さを強調することになるだろう。南北戦争後のあらたな人種関係にも言及しなくてはならない。それまで奴隷制度で阻害されてきたアフリカ系アメリカ人の代表者として、当時の制度と価値観を容認する側に回ったブッカー・T・ワシントンの存在が浮かぶだろう。そして産業主義批判、腐敗にまみれた金権政治への批判を展開し、時代遅れの知識人を自虐的に演じた、当時の知識人の代表としてのヘンリー・アダムズの名を挙げよう。いや、アメリカを代表する小説家、「金ぴか時代」の虚飾のアメリカを批判したマーク・トウェインのほうがこの時代を象徴しているかもしれない。そして、アメリカ社会を批判し、苦悩した、こうした知識人でさえ、結局は新しい時代の到来とアメリカの進歩へのゆるぎない思いを共有していたことに気づくだろう。抗いがたいその潮流に抵抗することでアメリカの強さを象徴してみせたからである。産業主義の災禍に見舞われながらも、アメリカの未来を信じた人々と言えるからである。

時代を牽引したといわれるこれらの人物は、来るべきアメリカの使命を描くことによって、理念型、ヴィジョン先行型のアメリカを堅持することに成功し、偉人伝に名を成していったといってもいいだろう。こうした理念型、カリスマ型の偏重こそアメリカ史の特徴といえるものだ。

かつて歴史家ジル・コンウェイはその著作のなかで、こうした理念型、あるいは道徳型、宣教師型といってもいいかもしれない人物像にくらべて、裏で支えた実務型、マネージメント型人物に対してアメリカ社会はおどろくほど注目度が低いと指摘した。女性史研究家であったコンウェイが例にあげたのは、理念型の前者が圧倒的にヒロインとして祭り上げられているジェーン・アダムズであり、評価されない実務型の後者は、アダムズの周辺にいて彼女を支えたジュリア・ラスロップやフローレンス・ケリーらの女性集団であった。[1] カリスマ性に欠ける実務型は今日なおアメリカでは注目度が低く、頂点に立つことはできない。

しかし、この注目されない、カリスマ性のない、マネージメント型の人物群こそ、この転換期を解く鍵になるとしたのは、『秩序を求めて』の著者ロバート・ウィービーであった。取り上げた人物たちの社会改革の方法に着目し、彼ら、無名の技術者集団が、安定した制度作りに貢献したとし、この転換期の中心にすえた。[2] また、テーラリズムに代表される企業倫理がこの転換期を解く鍵であるとしたのは、マーサ・バンタである。効率重視の企業倫理がこの時代のアメリカ社会のあらゆる分野に浸透して行った様子を網羅的にその著書に収め、そのうえで企業倫理に対抗する制度作りをこの時期を読み解く鍵としたのであった。それは同時に、企業倫理に対抗するべき人たちが同じ効率重視の言語で語り始める姿を映し出した(3)。

本書は、秩序と安心を求めて、裏方をつとめた人々を別の視点で見ようとする試みである。カリスマ型でもない、企業型でもない、マネージメント型にも収まりきらない、混乱期を生きた裏方の人々であり、過渡期に現れた彼らの足跡を追った。

これは同時に、彼らを通して、アメリカ的思考とその限界を見ようという試みでもある。自らのバックグラウンドから編み出した方法には自ずと限界がある。彼らは混乱期を生き抜きながら、過去と未来のなかで恐怖や無策に立ち向かった。それは結果的にアメリカが統一国家に向かう礎を築くことを助け、その過程で、新しいアメリカとそれを拒むアメリカを浮き彫りにした。新しい行政のありかた、新しい表現、新しい学問領域の誕生にむけて試行錯誤した。振り返れば、自らの経済的利益の擁護にそれなりのイデオロギーが必要だっただけだ、ということなのかもしれない。中産階級層がその主役であったことからくる当然の限界である。

本来産業化の災禍と戦うにはより容赦ない、緻密な分析が必要だったはずであるのに、彼らのやりかたは漸次的だ。より過激な社会改革の芽は労働運動で、また農民運動ですでに摘まれていたからでもあろう。あるいは最近の人民党運動の分析が明らかにしたように、過激さをそれぞれ引き継ぎながら、制度を転覆させないアメリカ方式の改革が生まれていく過程だったといえるのかもしれない。[4] 新しい整理の仕方が受け入れられるには、受け入れる側に用意が必要だった。過激ではなかったからこそ編み出され、受け入れられたのであった。

ここで取り上げた彼らの対策は、隔離や検閲という極端な方法であったり（一章）、家庭看護や母性主義をアメリカ社会の安定に掲げた女性による訪問看護であったり（二章）、一見、単純かつ古い思想への逆戻りに見える。しかし現実は、家庭看護の理念と浸透のために新しいネットワークを生み出す作業と並行していた。隔離や管理を可能にする全国的なネットワーク作りがなされたのであった。古い発想に新しいネットワーク作りを合体させたことこそ、この時代の特徴といえる。女性作家によるユーモア文学も取り上げた（四章）。英国文学の世界から転じてユーモア作家という道を歩み、混乱期を乗り切ろうとした人物を通して、アメリカの土着文化が主流のアメリカ文化に組込まれていく過程がこの過渡期の特徴なのであった。彼女は、ユーモアで笑い飛ばし、金言集で人々に安心感をもたらし、混乱期を乗り越えようとした。戦争批判を繰り広げ、タブーに挑戦する作家に変貌した人物もいる（三章）。各地で生まれ変わるアメリカの姿、抵抗する姿を写真に収めることでこの時期を可視化し、写真によってアメリカの統一を支えた人物もいる（六章）。人々をあれほど不安に陥れた移民たちの異なった文化も、そこに含まれるそれまでの価値観となんら変わることのない部分を明らかにすることで、安心を人々に提供した。そして、一見開発から立ち遅れた地域を、写真に収めるという方法で共有する「記憶」に変貌させ、みごとにその地域を次世代の観光地に作り上げることにもなっていった。手法の多様性、過渡期の複層性こそ、この時代の特徴であり、次の世代への橋渡しを可能にした。

過去と決別した彼らの行動力もこの時代特有のものだと気づくだろう。そこにあるのは、個人への信頼と自助努力以外のなにものでもない、といえるかもしれない。また移動することを可能にした交通手段、今まで見ることのできなかったものを見られるようにする写真技術、顕微鏡の登場、はるか遠くの世界が目の前に出現する博覧会の登場も不可欠だった。混乱期は同時に、流動性の魅力、創造性の魅力が広がっていた。彼らは果敢に実践することから、答えを編み出していった。実践主義もきわめてアメリカ的なものだろう。研究室に留まる方法ではなく、外に出た。そしてその可能性はより女性に開かれていた。いや古い制度から拒まれていたがゆえに、古い制度が没落していくがゆえに、彼女たちは努力すれば手に入る大きな可能性が広がるこの時期の到来に誘惑されていったのである。そして多様な対処法を担っていった。公衆衛生学、看護学、ユーモア文学、モダニズム文学、報道写真の総体こそ過渡期の成果であり、次の世代のアメリカを読み解く鍵といえる。

もちろん彼らがめざした新しいアメリカ観は中産階級・白人主導で当時の人種観・ジェンダー観・階級意識から抜け出したものではない。ポスト・コロニアル研究が余すところなく伝えるように、彼らが新しい方法で管理する被征服者、移民たち、アフリカ系の人々にとって、彼らがたどり着いた解答は決してのぞましいものではない。しかし新旧の橋渡しをした整理の仕方こそ、二〇世紀のアメリカを理解する上で重要なのである。

かつてアメリカ研究史においてこの時代は革新主義の時代と呼ばれ、民主主義化、行政の拡大による平等の推進期と内政面での成果が大きくうたわれてきた。しかし、アメリカをとりまく国際情勢を切り離してはこの時期を語れない。ここで取り上げた人たちも、広がる世界観のなかで危機感を募らせ、その解決法を模索した人物群である。

本論はそうした人物群を追うことで明らかになる一九世紀末アメリカの姿である。取り上げた人物がそれぞれ多様な方面で過渡期を生きる姿は、この時代を映し出す。そして、彼らの名がいかに今日忘れ去られていようと、群像としてまとめてみると、そこにアメリカの統一を支える確かなメカニズムが出来上がっていることが見えてくるだろう。同時に彼らの人種観、ジェンダー観、階級意識の限界は今日でもアメリカを考える上で重要であることが見えてくるだろう。

註

（1） Jill K. Conway, "Women Reformers and American Culture, 1870-1930," *Journal of Social History*, v. （1971-72）, pp.66-85.
（2） Robert H. Wiebe, *The Search for Order, 1877-1920*, New York: Hill & Wang, 1967.
（3） Martha Banta, *Taylored Lives: Narrative Productions in the Age of Taylor, Veblen, and Ford*, Chicago: The University of Chicago Press, 1993.
（4） Charles Postel, *The Populist Vision*, New York: Oxford University Press, 2007.

第一章　S・ジョセフィン・ベーカー

――「腸チフスメアリー」を逮捕した公衆衛生医

はじめに

ニューヨーク市マンハッタン島の南端からフェリーで一〇分ほどのところにリバティ島がある。ここに立つ自由の女神像をアメリカのシンボルとして知らない人はないだろう。しかし同じマンハッタン島の周りに点在する島々がかつて隔離のために使われてきたことを知る人は少ない。その中の小さな島のひとつに通算二五年もの間、隔離を強いられた女性がいた。その名をメアリー・マローンという。一九世紀末にアイルランドからアメリカへ、豊かさと自由を夢見てやってきた多くの移民の一人であった。料理の腕がたち、子供たちにも好かれ、住み込みコックとして生計を立てていた。その彼女が突然アメリカ初の腸チフス保菌者として逮捕された。感染させたとされたのは五三人、うち三人が死亡したと伝えられている。しかし一般の人々のあいだでは一三〇〇人にも及ぶ人々に感染させたと恐れられ、語り継がれた。

感染症に罹って、なぜ逮捕なのか。説明が要る。このマローンを逮捕したS（サラ）・ジョセフィン・ベーカー（一八七三―一九四五）は貧しい移民たちに手を差し伸べて、乳幼児の死亡率を下げたと賞賛された公衆衛生医である。ニューヨーク保険局で女性初の要職を手にしたときは部下となる男性が女性上司は受け入れがたいと全員辞表を提出したとうわさされたほど、男性の職場に食い込む先駆的な役割を果たした。

当時の公衆衛生医が保菌者の逮捕とそれに続く隔離という方法で解決しようとしたものは、病気の感染だけではない。マローンの逮捕と隔離は一九世紀末のアメリカ社会が異質な他者に出会い、どのように向き合ったかを、見せてくれる鏡なのである。中心的役割を演じた公衆衛生医S・ジョセフィン・ベーカーの役割を軸に一九世紀末のアメリカを見ていこう。

I．「腸チフスメアリー」とよばれた女性

メアリー・マローンは一八六九年、アイルランドのクックスタウンで生まれた。一五歳でアメリカに渡り、他のアイルランド女性がそうであったように、ニューヨークで使用人として働いたらしい[1]。当時のアメリカは南北戦争集結から約二〇年、「第二次産業革命」と呼ばれる大規模な産業化が急速に進んでいた。不足する労働力を補ったのが外国からの移民であった。西海岸には中国、日本から、東海岸にはロシア、イタリア、バルカン半島から移民たちが押し寄せた。なかでもニューヨークにはその八割が上陸した。それまでアメリカ移民を構成してきたのは比較的豊かで、宗教も

プロテスタントであったイギリス、ドイツ、スカンジナヴィアなど西、北欧中心の移民であった。しかし、一九世紀末の移民は出身国も大きく変化し、しかも、貧しく、宗教もユダヤ教、カトリック教、ギリシャ正教と多様であった。その数は、一八八〇年から一九二四年の移民法によって実質的に彼らを締め出すまでのべ二三五〇万人にのぼった。一九〇〇年当時のアメリカの総人口が七六〇〇万人であったことを考えると、その圧倒的な数に驚かされるだろう。しかも都市部に集中してスラム街を形成し、容貌や文化の違いを際立たせたことはアメリカ社会の中核を担う白人中産階級層に計り知れない嫌悪感と不安を引き起こした(2)。

それを象徴するのがエリス島に移民検疫所を建設したことだろう。それまで自由放任を貫き、州政府に任せていた当時の連邦政府が方針を改め、一八九一年三月に通過させた移民法によって建設された。ヨーロッパにむけてアメリカの威信を誇示するように、まるで城のような外観の建物が出来上がった。そこで出入国の際の検閲が義務付けられた。エリス島での入国審査は最終検査として多くの移民にとって恐怖と緊張をもって迎えられた。もっとも、一等および二等船客には、合衆国海軍病院医が訪ねてきて、簡単な口頭による問診だけで終わった。しかし三等船客はマンハッタン島を目前に、大西洋を渡ってきた大型船から艀に乗せられ、一八八六年に完成したばかりの自由の女神が立つ島の隣にあるエリス島に運ばれた。

そこで労働契約の有無、身元引受人の有無が問われ、所持金が検査された。なかでも恐れられたのは、トラコーマなどの眼病検査であった。強制送還になったからである。労働契約を済ませて入国したものや、精神鑑定の疑いがもたれたものはエリス島に残され、さらに詳しい検査を受けなければならなかった。精神鑑定といっても今日的視点からすれば、怪しげな検査も多かった。言葉が不自由な上に、当時の移民の大半をしめた農民にとっては鑑定の精度は疑わしいものであった。丸と三角の識別や筆記によるそれら図形の書き分けなど、鉛筆を持ったことのない彼らにとっては意味がなかったからである。犯罪歴、ハンセン病など当時恐れられていた伝染病患者、「精神異常者」、将来「公的負担となる」と考えられた人々やすでに仕事の契約を済ませ、アメリカの労働者を脅かすとされた人々は強制送還された。全体の二パーセントほどだったという。また当時の女性観を反映して、単身で渡航してくる女性にはことのほか身元引受人について厳しかった。売春婦になる可能性を恐れたためである。怒号の中で行われた検査は早いものは一日、長いものは二週間ほどかかったといわれる。強制送還による家族の別離が繰り返される「涙の島」と恐れられたものの、このエリス島から、無事に検査を終え上陸を許可された一日五〇〇〇人もの移民たちがマンハッタンを、さらに西部をめざした(3)。

ここで、マローンのようなアイルランドからのカトリック教徒の移民は、早い時期から新大陸に渡ったスコッチ・アイリッシュと呼ばれるプロテスタントの長老派教徒の移民とアメリカでの処遇が異なっていたことを指摘しておかなければならない。カトリック教徒であったこと、短期間に多くが入国したことも、その貧困と、宗教、文化の違いを際立たせ、差別の対象になったからである。カトリック教徒のアイルランド人を大量に故国から脱出させたのは一八四〇年代のジャガイモ飢饉であった。彼らはプロテスタント国ではじめての、大量のカトリック移民としてスラムでの生活を体験し、差別と戦い、南北戦争で命を落として、その地位を築いてきたのだった。アメリカで未熟

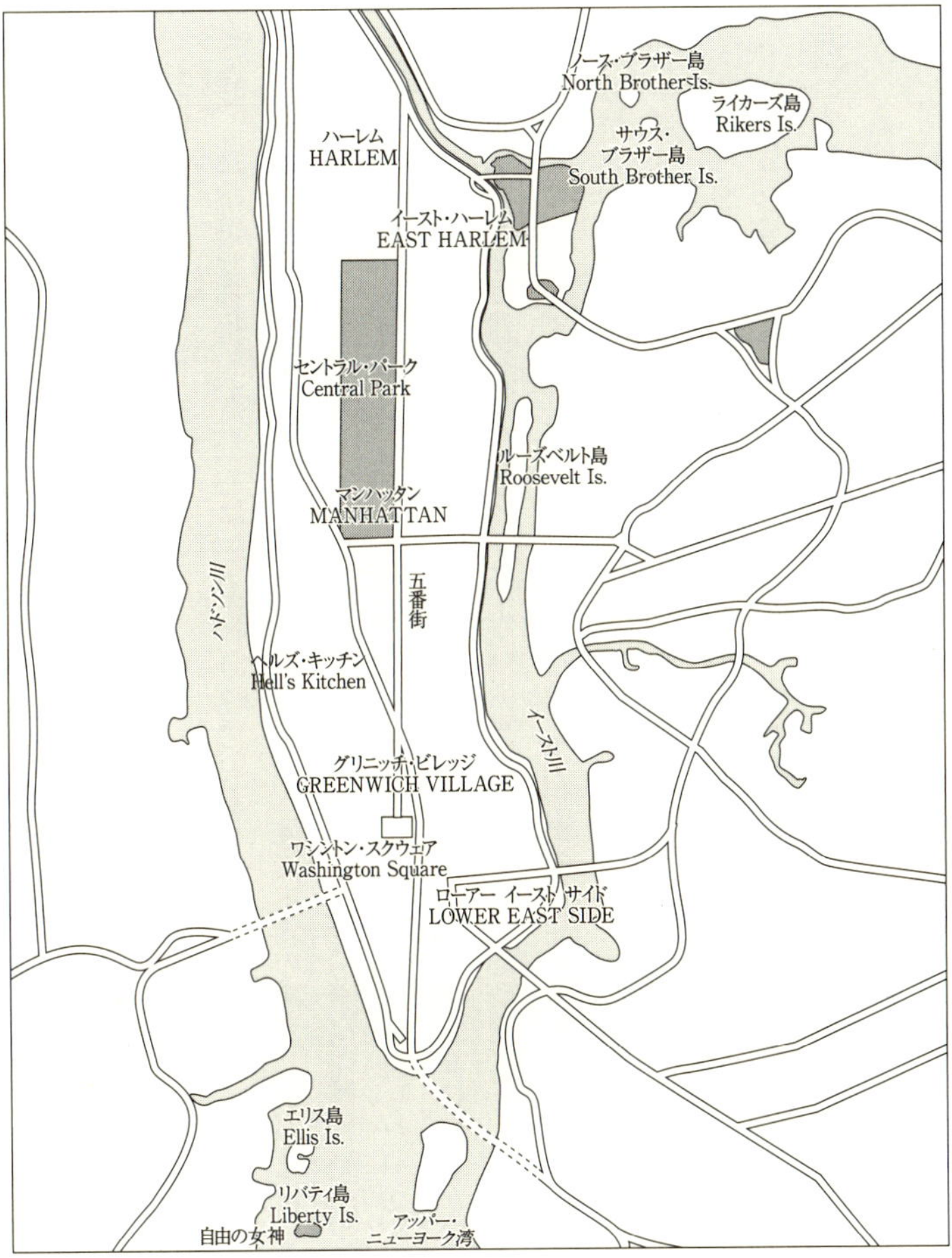

図1　ニューヨーク、マンハッタン近郊図

練労働者の代名詞として運河や鉄道建設、港湾労働等の危険な職業に携わってきた。鉄道の枕木のひとつひとつがアイルランド人の屍であるとまでいわれた。しかし、一九世紀後半には二世代目が着々と地位を定着させており、都市部では警察官や消防士などの職を独占しはじめていた。また一八五三年にはじまる、セント・パトリックデイのニューヨークのパレードも、精神的な意味で彼らが安定した地位を獲得していったことを物語っている。しかし、かつてアイルランド人排除に躍起だったネイティヴィストとよばれる先着ヨーロッパ人優先主義の凄まじさが忘れられたとは言いがたい。「アイルランド人が使う唯一の水は聖水だけだ」というような非難はアイルランド人を不潔な人々と侮るかれらの思いを強烈に表したものだろう。マローンが入国した一九世紀後半のアメリカも決してアイルランド人を温かく迎えるものではなかったことは容易に察しがつく[4]。

一方移民たちを歓迎した人々もいる。安い労働力を必要とした企業家たちである。ヨーロッパに追いつき、追い抜いていった富豪たちの成功物語は移民の過酷な労働なしには語れない。移民のスラムがマンハッタン島の南東部、ローアー・イーストサイド地区に生まれるなか、ニューヨークの五番街には富豪たちの豪邸が建ち始めた。彼らの社交場として、メトロポリタン・オペラハウスが一八八三年に三九丁目に誕生。富裕層がその豊かさを競う場であるデパートも次々に誕生した。ニューヨークの発展は北上しながら、また同時に両岸の港湾地区を避けたため、マンハッタン島の中心部に安全な高級地区が出来上がっていくのである。地理的に見ても、移民の流入によって南から、両岸の港湾荷揚げ地区から白人居住区が追い込まれていく様子が描けるだろう。オアシスとなったのがセントラル・パーク周辺であり、ことに五番街が白人富裕層にとって一等地になっていくのである。北上する都市部の広がりを結び付けていく地下鉄工事は一八九四年に始まり、一九〇四年にはシティホールから一四五丁目まで四二丁目を経由して北へとわずか二六分で結んだ。敷設工事は無論入国したばかりのイタリア系移民の労働によるものだ[5]。

一九〇七年にはエリス島に到着した移民が一一二万二八四二人と最多を記録した。同じ年、八〇〇室を誇る豪華ホテル、プラザが完成し、摩天楼の走りであるメトロポリタン・ライフタワーが続いた。このタワーは、一九一三年にデパート王ウールワースが建てた「商業の殿堂」と呼ばれたウールワース・ビルに追い越されるまで世界一の高さを誇った。一九〇九年には後にアメリカ社会を象徴する一語となったイズラエル・ザングウィルによる『メルティング・ポット（人種の坩堝）』という題名の劇が創成期のブロードウェイで初演された。しかし制作者の意図やタイトルとはうらはらに、二〇世紀初頭のアメリカ社会は極端な貧富の差が生まれ、大量の移民受け入れに戸惑う社会であった。

事件の舞台は豊かになるアメリカ社会を反映して、中産階級層の夏の別荘地だった。これが移民地区で移民同士の中ならば、こうもセンセーショナルなことにならなかっただろう。一九〇六年、オイスターベイで夏をすごすニューヨークの銀行家チャールス・ヘンリー・ウォーレン家で、使用人を含めて一一人中六人が腸チフスを発病した。今でこそ抗生物質が手に入れば恐れることはないが、当時の腸チフスの発症数はニューヨークで三四六九例、うち六三九名が死亡している。三六歳の細菌学者ジョージ・ソーパーが直ちに調査の指揮を取りにやってきた。一番に疑われたのは水、そして牛乳、さらに周辺の魚介類の食材であった。しかし汚染源は見つからず、さらに別荘を訪れた人々に調査が進むにつれて、発病の前後三週間コックとして働いていたアイルランド生まれの三七歳、メアリー・マローンの名が挙がった。それからが前述した逮捕劇のはじまりだった。すでにオイスターベイでの仕事をやめ、パークアヴェニューの高級住宅街でコックとして働いていたマローンだったが、雇い主のその家からも二人の腸チフス患者が出たのだった。

「不敬で男勝り」というマローン像を作り上げたのはソーパーの証言だった。探し当てたパークアヴェニューの邸宅を訪れ、腸チフスを発病させた保菌者であることを告げるが埒が明かない。マローンは大型の肉料理用のフォークでソーパーを追い返したというのである。このときの想像図は面白おかしく漫画に描かれ、後に新聞紙上を賑わした。諦めたソーパーはニューヨーク保健局で手腕を振るっていた細菌学の権威ハーマン・ビッグズと保健局長官トーマス・ダーリングトンに連絡をとった。二人の勧めで、保健局の公衆衛生医S・ジョセフィン・ベーカーをともなって、強制的な検便・検尿に出かけるのである。女性のほうがマローンを説得できると考えたのだろう。指令を受けたベーカーはこの時点でなんの躊躇もなく、二人の——のちにマローンをより凶暴にみせるためか、五人と偽って報道された——警察官を同行し、救急車で出かけた。警察を伴った公衆衛生医による強制連行は当時日常的に行われていたのだった。(6)

ドアを開けてソーパーの顔をみると、マローンは仲間の使用人の助けを借りて、裏口から逃げ出した。のちにその自伝でベーカーが語ったところによると、「階級による強い団結心」から使用人たちはマローンに関して一切口を割らず、捜索は三時間半におよんだ。ようやく足跡を見つけ出し、辿った先のごみ缶の山からマローンのギンガムチェックのスカートを確認したのだった。激しく抵抗するマローンを警官が取り押さえ、救急車に運び込む。ベーカーは「猛り狂うライオンのような」[7]マローンに馬乗りになって捕らえ、連行した。検査の結果、マローンは陽性と判断され、直ちに隔離のためにノース・ブラザー島に送られた。

ノース・ブラザー島はブロンクス寄りのイースト・リバーに浮かぶ小さな島で、ニューヨークの拠点空港、ラガーディア空港の目と鼻の先にある。かつて個人所有であったが、一八八五年に伝染病患者や結核患者を隔離収容するリヴァーサイド病院が建設された。みすぼらしい施設のようす、そこへ送られるだけで希望はもはやなくなり、死を連想させる隔離の島として移民たちに恐れられていた。[8]

ソーパーは「保菌者」第一号であったマローンの逮捕を何度も医学誌上で語っている。コッホの理論を確証づける症例として報告できたからである。しかし一般の人々にとって「保菌者」という考えは理解に苦しむものであった。もし病原菌が病気をおこすならば、そしてその菌が体の中にあるというならば、なぜ発病しないのか。しかも、本人はまったく異常を感じないのに、どうして他人を発病させることができるのか。自身健康そのものであったマローンは最後まで腸チフスの発生源であることを認めなかった。次に見るように手術をしようと食い下がる細菌学者との歴然とした力関係を見るとき、納得せよ、というほうが無理であったろう。ソーパーは次のようにマローンに話したという。

「メアリー、二人だけで話がしたい。君を助けたいのだ。……腸チフスをうつした覚えはないと君は言うが、私は君のせいであると確信している。わざとやったとは言わない。でも同じことなのだ。たくさんのひとが病気になって、何人も死んだ。君は検便を拒んだが調べてみるとやっぱりそうだったのだよ。わたしの言っていることが正しいと証明されたのだ」メアリーは何も言わなかった。そこでわたしは続けた。「病原菌は君の胆嚢で増えているのだ。一番の方法は胆嚢を取ることなのだ。胆嚢なんて盲腸がいらないのと同じで必要ないのだよ。……君の症例を本にしようと思うのだ。本名は決して明かさない。素性は隠し通すよ。利益は君のものだ。どのようにして腸チフスになったのか、どのように周りの人に広がったのか、君が周りで見てきたことを知りたいだけなのだ[9]」

このとき話に上った胆嚢切除の恐怖は終生マローンの脳裏から離れることはなかった。隔離されている間中、いつも殺されるのではないかと恐怖に慄いていたとマローン自身が語っている。当時の病院の不衛生な設備、未熟な外科手術のあり方を思うと当然のことであり、納得できないまま手術される恐怖はどれほどのものだったろう[10]。ソーパーが説得時に語った、「本当の名前は決して明かさない」という点はこの事件を通しての核心に触れる部分である。マローン逮捕後、新聞はセンセーショナルに「腸チフスメアリー」と彼女を呼んだ。マローンはそれがどれほど耐え難いか次のように述べている。

わたしの名はメアリー・マローンです。メアリー・マローンの名で洗礼を受けました。そして、

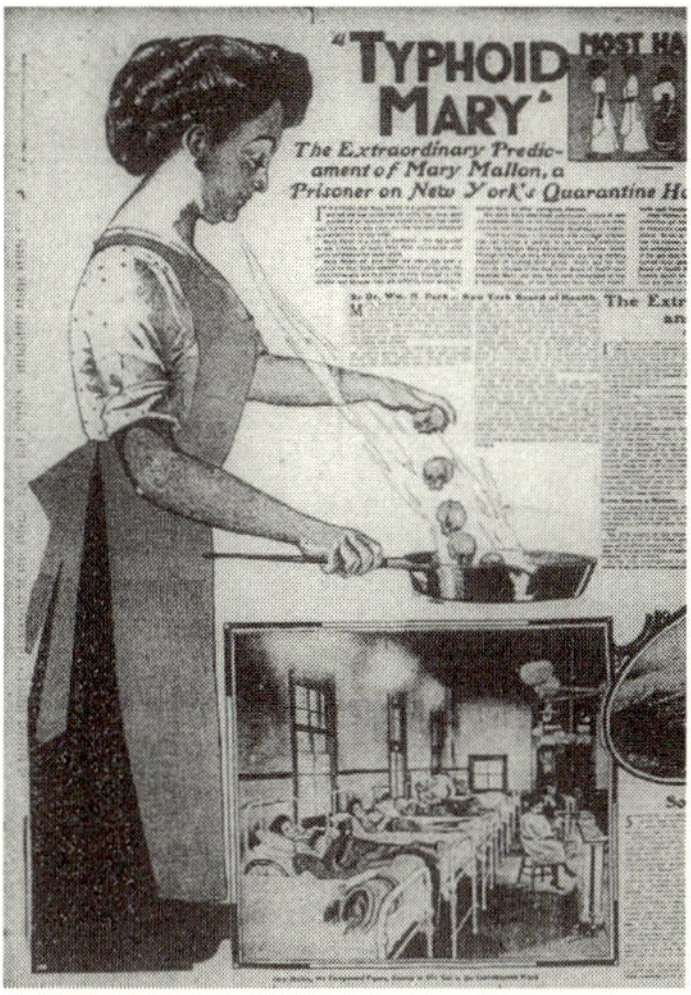

図2 「腸チフスメアリー」の新聞記事（1909年6月20日、『ニューヨーク・アメリカン』紙）

この名でこうして捕らえられるまで、ささやかですが誰にも恥じない人生を生きてきました。……人は私を「腸チフスメアリー」の名で再洗礼しました。以来、私はその名で呼ばれたままです[11]。

マローンはこうも言った。「自分が『腸チフスウィリアム・パーク』と呼ばれたらどんな気がするでしょう[12]」パークはビッグズと並び称されたニューヨーク保健局の検査担当医である。センセーショナルに報道されたのは呼称だけではない。マローンがフライパンを片手に、卵にみたてた骸骨を割り入れるイラストが新聞をかざり、毒をもる危険な女性というイメージが定着し始めていた[13]（図2）。

隔離が続いて二年たった一九〇九年、マローンは裁判を起こした。センセーシヨナルな新聞報道が弁護士の注意を喚起し、マローンとともに立ち上がったからである。しかし、保健局が収集し、最新科学の名の下に絶対的な権威をもって提出された検査結果の前に判事は「保菌者」の扱いに戸惑い、マローンを自由にする決断が下せなかった。[14] マローンにとってやっと事態が好転したのはさらに一年後、新しい保健局長官アーネスト・レダリーの下であった。他の伝染病においても「保菌者」が増え続けるなか、たった一人だけ隔離しておくことに疑問がもたれたからである。[15]「保菌者」発覚の混乱からしばらくたった保健局は、「保菌者」が食品にかかわる職業、および教師、看護師に就かないことを条件にし、三ヶ月ごとの報告義務と検査を課して隔離を解く条例を定めた。また、医師に以前にもまして伝染病患者および保菌者の報告義務を徹底させることで対処した。この決定は保健局が膨大な数の保菌者の追跡調査に予算と労力を注ぎ込むことを意味していた。そして膨大な数の追跡調査は実際ほぼ不可能に近いことも意味していた。マローンはこの状況の中で一九一〇年二月、隔離を解かれ、コックをやらないことを条件に、晴れて自由の身になった。しかし、二年あまりたった一九一二年九月、報告義務を怠って保健局のリストから消えた。

次にマローンが発見されるのは一九一五年二月、スローン産科院で二五名の腸チフス患者が集団発生したときだった。一九一五年はニューヨーク市で腸チフスが猛威を振るった最後の年であった。産科院で偽名をつかってコックをしていたミセス・ブラウンことメアリー・マローンの筆跡を見破ったのはあのソーパーだった。翌月、三月にはかつて隔離されたノース・ブラザー島の小さな小屋に連れ戻された。そこで一九三八年に亡くなるまで忘れられたように隔離を強いられたのであった。

一度ならず、二度までもマローン逮捕にかかわったソーパーはなぜマローンがコックに戻ったのかまったく理解に苦しむと述べている[16]。ソーパーには、移民としてやってきた一人暮らしの女性が、身寄りもなく、なかば逃亡状態であったとき、生計を立てる方法が唯一、コックという自らの職業しかなかったことに思い至らなかったのだった。移民女性をめぐる当時の職業事情にまったく理解を示さなかったソーパーはさらに、素性のわからない使用人を雇うことへの警告すら発した。そしてもちろん「保菌者」が再び他人を発症させたことを実証できて喜んだ。かつてマローンを「生ける細菌培養器」、「常習腸チフス製造者」[17]と呼んだ細菌学者ソーパーにとってマローンは自説を証明する生きた見本以外の何ものでもなかった。

一方、二度の逮捕にかかわったベーカーも二度目の逮捕には呆れ果て、「彼女自身の行いが招いた不幸」とその後の終身隔離になんら疑問を持たなかった。マローンは晩年、隔離病棟で検査助手として勤める機会を得た。しかしそれにどれほどの救いがあったであろう。ベーカーはその自伝のなかで、マローンから「隔離が解けたら殺す」と脅迫を受けたと告白している。真偽のほどはわからない。しかし捕らえられたマローンの絶望を窺わせるとともに、ベーカーにとっても穏やかな月日ではなかったことを教えてくれる。しかしベーカーは自身が逮捕することで「人類への大きな貢献をしたのだ」と続けている[18]。

終身隔離になんの抵抗も迷いも感じない、当時の公衆衛生医とはどのような役割を担っていたのだろう。

このベーカーこそ二〇世紀初頭に社会進出し、女性の影響力を世に知らしめようと登場した女性社会改革家のひとり、しかもいまでは忘れ去られている出世頭の一人なのである。

Ⅱ．公衆衛生医、S・ジョセフィン・ベーカーの手腕

絶望的な状況を何とかしようとするわたしの抑えがたい思いはすでに六歳のころに芽生えていた。しかもその方法といったら、私らしく、無鉄砲なものだった。

と一九三九年に書かれたベーカーの自伝は幼いころの思い出で始まっている。白いレースのドレスを着て絹の青いサテンのリボン、絹の靴下に青色の子ヤギの革の靴姿のベーカーが戸口で遊んでいると貧しい黒人の少女が通りかかった。

あんなにもあからさまに羨ましがる表情を後にも先にも見たことはなかった。わたしはまだほんの子供だったが、耐え難い思いが胸を刺した。わたしがこんなにも恵まれているのにあの子には何もない。その事実が耐えられなかった。[19]

ベーカーはそのとき身に着けていた衣装をすべてその子に分け与えたという。ありえないような話だが、裸で家に帰ったベーカーを父親と母親は喜んで迎え入れたという。いかにも天使のような装いの少女が無償の愛を施すセンチメンタルな冒頭だ。しかし、自伝の中身はセンチメンタルとは程遠い、生き馬の目を抜くような成功物語である。うっとりとした上目使いで、フリルの付いたド

写真3　若き日のベーカー（1894年）

写真4　ベーカー、オフィスにて

レスを身に纏う若き日のベーカーと、職場で撮られたワイシャツ姿の写真との落差は一九世紀から二〇世紀を駆け抜けた女性が経験した価値観の変化を見事に見せている（写真3、4）。

S・ジョセフィン・ベーカーは一八七三年、ニューヨーク郊外ポキプシーの豊かなクウェイカー教徒の弁護士の家庭に生まれ、何不自由なく少女時代をすごした。しかし、彼女が一六歳のとき、ベーカー家の将来を嘱望されていた弟が亡くなると、失意の父親が後を追った。死因は腸チフスであった。一家を支える責任が、優秀だった長女ベーカーの肩にかかった。母親が地元ポキプシーの名門女子大学ヴァッサー大学の第一期生だったこともあり、ベーカー自身もヴァッサー大学への進学が期待されていたが、ベーカーは当時の女性にとって、決して安易な道ではなかった医師を志した。残った家の財産を全て学費に当てるという悲壮な決意の上のことだった。親戚一同がその無謀な資金計画に反対したが、なお一層意思が固まったと後に述懐している。唯一の理解者は母親であった。[20]

自伝が語る、苦難を乗り越え男世界に入り込んでいく姿は、女性たちに後に続けといわんばかりの成功指南書になっている。侮られないように、と男仕立てのスーツを着込み、アイロンをかけた真っ白のシャツにネクタイという服装、有力者への近づきかた、政治家や上司との駆け引きのやりかた、同僚からの非難のかわしかた、そしてなにより、時を逃さず行動するすばやい行動力、アイデアを常に暖め、無駄を省く効率重視。てきぱきと自信に溢れる言動を常に志し、決して感傷に浸ったりしない。現代にも通ずるキャリアウーマンお助け本の内容に驚かされるだろう。

一八九四年、ベーカーはアメリカ初の女医エリザベス・ブラックウェルが苦労の末に開学したニューヨーク女子医科大学に入学した。大学はパイオニア・スピリットに溢れていたという。その後ニューイングランド婦女子病院にインターンとして勤めた。この病院も当時男性優位だった医学界に異議申し立てをするように全て女性たちで運営されていた。その先駆的な役割は多くの女性を引きつけ、輝かしいスタートを切ったものの、次第に男性と同等に渡り合うことを望み始めた女性たちには物足りなくなり、敬遠されていったという。しかし女性を受け入れる大学や病院がなかった時代、ベーカーは第一世代の女医たちが築いた恩恵を存分に受けて巣立つのであった。

インターン時代、ボストンのスラムで患者に接した体験も後の気丈なベーカーを育てたようだ。酔って診察の邪魔をする患者の夫を階段から突き飛ばして追い出し、無事出産を見届けたというのだ。「女子修道院」のようだった医学生時代と比較して一夜にして大人になったと述懐し、自身を育てた女性集団からの決別を語っている。(21)

一九〇〇年にニューヨークに戻って、ウエストサイド五九丁目に開業した。このあたりは当時アイルランド移民の居住区であり、アフリカ系アメリカ人がハーレムに移り住む前の彼らの居住区でもあった。今日、この地域への当時の差別的な呼び名「ヘルズキッチン（地獄の台所）」をウォーターフロントの町おこしに使っているとは、当時の人々には思いもよらないだろう。誰も近づきたくない、「地獄の台所」と呼ばれていた荷揚げ地区を背後に控えていたのである。しかし、この地域での開業では生計が成り立たず、月三〇ドルの保健局の医師募集に応募した。二倍の収入が見込めたからである。用意周到なベーカーらしく、必ず採用されるようにと推薦状を事前に取り寄せてから面接に出かけている。当時ニューヨーク保健局は増え続ける移民に頭を悩ませ、移民の集中する地区に医師を送り込んで立ち入り検査に忙しかったのである。この保健局に勤めることでベーカーの人生に転機が訪れる。

白人中産階級の人たちが自分たちとの階級の差を意識してアパートという呼び名ではなく、テネメント（トイレなど共通で窓や廊下の少ない共同アパート）地区と特別な意味をこめて呼んだ移民居住区で、移民たちの日常生活に接してその後の人生を変えた話は、アメリカ女性をめぐる歴史のなかでことによく知られたところである。ベーカーのほかにも、シカゴの移民居住区に移り住んでハルハウスという移民救援施設《セツルメント》を開き、その後のアメリカにおける社会福祉制度の先鞭をつけたジェーン・アダムズ、ニューヨークで看護婦を常駐させた移民救援施設を創設し、多くの女性たちに看護婦の門戸を開くことにも貢献した、第二章で取り上げるリリアン・D・ウォルド、同じくニューヨークの移民看護にかかわって、本人の望まない妊娠や出産の様子を目の当たりにすることで産児制限運動を展開していったマーガレット・サンガーなどが思い浮かぶだろう。異なった文化を持つ移民たちとの出会いは彼女たちの転機となった。彼らの転機を語る言葉、使命感に目覚めた言葉は驚くほど似通っている。社会の無関心・無策への怒り、アメリカを憂える、いてもたってもいられぬ思いが、新しい思考方法、新しい行動様式を生み出した。それはのちに体系化されてアメリカの改革を支える底辺を担っていくのである。アダムズの社会福祉学、ウォルドの看護学、サンガーの産児制限運動、そしてベーカーの公衆衛生学である。

ベーカーはスラム地区での巡回を、一日一ドルの仕事と割り切っていた。ベーカーらしい。移民たちの状況を見て、「死んだほうがましだろうに」と思った(22)と冷たく回想しているのだ。ところが驚いたことに、ベーカーはだんだんその光景に魅了されていくと発言し始めるのである。「その貧困を生きる姿が私を魅了した[23]」と。なかでも目にとまったのは赤ん坊の小さな白い棺だった。それは当時の移民たちが貧しいなかから せめて棺代が払えるようにと子供たちに保険をかけていたからだった。移民たちの思いを汲んでスラムを歩き回っていたのが営利目的の保険会社の外交員であったことは皮肉なことだ。しかし、なんの福祉制度もなく、慈善団体や互助組織が見落としていたのは、故国を離れて家族を亡くしたときの絶望であった。せめてもの棺にかける思いに保険会社は応えていたのである。掛け金はわずかだった。しかし子供に導入された保険は保険会社に多大な利益をもたらした[24]。スラム街に並ぶ、この白い棺の拭い難い印象が、後に乳幼児死亡率低下に生涯を捧げたベーカーの原点であった。

スラム街での検疫を重ねながら、ベーカーは保険局の同僚の人材の乏しさ、無能さをこぼしている。ろくに確かめもせずに報告書を書く検疫医に囲まれ、「あんたのせいでこっちの仕事が増えるだけだ」と同僚の男性から罵倒されながらも、保健局の検疫医長ハーマン・ビッグズに有能さを買われ、その右腕となっていくのである。彼女自身が「勝利」と名づけるベーカーの業績は、低温殺菌牛乳配給所作り、淋病に感染した母親から産まれる新生児眼病を予防する点眼液特殊容器の開発、リリアン・D・ウォルドのセツルメントに常駐する看護婦と協力して始めた学校看護婦による学童検診制度の創設と拡大、そしてこれらの成功によって新しく作られたニューヨーク児童衛生局の局長職への昇進。子守を託された移民の女子児童に母親教育を授けるリトル・マザーズ・リーグの創設もベーカーである。こうした母子をとりまく環境の改善で、乳児死亡率は一九〇八年、千件につき一四一人だったのものが一〇年後の一九一九年には八一人にまで低下した。ベーカーは、無料で行われているスラムでの衛生活動を評価して、貧しい人たちのほうがよほど適切な指導を受けられると豪語し、プライドが高くて検査を見下す中産階級層のほうが問題である、とまで言った。[25]

ニューヨーク児童衛生局の成功はアメリカ全土に児童衛生局を展開させることになった。モットーは「ベターベービー、ベターマザー、ベターホーム」であった。もともとは家畜学の影響を受けたといわれる当時の育児学にのっとり、各地で赤ちゃんコンテストが開かれ、太ってきげんのいい赤ちゃんを育てた母親は賞賛された。母親の役割を社会に認めさせるこの運動は移民の母親にアメリカ人として相応しい子育てを教育することから始まったのであった。[26] 移民を、清潔なアメリカ市民として正しい勤労意欲を持つ健康な労働者に育てる役割を強調した。生活習慣の異なる移民たちを手っ取り早く、そしてなにより安く指導する方法だったのである。しかもその仕事を担うことになる中産階級の女性たちは余っていた。

しかし、彼らによる移民のアメリカ化が、多様な移民たちの文化や宗教・生活習慣を無視し、蔑んだものと非難されて久しい。[27] ベーカーもその例外ではない。顕著な例を挙げよう。ひとつは産婆の検査と免許をめぐってである。もうひとつは扁桃腺・アデノイド手術をめぐってである。どちらも移民たちに歩み寄りながらも、かえってかれらとの溝を深めることとなった。

一九〇〇年以降、出産にあたって、産婆、医師、看護婦をめぐる権力構造は最終的に産婆を駆逐し、看護婦を従属させた産科医の勝利となっていく歴史はよく知られている。[28]

ベーカーは当初、産婆の手で生まれた子供のほうが生存率が高いと訴えた。医学校を出たばかりの新米より、当然熟練した産婆のほうが有能だったからである。「もし自分に娘がいて出産するならば有能な産婆のところへ行かせる」とベーカーは言った。本音は有能な医師、しかも女医であればなおのこと望ましいと考えていたベーカーであったが、圧倒的多数の移民が産婆に頼って出産していることを身をもって体験したベーカーはまず産婆の検査と教育の必要性を訴える方法をとった。前述の眼病予防の点眼液容器の開発も、産婆が持ち歩いて使うことを前提にしていた。そして一九〇六年の衛生局就任直後の最初の仕事は産婆の検査だった。免許取得には最低二〇例の産婆経験、そして中絶を施術していないことが第一の条件とされた。自宅の立ち入り検査も行われ、一年ごとの免許更新が義務付けられた。その結果一九一〇年には一三四四人に免許が発行されており、一九一二年には免許を持つ全産婆が衛生局の五人の医師と八人の看護婦の指導下に置かれた[29]。何人もの子供を故国で生み育ててきた移民の母親や産婆のほうが知識を持ち合わせていたと思えるのだが、当時の白人層の潜在的な移民蔑視を反映して常に管轄下に置くことが最優先であった。それは結果的に産婆駆逐に先鞭をつけることになった。

一方ロシアからのユダヤ人移民の多いローアー・イーストサイド地区で行われた保健局による扁桃腺・アデノイド強制手術にもベーカーはかかわっている。一九〇六年のこの事件は、口から血を流して下校する子供たちをみて、学校で虐殺が行われていると勘違いした母親たちが大挙して小学校に石を投げたというものだ。当時の新聞は、午前中の出来事で事なきを得たが、父親たち男性が加わっていたらもっと大きな騒ぎになっていたろうと伝えている[30]。保健局の一方的な判断に驚かされるとともに、医学的な見地からでは説明のつかない移民児童とその家族への蔑視があったといわざるを得ない。たとえばベーカーたちが導入したアメリカ初の学校看護婦リーナ・ロジャーズ・スツルーザーズによると、「注意散漫、だらしのない子」が扁桃腺・アデノイド手術で見違えるように集中力が増したと解説し、極端な図入りで移民の子らへの手術の必要性を訴えている。猿のような形相の子供らが文明人の顔つきに変わるというのである。[31] 有能なアメリカ市民になるためには、扁桃腺やアデノイドは不要なのであった。説得されたかどうかは別として、何の説明もないまま、必要性もにわかには納得できないなか、全員に強制されたことはロシアでの迫害の記憶がいまだ拭えない人々にとってどれほどの驚きだったろう。しかも子供たちの学校教育がアメリカへの足がかりと信じ、万難を排して通わせていた移民たちの親の思いを踏みにじる暴挙であったことは間違いない。[32]

保健局のこうした強制的・独善的な公衆衛生運動の上にメアリー・マローンの逮捕があるのである。「私たちを信頼しなかったことがマローンの悲劇だった」と、ベーカーは後に言っている。そして自身がいる「保健局の絶対的権力」に驚いたと告白している。「そこに自分がいることの責任を感じた」[33]と、同時に権力をつかんだ快感を匂わせている。多くの女性改革家たちは彼女ほど露骨には表現していないが、これこそ、当時の使命感に燃えた女性の原動力だったのではないか。ベーカーは自分の業績を振り返ってこうも言うのである。「海図のない海に船出する冒険をし、組織を創り上げる」、どんな分野に進んだとしても、自分はこの能力を生かしたであろうと。[34]

しかし、当時の保健局にどうしてそれほどまでの権力があたえられていたのであろうか。検証が必要である。

Ⅲ．ニューヨーク保健局——隔離による平安

保健局に圧倒的な権力を与えたのは、細菌学がもたらした新しい公衆衛生観念である。コッホやパスツールの研究所で次々と発見される病原菌は、一八八〇年の腸チフス、マラリア、八二年のコレラ、八四年のジフテリアとめざましいもので、一方で医師の権威を確立し、病院を整備していく原動力となるとともに、人々の医師や病院に関する知識と考え方を変革させ始めていた[35]。

顕微鏡を覗いて病原菌を見つけ出すことのできる能力への畏敬は、現場で働いていた医師たちよりも一般大衆のほうがはるかに大きかったといわれる。たとえばヨーロッパから届く最新医学情報への注目度・浸透度は雑誌や新聞に登場するイラストからも窺えた。顕微鏡を覗いて政治家の本性を見抜くイラストや、パスツール研究所に運び込めば何事も原因が究明され、再起が期待されることを連想させるイラストなど、顕微鏡への信頼の大きさに驚かされる。顕微鏡だけではない、ペトリ皿や注射器、白衣姿の実験室の医師の姿が頻繁に登場した[36]。

医療後進国のアメリカは大衆のそうした期待に応えるべく、新発見で遅れをとっているならば、実践においてヨーロッパに抜きん出ることを望んだのであった。その中心になったのはコッホ研究所帰りのお墨付き、ニューヨーク検疫医長となったハーマン・ビッグズであり、加えておなじくコッホ研究所帰りでジョンズ・ホプキンス大学のT・ミッチェル・プルデン、ニューヨークのベルヴュー病院のウィリアム・ヘンリー・ウェルチらとともに輝ける黄金の公衆衛生時代と呼ばれる一八

九〇―一九一〇年を築いた細菌学者たちであった。[37] 科学への信頼をもたらした細菌学者の役割はことのほか大きい。見えない世界が見える世界を決定づけるという考え方を証明してみせたからだ。彼らへの期待から、社会の病気までもが根絶できるのではと、あらゆる方向へ似非科学の登場も含めて期待が広がっていったからである。最悪の場合それは優生学にたどり着いた。あるいは人体測定学など、この時代の帝国主義思想の根底を担う発想へと結びついていくことになるのである。

人々への説得を可能にしたのは、なにより細菌学者たちの実績であった。ニューヨーク保健局は一八六六年、コレラの猛威を機にその性格をまず変えた。その背景としては、南北戦争中に兵士の伝染病管理を通して公衆衛生の重要性が認識されており、その分野での大きな役割が期待されていたことが大きい。このとき、それまで病気を不道徳な者に下された神の怒りとみなしていた考え方から科学的な対応へと転換したといわれる。しかし、現実に彼らに託されていたのは、人口の集中した都市での、汚水、ごみ処理、牛馬の死体処理など、環境整備を推し進めることであった。科学的な対応といっても、当初はそれら汚水、汚物の放つ臭気・毒気が病気の原因と考えられたからである。[38]

しかしひとたび病原菌が発見され、その伝染力が確認されると、にわかに彼らの仕事は環境整備から病原菌を見つけだして手を打つ予防医学に貢献する方向へと転じた。ニューヨーク保健局はその指導的な役割と使命を帯び、全国に広がっていく保健局のモデルとなった。それは検査、隔離、消毒など容赦のない方法で進められた。

一八八二年にはニューヨーク保健局が連邦政府の権限を超え、ユダヤ移民を上陸させず、ノース・ブラザー島に隔離することでコレラの拡大を食い止めた。これはユダヤ移民への偏見とのちの差別を生むものとなったが、ニューヨーク市民の多大な信頼を勝ち取った[39]。

水際で病原菌を食い止める保健局の奮闘ぶりを描くイラストは、当時の新聞を大々的に飾った。かれらが率先して行った、移民を不潔・不衛生とみなした上に病原菌と結びつけていく公衆衛生運動のあり方はさまざまなところで応用された。たとえば、劣悪な労働条件の改善と労働法の制定に貢献し、その手腕を高く評価されているフローレンス・ケリーでさえ、ユダヤ人地区の製品焼却を保健局に進言している。その地区で製造されている衣服から天然痘が広がること恐れたからだった。もちろん、テナメントの一室で被服製造の下請けをする劣悪な環境の改善が目的であったのだが、伝染病の勃発をむしろテネメント解体の好機とさえ捉えているのは見逃せない[40]。

「町全体を（病原菌を探し出す）実験室」とみなす公衆衛生運動の態度は、汚れたものを見つけ出し退治すれば全てが解決するという一種の単純さを物語っている。そしてそこでは見える汚れではなく、見えない汚れこそ問題になるのであった。それまでの毒気や臭気といったあいまいな考え方をいかに修正し、新しく現れた見えない恐怖を教育することが大切になったのであった。水や牛乳、いや人までも、見た目がいくら清潔でも病原菌に冒されている可能性があることを周知徹底しなければならないのだった。

一九二〇年に出版された、ミネソタ州の保健局検査医長H・W・ヒルが公衆衛生に携わる看護師のために書いた教科書は繰り返し、根強い清潔主義を退ける指導をしている。

殺菌されていない清潔など意味がないのです。……感染は目では見えないのです。……スラムのひとは汚い。しかし細菌がついていなければ問題はありません。高貴な人々は清潔です。しかし看護婦や産科医が病院から細菌を持ち込めばたちまち汚染させてしまいます。敬虔であることも病気の予防にはなりません。異教徒のインディアンがわれわれに結核をもたらしたのではなく、白人キリスト教徒こそが野蛮人にそれをもちこんだことからもわかるでしょう。(41)

不潔であると移民を決めつけている社会に警鐘を鳴らしているようだが、清潔に見えるからといって安心してはいけない、患者、保菌者との接触こそが危険であると警告している。

このような状況を知るとき、マローンの存在がいかに脅威として受け取られていくかが見えてくるだろう。ある公衆衛生誌の論説「緊急課題——求む、腸チフス保菌者の治療法」はマローンを野放しにした保健局の検査体制の甘さを指摘し、ドイツを見習ってより完璧な調査網、防壁をつくりあげる必要性を提言している。(42)こうしたなかで、保険局の権威を危うくさせるマローンの存在がどのようなものであったかが見えてくるだろう。マローンは自身に課された役割を見事に言い当てている。「保健局は名をあげたいのです。金持ちを守っていることを見せつけたいのです。私はその犠牲者です」(43)これは当時の階級差の核心をついた発言である。そして終身隔離の見せしめほど、保健局の権威と一般大衆への教育効果のあるものはなかったろう。

本来、公衆衛生とは、どのような方法で進められるべきものだったのだろうか。ビッグズの伝記を記し、イェール大学で公衆衛生学を教えた権威、チャールズ－E・A・ウィンズローによると次のように定義されている。

公衆衛生とは、環境衛生の完全、伝染病の改善、個人衛生の原則の衛生教育、病気の早期診断と治療のための医療と看護サービスの組織化、地域の全ての人に、健康保持のための適切な生活水準を保証する社会制度の発展のために、地域社会の組織的な努力を通じて病気を予防し、生命を延長し、肉体的・精神的健康と能率の増進を図る科学であり、技術である。[44]

「地域社会の組織的な努力」という一語は一九世紀末のアメリカ社会を見る上でキーワードといっていいだろう。産業化・都市化で変容していく地域社会、移民の流入でかつての地域のあり方が根底から揺らいだがゆえに、地域共同体の復活を公衆衛生という方法で取り戻そうとするかのようだ。ビッグズのモットーも「自分たちのコミュニティの死亡率はその住民の肩にかかっている。公衆衛生は住民の費用で買うことのできるものだ[45]」であった。そしてその頂点に立って指導するのがニューヨーク保健局だったのである。

一九一〇年のエジンバラにおける国際結核会議では、当時の圧倒的な権力を象徴して、「ニューヨーク保健局は司法・行政・立法の全ての機能を有す」と宣言している。[46] このようななかで一移民女性の抵抗が許されるはずもなかった。

腸チフスの猛威は一九一五年をピークに下火になり、沈静化した。ワクチンの開発は一九一一年のことで、普及に時間がかかったものの、かつての恐怖は次第に拭い去られていった。二〇世紀初頭の公衆衛生運動はいち早く病人を見つけ出し、報告し、隔離し、ワクチン開発を待つという手順であった。社会構造を変えることなく、成果のわかりやすい、もっとも安上がりな改革であった。(47)しかし、彼らの執った方法は、ウィンズローの定義を思い起こせば、「全ての人を対象」にしたはずである。が、けっして弱者に優しいものではなかった。

おわりに

ニューヨーク保健局の華々しい活動も、伝染病の沈静化、移民を締め出す移民法の制定で一段落し、さらに病院の拡充と医師会の勢力の増大、加えてニューディール期に連邦政府の比重が大きくなって、その「輝かしい」役割を終えた。しかし、乳児死亡率低下で名を挙げたベーカーはその有能さを請われ、一九二三年に退職した後も、連邦児童局の顧問として、一九四五年に亡くなるまで君臨し続けた。

マローンは次のように言ったと伝えられる。「私は無実です。なんら犯罪をおかしていないのに、社会から追放されているのです。不当で、許しがたい、野蛮な行為です。キリスト教国で、抵抗できない女性がこのような目に遭うなんて信じがたいことです(48)」

清く、正しく、最新の科学の恩恵を受けた文化的な国家を作ることに奔走していた人々に対して、これほどの批判はないだろう。

マローンの事件は、産業社会の到来とともに、ヨーロッパに対抗してアメリカが創り上げようとした国づくりの根底にある問題点を浮き彫りにしている。そして、その国づくりを担った女性たちの世界観をも浮き彫りにしている。同性を、移民集団を犠牲にして勝ち取った世界観である。そしてその世界観こそ、二〇世紀のアメリカを理解する上で欠かすことのできないものなのである。

註

（1）Judith Walter Leavitt, *Typhoid Mary: Captive to the Public's Health*, Boston: Beacon Press, 1996, pp.163-164.

（2）Barbara Miller Solomon, *Ancestors and Immigrants: A Changing New England Tradition*, Boston: Northeastern Press, 1956. John Higham, *Strangers in the Land: Patterns of American Nativism, 1860-1925*, New York: Atheneum Books, 1963. Matthew Frye Jacobson, *Barbarian Virtues: The United States Encounters Foreign Peoples at Home and Abroad, 1876-1919*, New York: Hill and Wang, 2000.

（3）Alan M. Kraut, *Silent Travelers: Germs, Genes, and "Immigrant Menace,"* Baltimore: The Johns Hopkins University Press, 1994, pp.31-49.（アラン・クラウト著、中島健訳『沈黙の旅人たち』青土社、一九九七）従来「希望の島、涙の島」と呼ばれその情緒的側面が強調されてきたエリス島だったが、効率のよい選別システムとして機能した点を指摘している。また移民を受身の弱者として描かない点でも一貫している。入国者数については August C. Bolino, *The Ellis Island Source Book*, Washington D.C.: Kensington Historical Press, 1990. 一九二四年以降、荒廃が進んだエリス島だったが一九六〇年代のエスニック・リバイバルで、当時のジョンソン政権は国立公園局の指揮下に置いて、保存、改築を進めた。今日、移民博物館として公開されており、「検疫所」としての過去より、多くの国民が共有した共通体験の場として、自由の女神像とともにアメリカのナショナリズム高揚の一翼を担っている。

（4）Leavitt, *Typhoid Mary*, p.169, Kerby A. Miller, *Emigrants and Exiles: Ireland and the Irish Exodus to North America*, New York: Oxford University Press, 1985. Kerby A. Miller and Paul Wagner, *Out of Ireland: The Story of Irish Emigration to America*, Washington D.C.: Elliot & Clark Publisher, 1994.（カービー・ミラー、ポール・ワグナー著、茂木健訳『アイルランドからアメリカへ――七〇〇万アイルランド人移民の物語』東京創元社、一九九八）Suellen Hoy, *Chasing Dirt: The American Pursuit of Cleanliness*, New York: Oxford University Press, 1995, p.17.（スーエレン・ホイ著、椎名美智、富山太佳夫訳『清潔文化の誕生』紀伊國屋書店、一九九九）

（5）ニューヨークの歴史に関する著作は枚挙に暇がないが、写真で紹介しているものに『１００年前のニューヨーク（*King's View of New York*）』鈴木智子訳、東京：マール社、一九九六。Eric Homberger, *The Historical Atlas of New York City: A Visual Celebration of 400 years of New York City's History*, New York: Henry Holt and Company, 2005.

（6）George A. Soper, "Curious Career of Typhoid Mary," in *Bulletin of the New York Academy of Medicine* Vol. 15, No.10, October 1939, p.699, pp.704-706, George A. Soper, "Typhoid Mary," in *The Military Surgeon* Vol. XLV, No.1, July 1919, p.3.

（7）S. Josephine Baker, *Fighting for Life*, New York: The Macmillan Co., 1939, p.75.

（8）Leavitt, *Typhoid Mary*, pp.176-180, n.p.303. Howard Markel, *Quarantine! East European Jewish Immigrants and the New York City Epidemics of 1892*, Baltimore: The Johns Hopkins University Press, 1997, pp.55-59, Lavinia L. Dock, "An Experiment in Contagious Nursing," in *Charities* July 4, 1903 は、家畜舎にも劣る病棟であること、手遅れの患者を搬送するため死亡率が高く、移民たちから恐れられていると指摘している。"City Selling Parcels to Bidders with Better Ideas," *New York Times*, Aug. 15, 1982, Section8, p.17. は、一八八五年から一九四三年まで結核と伝染病患者の施設があったこと、一九五一年から六三年までは薬物中毒者のリハビリセンターであったこと、一九七〇年に一一〇万ドルで売りに出されたが買い手がつかなかったことを伝えている。

(9) Soper, "Typhoid Mary," p.14, Soper, "Curious Career of Typhoid Mary," pp.707-708.

(10) Morris, J. Vogel, "Transformation of the American Hospital, 1850-1920," in Susan Reverby and David Rosner, eds. *Health Care in America: Essays in Social History*, Philadelphia: Temple University Press, 1979.

(11) Leavitt, *Typhoid Mary*, p.163, "I'm Persecuted!' Is Plaintive Plea of 'Typhoid Mary'," *New York World*, July 20, 1909, p.18.

(12) Leavitt, pp.187-188.

(13) Ibid, pp.132-133.

(14) Ibid, p33, pp.170-195. ロックフェラー研究所は当時、新患者の四四パーセントは腸チフス保菌者からの感染であると報告している。

(15) 隔離の対応はジフテリアでは異なっている。ジフテリアの保菌者の定義をめぐる混乱と隔離に至らなかった経緯は Evelynn Maxine Hammonds, *Childhood's Deadly Scourge: The Campaign to Control Diphtheria in New York City, 1880-1930*, Baltimore: The Johns Hopkins University Press, 1999, pp.155-163. にくわしい。保菌者の病原菌の感染能力の強弱が問題になり、どこで線引きするか結論が出なかった。

(16) Soper, "Typhoid Mary," p.12.

(17) Soper, "Curious Career of Typhoid Mary," p.705.

(18) Baker, pp.75-76.

(19) Ibid, p.1.

(20) Ibid, pp.24-30. 当時の女医受け入れの難しさは Mary Walsh, *Doctors Wanted: No Women Need Apply*, New Haven: Yale University Press, 1977. Regina Markell Morantz-Sanchez, *Sympathy and Science: Women Physicians in American Medicine*, New York: Oxford University Press, 1985.

(21) Virginia G. Drachman, "Female Solidarity and Professional Success: The Dilemma of Women Doctors in Late Nineteenth-Century America," in *History of Women in the United States*, vol.8 Professional and White Collar Employment, part1, Nancy F. Cott ed., Munich, New Providence, London and Paris: K. G. Saur, 1993,

pp.256-269, Baker, *Fighting for Life*, pp.33-34, p.46, p.58.

(22) Baker, p.59.

(23) Ibid.

(24) Diane Hamilton, "The Cost of Caring: The Metropolitan Life Insurance Company's Visiting Nurse Service, 1909-1953," in *Bulletin of History of Medicine* 63, fall 1989, pp.414-434., Viviana A. Zelizer, *Pricing the Priceless Child: The Changing Social Value of Children*, New York: Basic Books, 1985, pp.113-137. は子供に保険をかけることが「道徳上、悪」とされた考え方から、「衛生上、善」とされていく過程に言及している。当時の公衆衛生関係者ははじめ提携を躊躇したものの、住民の健康調査を優先させ、保険業者と手を組んだ。第11章参照。Hoy, *Chasing Dirt*, Chap.IV.

(25) Jane Pacht Brickman, "Public Health, Midwives, and Nurses, 1880-1930," in Ellen Condliffe Lagemann, ed. *Nursing History: New Perspectives, New Possibilities*, New York: Teachers College Press, 1981, pp.65-88. Baker, *Fighting for Life*, p.122.

(26) Sheila M. Rothman, *Woman's Proper Place: A History of Changing Ideals and Practices, 1870-to the Present*, New York: Basic Books, 1978, p.125. Kraut, *Silent Travelers*, pp.253, 254. Rima D. Apple, *Perfect Motherhood: Science and Childrearing in America*, New Brunswick: Rutgers University Press, 2006, Chapter 2.

(27) Elizabeth Ewen, *Immigrant Women in the Land of Dollars: Life and Culture of the Lower East Side, 1890-1925*, New York: Monthly Review Press, 1985.

(28) Wanda C. Hiestad, "The Development of Nurse-Midwifery Education in the United States," in *Historical Studies in Nursing*, ed. by M. Louize Fitzpatrick, New York: Teachers College Press 1978, pp.86-103. は看護学が産婆学を取り込むこととの失敗に言及している。Rothman, *Woman' Proper Place*, pp.142-153, Michael B. Katz, *In the Shadow of the Poorhouse: A Social History of Welfare in America*, New York: Basic Books, 1986, p.144. は女医や看護婦のクリニックにおける指導を中心にすえた、連邦初の母子の社会保護をうたったシェパード＝タウナー法が医師会の反対の前に廃案になる過程を説明している。

(29) Baker, *Fighting for Life*, p.115, p.145, Baker, "Schools for Midwives," Read before the Annual Meeting of the Association for the Study and Prevention of Infant Mortality, Chicago, Nov. 1911, in *American Journal of Obstetrics*, New York, 1912, pp.256-270.

(30) Baker, *Fighting for Life*, pp.140-142, "East Side Women Riot. Stone Schoolhouses," *New York Tribune* 28 June 1906, p.14, Kraut, *Silent Travelers*, pp.228-232, Ewen, *Immigrant Women in the Land of Dollars*, p.143.

(31) Lina Rogers Struthers, *The School Nurse: A Survey of the Duties and Responsibilities of the Nurse in the Maintenance of Health and Physical Perfection and Prevention of Disease Among School Children*, New York: Putnam's, 1917.

(32) ロシアにおいてユダヤ人は、貧困に加え、農地の所有も借用も制限されるなどの法律による差別の数々を耐え忍んだ。一八八〇年、五月法により、住んでいた村々から強制的に町へ移住させられた。さらに、八一年に始まるポグロム（大量虐殺）が、一八九二年、一九〇三年、〇五年と続くことで迫害は極限に達した。新世界への移住を余儀なくされたのは、こうした背景からであった。ロシアでのユダヤ人の処遇に関してはラビ・リー・J・レヴィンジャー著、邦高忠二、稲田武彦訳、『アメリカ合衆国とユダヤ人の出会い』（Rabbi Lee J. Levinger, *A History of the Jews in the United States* [1930]）、東京：創樹社、一九九七。彼らのロシアへの恐怖と憎悪の念、家族単位で移住したことから、アメリカ定住への強い思いと市民になることを強く望んだ経緯と困難は、Stephan F. Brumberg, *Going to America, Going to School: The Jewish Immigrant Public School Encounter in Turn of the Century New York City*, New York: Praeger, 1986, Selma Berrol, "Immigrant Children at School, 1880-1940: A Child's Eye View," in Elliott West and Paula Petrik eds., *Small Worlds: Children and Adolescents in America 1850-1950*, Lawrence: Kansas University Press, 1992, pp.42-60.

(33) Baker, *Fighting for Life*, p.77.

(34) Ibid, p.110.

(35) John Duffy, *The Sanitarians: A History of American Public Health*, Urbana: University of Illinois Press, 1990,

pp.193-220, Walter I. Trattner, *From Poor law to Welfare State: A History of Welfare in America*, New York: The Free Press, 1999, pp.140-159, David Rosner, "Hives of Sickness and Vice," in David Rosner ed., *Hives of Sickness: Public Health and Epidemics in New York City*, New Brunswick: Rutgers University Press, 1995, p.9, pp.12-16, Sheila M. Rothman, *Living in the Shadow of Death: Tuberculosis and the Social Experience of Illness in American History*, Baltimore: The Johns Hopkins University Press, 1994, p.180. 公衆衛生運動の最盛期をどこと見るかで見解が異なる。ダフィは連邦政府の比重が大きくなったことで、一九三〇年以降もその影響力が弱まるどころか、増すとして他と見解を異にしている。

(36) Bert Hansen, "New Images of a New Medicine: Visual Evidence for the Widespread Popularity of Therapeutic Discoveries in America after 1885," in *Bulletin of the History of Medicine*, Baltimore: The Johns Hopkins University Press, 1999, Vol.73. pp.629-678.

(37) Leavitt, *Typhoid Mary*, pp.14-38, Trattner, *From Poor Law to Welfare State*, p.145, Elizabeth Fee and Ivelynn M. Hammonds, "Science, Politics and the Art of Persuasion: Promoting the New Scientific Medicine in New York City," in Rosner ed., *Hives of Sickness*, p.157.

(38) Charles E. Rosenberg, *The Cholera Years: The United States in 1832, 1849, 1866*, Chicago: University of Chicago Press, 1962, pp.192-225. Michael B. Katz, *In the Shadow of the Poorhouse: A Social History of Welfare in America*, New York: Basic Books, 1986, pp.139-140.

(39) Markel, *Quarantine!*, pp.86-143.

(40) Kathryn Kish Sklar, *Florence Kelley and the Nation's Work: The Rise of Women's Political Culture 1830-1900*, New Haven: Yale University Press, 1995, p.265. Nancy Tomes, *The Gospel of Germs: Men, Women and the Microbe in American Life*, Cambridge, Mass.: Harvard University Press, 1998.

(41) Hibbert W. Hill, *Sanitation for Public Health Nurses*, New York: the Macmillan, 1922, pp.176-186.

(42) "A Pressing Problem—Wanted: A Cure for Typhoid Bacillus Carriers," in Editorial Section, *American Journal of Public Health*, 1915, pp.312-313.

(43) "'I'm Persecuted!' Is Plaintive Plea of 'Typhoid Mary'," *New York World*, July 20, 1909, p.18.

(44) Trattner, *From Poor Law to Welfare State*, pp.140-141. Charles-Edward A. Winslow, *The Evolution and Significance of the Modern Public Health Campaign*, New Haven: Yale University Press, 1923.

(45) Leavitt, *Typhoid Mary*, p.41, Rosner, "Hives of Sickness and Vice," p.15, Rothman, *Living in the Shadow of Death*, p.183.

(46) Leavitt, *Typhoid Mary*, p.42.

(47) Daniel M. Fox, "The Politics of Public Health in New York City: Contrasting Styles Since 1920," in Rosner ed., *Hives of Sickness*, pp.197-210.

(48) Leavitt, *Typhoid Mary*, p.180.

第二章　リリアン・D・ウォルド
——看護国家を夢見た訪問看護婦

はじめに

一九〇一年、ヘンリー・ストリート訪問看護サービスに所属するメアリー・M・ブラウンは、発刊まもない「アメリカ看護学誌」に看護カバンの中身を誇らしげに紹介している。

ビン入り三オンスのアルコール、同じく五オンスのリステリン、ウイスキー、グリセリン石鹸、九五パーセントの炭酸。ねじつき広口ビン入りホウ酸、おなじくカスカラ錠、陶器入り二オンスホウ酸軟膏。おなじく一オンス一〇パーセントのイヒチオール軟膏。……六オンス用白いエナメル・ボール、固形石鹸、つめブラシ、タオル、肉屋のような、しかし軽いモスリンのエプロン、漏斗、へら、鉛筆……口腔用と直腸用の体温計二本、はさみ、ピンセット(1)……

写真5　屋上を行く、ヘンリー・ストリートの看護婦

これらは、長さ一二インチ、幅五・五インチ、茶色の革製でまちの部分は布、丈夫な革ひもと調節可能なバックルのついたカバンに入れられ、看護婦の名札が付けられていた。看護婦たちは朝八時の仕事開始とともに、戸棚からそれぞれのカバンを持ち出し仕事へむかうのであった（写真5）。

巡回看護婦、訪問看護婦、公衆衛生看護婦とめまぐるしく呼び名をかえたかれらの歴史は、看護婦の歴史の中でも特異な位置を占めている。看護婦の専門職化が病院の成長と拡大とともに語られるのに比べて、公衆衛生を担ったこれらの看護婦は、病院や診療所、医師、そして保健局から独立して独自の活動領域を求めた。「在宅看護」を最優先とし、患者の社会的背景までも視野にいれた訪問看護を掲げ、社会や病院が取りこぼした人々に手を差し伸べようと奔走した。医師にも匹敵する尊敬をもって迎えられた彼女たちの独立と移動のトレードマークが看護カバンだった。レースのついた白い看護帽は、彼女たちにとって医師への従属の印でしかなかった。病院の外に自由に出た看護婦たちは、日々移民家族と接するなか、社会の無関心と政治の無策に目覚め、「市民の健康」あるいは「国民の健康」という発想を持つにいたった。訪問看護婦サービスというきわめてアメリカ的展開をみせた看護サービスは一九世紀末のアメリカ社会を写し出す鏡といえる。病気、貧困、社会福祉といった、連邦政府、州政府、市、民間で取り組むべき問題にどのように対処しようとしたのか、まずは中心的役割を演じたリリアン・D・ウォルド（一八六九―一九四〇）の活動から見ていこう(2)。

I．ヘンリー・ストリート訪問看護サービスの誕生

公衆衛生看護婦の前身であった訪問看護婦の拡大において中心的役割を果たしたのは、一八九三年ニューヨークのローアー・イーストサイド地区で始まったヘンリー・ストリート訪問看護サービスである。それ以前にも看護婦を患者宅に送るサービスは、一八七七年にニューヨーク市伝道団の婦人部が、八一年にマサチューセッツ、ボストンで看護教育協会がこころみている。イギリスでは、担当地区を巡る巡回看護婦としてすでに定着していたのを見習ったのである(3)。しかし、組織力、リーダーシップで全国展開の要となったのが、リリアン・D・ウォルドとメアリー・ブリュースターによって始まった、ヘンリー・ストリート訪問看護サービスだった。ウォルドはのちに社会活動家として多方面の活躍をするため、看護婦であったことが忘れられがちである。しかし、その活動の

根底には看護婦であることが重要な位置をしめている。[4]

その発端は劇的である。一八九一年に、看護学校を卒業したばかりのウォルドは日曜学校の看護教育者募集に応募した。授業を終えて、請われるままに生徒の家庭を訪ね、そこで、今まで目にしたことのない光景に出会う。自分の思いを語ることが極端に少なかったウォルドだったが、後にその体験を次のように書いた。

子供の家庭は犯罪者の集まりでも、悪人の集まりでもありませんでした……二部屋に家族七人が下宿人らとひしめいて暮らしていました……。その子の父親は障害を抱え……母親は二週間続いた出血のため、血のしみた寝床に横たわっていました。……処置を終えて帰り際に彼らは私の手にキスをしたのです。もしかれらが不道徳極まりない一家であったなら、私自身もその一員である、こうした悲惨を野放しにする社会を擁護することができたかもしれません。それができれば、彼らのキスにも少しは気が晴れたでしょう。[5]

居たたまれない思いでその場を立ち去ったウォルドは、同期のブリュースターとともに看護婦として地域に乗り込むことを計画する。日曜学校を支援していた富豪ベティ・ロエブ（ソロモン・ロエブ夫人）はウォルドから相談を受け、「気でもふれたか、よほどの天才でもなければ思いつかない計画」に思えたという。そして「天才のほうにすべてをかけて」移民地区での看護施設を支援することを決めた。その後、ロエブの娘婿であるジェイコブ・シフも支援に加わり、二年後、ヘンリー・

ストリート二六五番地に家を購入してもらい、そこを拠点として本格的な訪問看護サービスが始まった。これが、のちにヘンリー・ストリート・セツルメントと呼ばれる移民救援施設の始まりである。かつてはクウェイカー教徒の居住地であったその通りは、安アパートが立ち並ぶ移民街に変貌していたからである。(6)

ウォルドを駆り立てた、悲惨を作り出す社会の一員であることの後ろめたさ、相手が同じ人間であり、道徳的に救う価値が認められるとする考え方、社会の無関心、無策への怒り、そして居ても立ってもいられぬ行動への衝動、それらどれもが二〇世紀初頭に活動した改革家に典型的な発想である。かれらの多くは白人中産階級層であったと言われるが、ウォルドはすでに社会的地位においては、中産階級の仲間入りを果たしていたドイツ系ユダヤ人であった。一八六七年、オハイオ州シンシナティで、ドイツ系であった父とポーランド系であった母の間に生まれている。父は光学機器の卸売で財をなし、すでに宗教色はなかったというが、ロエブやシフら裕福なユダヤ系資産家からの援助は彼女のそうした背景からである。ドイツ系ユダヤ人にとっても、もはや異質であったロシア・東欧からのユダヤ系移民の貧困を前に、ウォルドは訪問看護という新しいネットワークを作り出すことで、手を差し伸べたのであった。(7) のちに革新主義運動と一括りでよばれた一連の改革は、野放しだった企業の規制、市民の政治参加など、政治や経済面での整備と行政機能の拡大で知られる。しかし、都市の貧困層を占めた移民への対応もその大きな特徴であり改革の特徴を考える上で重要な意味をもつ。(8)

一章でも見たように、文化の異なる移民集団への嫌悪は、かれらがもたらす病気への恐怖で増大していた。なぜなら一九世紀末の細菌学の発展が病原菌を特定することを可能にし、予防医学へのうねりが生まれていたからである。かつて「神の怒り」と思われていた病気は一九世紀には、汚物の放つ、得体の知れない「毒気」が原因と考えられるようになっていた。しかし、いまや一刻もはやく病原菌を持つ「犯人」を見つけ、「隔離」しなければならなかった。ことにニューヨークではコッホ研究所帰りのハーマン・ビッグスが保健局の拡充をめざし、力を揮っていた。手足となって働く看護婦が求められていた。在宅看護を掲げ、家庭の中にまで入り込めた訪問看護婦は、病人を見つけ出すのに、うってつけだった。訪問看護婦の発展を後押ししたのは、このような社会環境であった。[9] たとえば、訪問看護婦の資金を得るためのパンフレットには、キャンディ・ストアの話がよく登場した。看護婦がストアで働く売り子の結核を見抜いたというものだ。「考えてもごらんなさい。結核菌のついたキャンデイがどれだけ売られたことでしょう」とそれは続く。[10] 見抜けなかった場合の恐怖感を煽り、看護婦の有能さを訴えるものだ。

こうした公衆衛生運動の担い手の一人、チャールズ－E・A・ウィンズローは、公衆衛生に関わる看護婦がいかに重要か、彼らを「コミュニティ・マザー」と表現した。[11]「コミュニティ」という言葉には、社会の変革期にあたって、その崩壊を防ぐ意味が込められていたし、「マザー」とはまさに、家庭から社会へ進出してきた一九世紀末のアメリカ女性が最大の価値を置いた家庭の象徴を言い当てた表現であった。家庭の延長線上に、コミュニティを守る目的で看護婦が位置づけられていく風潮が、訪問看護婦職確立に追い風になっていた。[12]

社会からの要請だけではなく、訪問看護婦、のちの公衆衛生看護婦がどのような受け止め方をされていたかを見るには、当時の看護婦をめぐる状況を知ることも重要である。看護婦になるということは、どのような選択を意味したのだろう。看護婦が、雑役婦か売春婦のように見なされていた時代、「より良い看護は、教育ある婦人によってなされなければならない」としたナイチンゲールの看護史における位置は繰り返すまでもないだろう。アメリカ看護史においては、一八七二年に三つの看護学校がナイチンゲールにならって生まれたことを機に近代看護が始まったとされる。その後、病院が整備されるにしたがって看護婦の需要は飛躍的に伸びたが、同時に、短期間のトレーニングで看護婦を養成し、従属的な地位に看護婦を置く流れになっていった。ことに病院付属の看護学校でこの傾向が顕著に見られた。看護学校は拡充する病院の管理下にはいり、安く看護婦を確保したい病院の方針の中に組み込まれていった。こうした病院の方針に異議を申し立てたのが、質の高い看護教育をめざした、ジョンズ・ホプキンス大学の付属看護学校のイザベル・ハンプトン・ロブであった。教育の質の高さを確保する免許や試験、登録制度への闘いのはじまりだった。その後アデレイド・ナッティングらによる大学看護学部の設立、ソフィア・パーマーらによる看護学誌の発刊と専門職化が進んだ(13)。

しかし、看護婦にとって現実の選択肢は、病院看護、付き添い看護、そして訪問看護のどれかであった。なかでも、フィールドとよばれた訪問看護の現場が、いかに当時魅力的であったかは、ロブの薫陶を受け看護学校に関わったラヴィニア・ドックが、ヘンリー・ストリート訪問看護サービスに拠って活動したことからも窺える。医師たちがその知識を独占して、看護婦を締めつけ始めたことを機に彼女は『マテリア・メディカ』という薬に関する事典を執筆した。医師が処方する薬剤の知識を看護婦にも同様に持たせようとするものだった。それは、「わかりません。先生に聞いてください」としか言えないように病院看護婦が教育されていくことへの、抵抗であった。性病や産児制限など当時のタブーに対しても発言し、労働運動や参政権運動に関わっていくドックが称えたのはウォルドが作り出す自由な、看護婦だけで運営されていた訪問看護婦サービスであった。病院の権威や規則に縛られない、看護婦独自の世界を確立することができたからである(14)。ドックのウォルドに宛てたつぎのような手紙を見ると、それが必死で戦いとられた環境であったことがわかる。

ミス・ウォルドの看護婦たちがカバンに軟膏をいれ、患者に錠剤まで与えることがあるのはとんでもないことだ、とアドラー夫人がボンフィールドさんに話しているようです。巡回看護婦は、かならず医師の厳格な指導のもとで働かなくてはいけないという考えの持ち主なのです。ここの医者たちはアップタウンの医者に言いつけるに違いありません。……私たちの応急処置のカバンさえ取り上げようとするでしょう。……万全の注意をするようにしてください(15)。

こうして専門職という自立の象徴であったカバンを守りながら続けられた訪問看護サービスは、のちに「女子大生に開かれたもっとも報われる職場である看護婦」のなかで、「もっとも将来を約束する輝かしい機会を提供する」と言われた(16)。

志を同じくするものが集まった集団は、ナースのセツルメントと呼ばれ、他のセツルメントが「女子大学の寮がスラムに引越ししてきたようなもの」と形容されたように、意欲ある看護婦たちの集まりだった。改革気運の高まった社会から要請され、新しい教育を受けた若い世代が自ら作り出した拠点であった。集まった彼女たちがお互いに支え合う様子は、女性だけの特殊な集団として、あるいはシスターフッドを生んだ力強い流れとして称えられてきた。それは、主に白人中産階級の女性たちによって進められた現象であったとされる(17)。

しかし、ここに同じ志をもって集まったアフリカ系アメリカ人（以下黒人という）看護婦がいたことは、あまり知られていない。訪問看護婦という新しい職場が柔軟な発想と寛容な職場環境を作り出していたことを知るためにも、初期の訪問看護の活動とネットワーク作りを知るためにもここで彼女たちに目を向けてみよう。

Ⅱ．訪問看護の理念と実践――アフリカ系看護婦たちを通して

ヘンリー・ストリート二六五番地は、たしかに活動の中心であったが、もっとも必要とされている人々のところに居るということがウォルドのセツルメント設立の動機であったから、あとから加わった看護婦たちも、それぞれ自分がもっとも必要とされているところに住むことを選んだ。自らのエスニック・バックグラウンドを選んだのである。たとえばミス・ジョンソンとミス・フォーブスはイースト・サイドのドイツ系が多く住むところに、ミス・シモンズはウエストサイドのイタリア系地区に、ミセス・ラリアはヘンリー・ストリートのイタリア系地区に暮らし、自らの活動の拠点にした。そしてニューヨークにおけるアフリカ系地区の最初の訪問看護サービスがヘンリー・ス

トリートの送り出した二人のアフリカ系看護婦によって一九〇六年に始まった。[18]
サンワンヒル（コロンバス・ヒル）とよばれた地区は、南部からのアフリカ系移住者に加え、西インド諸島からの移民、そしてアイルランド系移民が混在する地区で、争いやいざこざの絶えない地区であった。前章のS・ジョセフィン・ベーカーが音を上げた「ヘルズ・キッチン」と呼ばれる地域の北側に位置している。アフリカ系看護婦は白人地区を避けて、アフリカ系居住地区にしか送り出さなかったと、批判される。[19] しかし、ふたつの点を考慮しなくてはならない。まず、それがこの地区での訪問看護婦サービスを支援したエドワード・ハーケスとその妹シャーロット・スティルマンの方針であったこと、そして二人のアフリカ系看護婦自身がアフリカ系居住地区での活動を望んだことである。のちにスティルマン・ハウス（その後リンカーン・ハウス二〇二ウエスト六三丁目）とよばれるその拠点を、「ローアー・イーストサイドにおけるヘンリー・ストリート・セツルメントのように看護サービスのみならず、愛隣施設にまで成長させたい」というのがこの二人の看護婦たちの望みだった。[20]
この試みが可能になったのは、ハーケスとスティルマンが亡き乳母の思い出にとウォルドに資金援助を申し出たことに始まる。ウォルドは慈善協会のスタッフであったアフリカ系看護婦ジェシー・スリートに人選を一任した。このスリートは、アフリカ系看護婦のパイオニアで、当時、ニューヨークのアフリカ系居住区を半年かけて調査していた。慈善協会の結核予防委員会に提出されたスリートの報告書「黒人と結核――一九〇四〜〇五」は、サンワンヒル地区で展開される、ヘンリー・ストリートの訪問看護活動に間違いなく影響をあたえている。一歩一歩、地区を歩き病人を探し出す努力が受け継がれているからである。ウォルドの依頼をうけたスリートは、同窓のエリザベス・タイラーを推薦した。アフリカ系看護婦に焦点をあてると、訪問看護婦が白人中産階級の女性のみならず、アフリカ系女性にとっても自由と行動力、リーダーシップを発揮できる数少ない機会を提供していたことがよくわかる。スリートは慈善協会に雇われていたものの、採用条件はきわめて厳しく、正式な採用ではなかった。それに比べて、訪問看護サービスは看護婦資格を優先させてタイラーを正式に採用した[21]。

　タイラーは一八九四年、ワシントンD・Cの解放黒人病院看護学校に入学した。アフリカ系アメリカ人教育の総合大学として、重要な位置を占めるハワード大学に合併されるこの解放黒人病院看護学校は、北部白人の慈善事業のひとつとして生まれ、奴隷解放後のアフリカ系の人々の自助努力を養成する目的で作られた。しかし、白人側からの蔑視は避けられないものがあった。たとえば、看護教育に当てられた時間が極端に少なく、すぐ実習の名のもとに病院に送られたからである。第一、学校への入学も予行期間が設けられ、指導者のもとで不定期に働かなければならなかった。勤勉と判断されたものだけが、三ヶ月の仮入学者となり、読み書き、算数の学習が許され、さらにそこで看護への適性があるとされたものだけが、やっと正式に入学できたのだった。しかし、集まった学生の志の強さは、当初、一八ヶ月のトレーニング期間だったものが、途中で二四ヶ月に変更になったときも、全員が長期の訓練を望んだことに表れている。一八九六年、タイラーは他の一六人とともに卒業した[22]。

　しかし、仕事がなかった。付き添い看護婦を頼むほど裕福なアフリカ系の人々が多くはなかったからである。ワシントンD・Cの近郊でも見つからず、とうとうマサチューセッツ州のスミス大学の学校看護婦の募集に応じた。しかし、白人相手の仕事に希望が持てず、アラバマ州やバージニア州にある大学所属の看護婦として衛生教育を教える機会を求めて転々とした。彼女の向上心はより高度な教育の機会を求めてやまず、ニューヨークのリンカーン看護学校に卒業生を対象にした新しいコースが出来るやいなや、入学を決めた。しかし、高度な知識を得ても認められる場所がなかった。そんな折り、ヘンリー・ストリート・セツルメントから訪問看護婦の依頼を受けた。ここから彼女のオーガナイザーとしての力量が発揮されていくのである(23)。

しかし、最初、患者はやってこなかった。建物の掃除夫と友人になって、どこで病人が寝ているのか、建物の中を自由に歩かせてもらったりした。スリートが患者を捜し歩いたように、医師や教会を訪ねては、咳をする人を追いかけたかもしれない。しかし、三ヶ月後には、忙しくて二人目の看護婦が必要であるとウォルドに伝えるまでになっていた。そこで送られたのが、エディス・M・カーターである(24)。

ニューヨークのニューロッシェル出身のカーターは、タイラーと同じ解放黒人病院看護学校を一八九八年に卒業している。北部の田舎町から遠くはなれたワシントンD・Cへ、看護婦を夢見ての入学は、家庭での母親の看護体験があったからとも想像できるが、当時としてはよほどの意欲があってのことだろう。卒業後、ニューロッシェルに戻り、付き添い看護婦として働いていたが、ウォルドのこと、ヘンリー・ストリート訪問看護サービスのこと、アフリカ系の看護婦を雇っていることを聞き及んで、面接に応募し、雇われたのだった。かねてから、スリートの報告を知り、アフリカ系居住地区における結核罹患率の高さを憂えていたウォルドは、この二人に大役を託した[25]。かれらがいかに精力的に働いたか、当時の訪問看護の実態を知る手掛かりをカーターの報告書から引用しよう。

ジェシー・N……のお世話を続けていますが、ヴァンダービルト診療所にはとても感謝しています。このお気の毒な女性には三歳と、一八ヶ月の二人の子がいます。三ヶ月の赤ん坊もいましたが生まれてから体重がまったく増えず、一〇月に亡くなりました。夫が頼りにならず、家にいないので、彼女の母親が家計を支えています。一ドルでも余分な稼ぎがあると医者に立ち寄り往診を頼むのですが、この前、医者は六ドルなければもう来るな、と言ったそうです。……はじめの医者は子宮ガンと結核という診断でしたが、喀痰の検査結果は陰性とあとで言っていました。……二人目の医者が、患者にヴァンダービルト診療所の医者にかかるように勧めましたが、患者は以前入院していたベルヴュー病院のようかと、恐ろしがっていきません。そこから島に送られるなら家のほうがいいと言います[26]。

ここでいう島とはワード島のことで、結核隔離病院があるのだった。移民たちからは、ワード島へ送られることは「死」を意味するというほど恐れられていた。前述のラヴィニア・ドックが、手遅れの患者ばかりを送る病院の姿勢をかねてから批判し、その貧しい施設の改善を要求していた隔離島のひとつである。また、この報告から、病院がいかに移民たちに恐れられていたか、いい加減な医者が多かったか、また診療所の果たしていた役割も垣間見られるだろう。[27] カーターによると、この後ジェシーを説得して、診療所の治療を受けさせた。また診療所のソーシャル・サービス部門にかけあい、医療費、シーツ、食料品の無料配布を受けることに成功、驚いたことにジェシーは完治に向かうのだった。一九一六年一一月の報告書はこのほかにも一八五回の訪問看護、五一回の代用訪問、二六回のカウンセリング訪問、八回のソーシャル・サービス訪問を伝えている。[28]

これらの報告は訪問看護がめざした看護を最もよく伝えているだろう。医者に見放された患者に接して、最善を尽くす。家庭に入り込むことでしか得られない情報で患者を支える。医者、診療所、病院の間に立って患者の不信感を取り除き、もっとも必要な処置をめざす。家族まるがかえで患者の社会復帰を支える看護の姿である。

カーターの看護がその理念を表すのなら、タイラーの活動も訪問看護がめざしていた実践を表すものだ。訪問看護サービスの拡大と協力のネットワーク作りである。ウォルドは、タイラーに限らず多くの看護婦をヘンリー・ストリート・セツルメントでの体験の後、その手腕が揮えるところへと送り込んだ。また、より教育効果を高められる外部の組織へと送り出した。タイラーもスティルマン・ハウスの活動が軌道にのると、フィラデルフィアのヘンリー・フィップス研究所に移った。そこは、アフリカ系の結核患者を専門に治療する施設であった。市の中心部にありながら、その立地が充分いかされていたとはいいがたく、タイラーはスティルマン・ハウスの経験を生かして、積極的に患者のリクルートを始めた。患者の数は百人から三千人に一挙に増えたという。どれほど彼女が地域で信頼されたかをうかがわせるものだ。その後、デラウェアの保険協会、ニュージャージーの結核協会の仕事など各地を巡って、結核と闘うネットワーク作りとアフリカ系コミュニティの結核教育につとめたのだった[29]。

ヘンリー・ストリート訪問看護サービスはその後もアフリカ系の看護婦を、白人看護婦と同等の賃金で雇っている。一九二五年には、一八人に増え、二人のアフリカ系スーパーバイザーをかかえた。一五〇人いた白人看護婦に比較して少数だという批難もあろう。確かに白人支援者を失わないようにと、表立った対決を常に避けたウォルドだったが、アフリカ系看護婦に同等の賃金を与えるよう訴え続けたことは、現場での共通体験と資格への信頼から生まれた結果だろう[30]。

ところで、タイラーが奔走した結核協会に代表される結核対策は、初期の訪問看護サービスのなかでも重要な部門であった。ヘンリー・ストリート訪問看護サービス以外にも、訪問看護を掲げた看護サービス団体が増えるなかで、一九〇九年の調査では、結核協会が約八パーセントを占めている[31]。結核専門の看護婦は「結核看護婦」と呼ばれ、次章でも取り上げるが、そのマニュアル本を見ると、かれらは自らをインスペクターと呼び、患者を探し出す自らの専門能力を強調していた。すぐさま病院に隔離することを最善とし、独自の判断を下せる結核看護婦の位置を強調していて、家庭看護へのおもいやりは見られない。看護婦を防疫の最前線に位置づけている[32]。しかし、現実の仕事は、痰壺の購入に奔走し、洗浄と消毒に追われ、残された家族をおもいやり、患者に付き添って、病院やサナトリウムへ出かけ、迎えに行く毎日で、報告書のひとつひとつはその詳細さに驚かされるとともに、「インスペクター」というスローガンとのギャップを見せている[33]。過渡期の看護サービスを象徴していると言えそうだ。

一九〇九年の調査において、訪問看護婦をかかえる団体の筆頭は訪問看護サービスの二一・四パーセント、次に保健局が一七・五パーセント、病院が一〇・六パーセント、先にのべた結核協会が八・一パーセント、続いて、慈善団体の六・五パーセントが続いている。一九〇〇年と比較して、訪問看護婦を雇う教会、慈善団体の比率が下がり、保健局や企業に雇われる比率が伸びている。[34] 設立当初、ヘンリー・ストリート訪問看護サービスも、ロエブやシフ、スティルマン家等の寄付で賄われてきた部分が大きい。訪問看護婦を支えた個人の寄付がどのような形で行われたかというと、「看護婦費用の一年間前払い」がその単位となっていたのである。自立と行動の象徴であった看護カバンでさえ、実は、看護婦自身が支援者のところに取りに行くこともしばしばであった。支援者は自分が援助する看護婦の名前と顔を確認して、カバンを手渡し、看護婦はそれを恭しく受け取らねばならないのであった。前述のタイラーとカーターも、スティルマン家へカバンを貰いに出かけている。本来あらゆる慈善団体、病院、診療所から独立して運営することがウォルドの夢であった。そうすることで看護婦たちは自由であったし、また移民の多様なバックグラウンドに、平等に対応することができると誇ってきたのであった。[35] しかし、それはつねに資金難との闘いであった。そして、患者への施しを嫌い、患者の精神的な負担が少ないことをのぞんだ。その証拠に患者自身から支払われた額は予想よりはるかに大きいことに驚かされるだろう。[36] しかし、財政の問題は常に訪問看護サービスを悩ませ続けた。それは地域住民の健康をだれが担うかという問題の核心と結びついていたからである。

Ⅲ．学校看護婦への拡大

移民と向き合う小さな派出看護婦詰め所として出発したヘンリー・ストリート・セツルメントの看護活動は、病院、医師、診療所から独立して独自の活動を求めて展開してきた。「在宅看護」を最優先に掲げ、ナース・カバンを携え自ら訪ね歩いて、社会から取り残された人々に看護の手を差し伸べてきた。しかし、その経営はつねに資金不足との闘いであった。それゆえ、保健局と教育委員会がヘンリー・ストリートの看護婦を学校看護婦として雇ったことは、ことのほか喜びをもって迎えられた。それこそ彼女たちの理想だったからである。資産家の支援などに頼るのではなく、「公的資金」で支えられ、しかも学校という次の世代を担う子供たちの健康管理を指導することで、子供たちに教育の機会を確保する。ただの教育ではない。「アメリカ市民」になるための教育を施すことが彼女たちの手に委ねられたからであった[37]。

ニューヨーク市による学校児童の検査は一八九七年からはじまっている。しかし医師によるそれらの検査は、フォローがなく、おざなりの報告がなされていただけだった。そこで、学校看護婦は子供をいかにして治癒し、学校に戻すかを第一に考えた。学校教育を市民教育の拠点と考えていたからである。学校の検査で発見された病気は、訪問看護婦が移民家庭に入り込み指導を徹底することで、治療と再発予防の教育がなされたのであった。その効果は劇的で、一九〇二年に一万五六二人の児童が登校を禁じられたのに比べ、翌年には、わずか一一〇一人にまでその数が激減した[38]。

学校看護婦導入の発端はヘンリー・ストリート・セツルメントの創始者リリアン・D・ウォルドが保健局長官のアーネスト・レダリーに進言したことだった。実現に動いたのは、第一章で取り上げた、あの保健局で手腕を振るっていたS・ジョセフィン・ベーカーであった。ウォルドはリーナ・ロジャーズ・スツルーザーズを最初の学校看護婦として保健局に送った。当時の様子を生き生きと伝える彼女の記述によれば、病名は必ず封をして持ち帰らせることを原則にしていた。子供たちには病名が漏れないよう、カルテには数字で記入していた。たとえば二番、四番、六番はともに頭虱《あたまじらみ》で、子どもが病名をあかせないように、複数の番号を使用していたし、どこも悪くない子も番号がもらえなくて「がっかりしないように」、「異常なし」は九番や一五番がつけられた(39)。略語を使用することもしばしばあったため、保健局に移民の母親から苦情が届いたこともあった。看護婦が「栄養不良」と書くべきところを「不良」とのみ書いたためである。怒った母親は、「うちの子は不良なんかじゃない。自慢の頭のいい子なんだ。ほっといてくれ」と書き送ってきたりした(40)。異文化接触の最前線をみせるやりとりである。

健康チェックの次は清潔教育の徹底であった。ことに力をいれたのは鼻かみドリルと歯磨きだった。校庭でかけ声とともに、「はい、右、はい、左」と訓練している子供たちの姿を思い浮かべるのは、なんとも楽しいが、子供たちにとって清潔教育の徹底は、親のやりかたが否定される、恥ずかしい体験だったようだ。ハンカチを常備することも教室では徹底していて、移民少年の一人がハンカチを忘れて教壇に取りに行かされたときの恥ずかしさをのちに述懐している(41)。ハンカチは清潔文化、アメリカ文化のシンボルであった。歯磨き指導も徹底しており、「光る歯」が将来を約束する「ビジネスの財産」と言い切っている。セツルメントでの教育を学校に持ち込んだ点で特徴的なのは、子守りをする女の子を対象にした子守り指導クラスだろう。移民の母親に子育てを教えるように、将来母親になるかれらの教育はもっとも重視された。非常にきめこまかいプログラムと課題が並んでいることからもその熱意のほどが窺える。沐浴のさせかた、離乳食の与えかたはもとより、性教育も含まれていた(42)。いっぽう、監獄へ送るような事態を防ぐセーフ・ガードとしても学校を位置づけていたため、教室での厳しいしつけがうたわれており、学校看護婦は常に「将軍たれ(43)」というスツルーザーズの言葉は有無を言わせず子供たちを指導した様子を窺わせている。

なかでもスツルーザーズがページを割いてその必要性を説いたのは、扁桃腺・アデノイド手術であった。のちに看護婦が専門用語を使うことは医師から厳しく制限されるのだが、ここではそうした不安もなく、医学的見地から手術の必要性が語られている。呼吸が妨げられることで、だらしのない顔立ちとなり、やる気のない、姿勢のわるい、まるでサルのような形相になっている子供が、手術によって、背筋も伸び、見ちがえるように勤勉になるとイラスト入りで解説している(44)。そして、この手術こそ、保健局が親の同意も得ず、説明もないまま強行したことで、ローアー・イーストサイドに暴動が起こった事例は第一章で言及した(45)。移民を管轄下に置こうと躍起になって、全員に強制的に実施した保健局の横暴、移民蔑視を伝える象徴的な事件である。移民家庭と学校との間に入って、円滑な児童への指導を謳った学校看護婦制度が実際はそれほど機能していなかった例だろう。

しかし、学校を訪ねるたびに、教室の混雑、間取りの不備、暗く湿った教室、換気の悪さなど建物の不備を指摘しそれらの改善を要求していったことも事実である。それはやがて教育界や保健局への批難へと発展していった。そして読み書きよりも、健康衛生教育の優先と充実を訴えるようになっていったのだった。また、家庭訪問のたびに、親が子供を学校へ送れないのは、病気のためばかりではなく、靴がない、洋服がない、子守りをさせられている、働かされているなど、移民家庭を取り巻く現状にも目を向けないわけにはいかず、「公衆衛生看護婦は社会問題にまで目を向けられるかどうかが一番の資質である。」と説くにいたった。[46] これはのちに、公衆衛生看護婦の定義に関わる問題となった。また、看護現場をはなれ、母子保護法や児童労働禁止法等、社会改革運動へと展開していく礎になっていった。

こうして、学校看護婦は家庭、学校、その社会的背景が見える要にいると、自らを位置づけながらも、保健局にも教育委員会にも影響力を及ぼせない無念とフラストレーションをスツルーザーズの著書は訴えている。訪問看護を世間に知らしめ、市民教育の中心としたいという意気込みも、保健局、教育委員会の双方からの微妙な位置ゆえにリーダーシップが取れないのであった。

こうした問題を抱えながらも、一九〇二年に誕生した折は、わずか一二人だったものが、一九〇九年には、ニューヨーク全市で一四一人の学校看護婦が雇われるまでになっていた。

Ⅳ．「マザー・メット」——メトロポリタン生命保険会社との提携

学校看護婦となって、公的機関への進出をはかったものの、より広範なサービスの拡大と財政的な安定を求めて、保険会社と協力関係を結ばなくてはならなかったことは、ネットワークの拡大を

望みながらも、訪問看護婦サービスの置かれた微妙な位置を物語るものだ。連邦政府も州政府も市当局も十分な手立てが打てないなか、病院、診療所から独立して訪問看護派出所を運営することがセツルメント設立の動機であった。またその運営に関してもあらゆる慈善団体から自由でありたいというのが、当初からの方針であった。しかし本当のところ、保険会社との契約はありがたかったのだ。

メトロポリタン生命保険会社との契約は一九〇九年の夏、ヘイリー・フィスクとウォルドの間でかわされた。同社の被保険者を訪問し、健康教育をするというものだった。ウォルドにとっては、のちにみるようにビジネスの現実と向き合わなければならなくなる。しかし、まずは訪問看護を利用してほしいという思いが先であった。「慈善ではなく、保険の名のもとに、貯えのないものにはじめて看護サービスが届くようになったのです[47]」と当初、手放しで喜んだ。メトロポリタン生命保険会社は、「マザー・メット（母なるメトロポリタン）」と、のちに移民たち呼ばれるようになる[48]。それほどまでの保険会社への信頼と親しみやすさは、今日では想像を絶するものだろう。それを可能にしたのが、訪問看護婦によるきめ細やかなサービスであったことは間違いない。

フィスクという人物は、カトリック教徒で、人生半ばに、「貧しい人々をたすけよ」と神の啓示を受けたと言い、それを保険業界で実施した。フィスク自身は自らを「神を恐れ、支払いは現金で、腹には何もためない、現実主義者」と言ったが[49]、恵まれない人々への思いとビジネスでの金儲けが両立する、きわめてアメリカ的な存在だ。保険業は南北戦争後、一家を支える夫が家族を思うしるしとして、中産階級層をターゲットに定着し始めた。「死」そのものが、神の罰ではなくなり、保険は残されたものの貧しさを軽減する当然の準備と考えられるようになっていたからである。一九世紀末には、保険会社が増加し、他の企業同様、いかに大口の客を獲得できるかを巡って過当競争が続いていた。ことに大きな保険会社は、当時暴露記事屋と揶揄された記者たちの標的だった。集めた金の不正利用、投機体質、不正な契約の数々が告発されていた。[50] メトロポリタン生命保険会社は大口を目指す保険会社と反対の方向を歩んだ。つまり、小さな保険で貧しい人々をターゲットにしたのである。五〇〇ドルの保険を週三五セントの低価格で販売した。一件一件まわって、働き手の死亡時の保険を売り歩いた。働き手とは、貧困家庭の大半がそうであったように、女、子供を含めた保険だった。乳幼児死亡率が高かった二〇世紀初頭、幼児の棺が買えること、共同墓地に家族が葬られるのを避けること、故国とおなじ埋葬ができることが、移民たちにはもっとも大切なことだったのだ。この移民たちの異国での心情をとらえた方針は、大成功だった。二〇年間（一八七九―一九〇〇）でメトロポリタン生命保険会社は、業界一八位から四位へと伸し上がった。[51] さらに一九〇七年には、トップにと踊り出て、それを象徴するようにメトロポリタン・ライフタワー（一九五頁、写真22）を建設したのだった。

フィスクのビジネス・パートナーとなったリー・フランケルは化学の学位をもつソーシャル・ワーカーで、ユダヤ移民地区での結核の蔓延に心を痛め、活動を続けていた。このフランケルを通して、ウォルドの訪問看護婦との協力関係が生まれるのである。

一九〇九年当時、ヘンリー・ストリート訪問看護サービスは市内に一一個所の拠点（他に結核療養施設や野外施設を郊外に四ヶ所）を持っていたが、ここから、市内をくまなく巡り、被保険者へのサービスを開始した。三ヶ月のお試し期間中に、被保険者からの感謝の手紙がメトロポリタン生命保険会社に殺到した。実際、看護婦を送った地域の新規契約者は増加し、死亡率が低下したため、会社はただちに、訪問看護婦サービスを一番の売りに宣伝した。他社もこの成功をみて、追随した。おかげで、保険会社からの収入は三〇パーセントから五〇パーセントを占めたといわれる[52]。

一方、拡大とともに浮上したのは、経済効率という問題だった。実は、フランケルは、効率主義を工場に導入することにやっきであった時代の寵児フレデリック・テイラーの信奉者だったのである。「効率重視」はこの時代の改革者の特徴といえるものだが、経費のかかり過ぎを理由に訪問看護の実態調査なるものを開始した。たとえば、ボルチモアの訪問看護サービスは、一日平均六回の訪問、それに比べて、ヘンリー・ストリートは一二回、治癒までの平均期間、ボルチモア三六日、ヘンリー・ストリート一二日。効率のよいニューヨークに軍配をあげ、ボルチモアの看護婦は無駄話が多いのではなどと疑問の声をあげた[53]。

こうした保険会社の動きに看護婦たちは反発した。訪問時間が短ければよいというものではない。戸口でではなく、家に入ってこそ、正しい指導ができる。患者の「社会的背景」――これは訪問看護婦たちに大変好まれた言葉だったが――を知ることこそが正しい看護の前提であって、そこが一般の健康調査との違いであると主張した[54]。しかし、コスト削減に躍起であったメトロポリタン生命保険会社は持病持ちへの訪問は看護婦でなくても、つまり資格のないもので充分だと提案するにいたるのである。この資格のない人々と訪問看護婦の違いは、その定義をめぐってのちに大きな問題になる。あれほど望んだ訪問看護の有効性が認められ、拡大すればするほど、皮肉なことに、彼ら自身が苦境に置かれるようになっていくのだった。「社会を担う有能な母親」に徹する訪問看護婦と「ビジネス世界の有能な働き手」をもとめた保険会社のせめぎあいのなかで看護サービスをどう拡大していくか、が課題であった[55]。しかし、訪問看護婦がビジネスに無縁かというとそうでもなさそうだ。なぜなら、生まれた余剰資金は、イリノイ・セントラル鉄道やブルックリン輸送に投資しているのである。時代にあった「有能な」金銭能力を実は身につけていたということになろうか[56]。しかし、安定した資金作りに奔走する姿にかわりはなかった。

V．公衆衛生看護協会誕生――勝利と限界

資金不足に加えて、保険会社からの「効率重視」の要求と闘いながらも、ウォルドが蒔いた訪問看護婦の種は、確実に東部都市部で広がり、一九〇一年に四八の団体で訪問看護婦を雇っていたのが、一四年にはその数二〇〇〇もの団体に膨れ上がった。いまや訪問看護サービス団体のほかにも、先にのべた保健局、教育委員会、保険会社に加えて、デパート、企業、病院、セツルメント、牛乳配布・乳幼児委員会、公園、ホテルに訪問看護婦は雇われていた[57]。また、学校看護婦、結核看護婦、乳幼児看護婦、と呼ばれ細分化が進んでいた。こうした展開を受けて、各地の訪問看護婦団体を組織する動きが起きた。前述のフランケルら、雇い主からの圧力に抵抗できないくやしい思いもその背景にはあったとされる[58]。ウォルドを中心に一九一二年公衆衛生看護協会が誕生した。ウォルド自身がナイチンゲールの使った「ヘルス・ナーシング」という語に「パブリック」の一語を加えたの

だとその名の由来をウォルドの側近であったラヴィニア・ドックは回想している。そこには「看護が、州や連邦のサービスとして、州や連邦の組織に組み込まれるのではなく、それらのよき協力者として、広範囲にかつ効率よく組織されるようにとの願いがこめられていた」[59]という。「家庭」を第一に考え、在宅看護をその方針とする、伝統ある「訪問看護」の名を残したいという意見もあった。「訪問」は彼ら自らの行動力を念頭においたキーワードであったからである。が、二〇世紀初頭の全国的な改革の中にあって、より広がりを持たせて、「公衆衛生看護」の名を選択した。革新主義運動は絶頂期を迎え、一翼を担ってきた女性たちの社会への貢献は、公衆の名のもとに看護婦という新しい職によって、華々しい結実を社会に知らしめたのだった。これによって、機関誌『季刊訪問看護婦』(一九〇九―一九一二)は、『季刊公衆衛生看護』と名を改め、さらに『公衆衛生看護』となった。「もう、訪問看護というと、貧しい人たちを連想するのは終わりです。これからは、付き添い看護や病院の個室看護に手の届かない普通の人たちにも、私たちのサービスが行き届くようになるのです」とネットワークとサービス拡大の意図が込められていた。移民と向き合うなかで生まれた小さな始まりが全国展開を夢見た輝かしい瞬間であった[60]。

しかし、「公衆衛生」とは何か、看護婦たちの間で定義が曖昧であった。たとえば、「訪問看護」か、「公衆衛生看護」か、という議論が看護婦たちを悩ませた。具体的なかたちで議論されたのは、第一次大戦を終え、体制が変化し始めたころだ。第一次大戦は当時の多くの改革運動のモメンタムを失わせたが、公衆衛生看護においても例外ではなかった。看護婦たちの揺れる思いを象徴するのが誌上討論だった。それは、ミネソタ保健局のH・W・ヒルが「訪問看護」は病人の世話に徹するもので、公衆衛生看護とは違うのではないか、という主旨の投稿を一九一九年七月の『公衆衛生看護』に投稿したことに始まる。ヒル自身はのちに『公衆衛生看護婦のための衛生学』（一九二二）を著わし、公衆衛生看護婦がより専門的な知識を持って活動することを薦める人物である。そのヒルに、公衆衛生看護婦たちは一斉に反発した。病人の看護に徹せよというのは、社会的背景を重視する訪問看護の利点を無視する発言だと憤るもの、基本の看護を無視してきたわけではないと弁護するもの、ともに予防医学の最前線を担ってきた教育活動を強調するものなど応戦が続いた。どれもが、移民のアメリカ化をよりスムーズにしてきたのは訪問看護であるという自負に満ちていて、けっして病人の看護だけが役目ではないと主張した。しかし、公衆衛生の名のもとに、仕事が拡大し、これも新しく成長し始めたソーシャル・ワーカーとの区別がつかなくなってしまったことを認めざるをえない者もいた。また、そのような看護婦自身の自信のなさが原因で訪問看護が誤解されるとして、発展する細菌学や衛生学の再教育の必要を訴えた。そもそも、公衆衛生看護の特別な訓練が十分なされていないのだった。また「公衆」とは「公的資金」への支援を求めるものではないのか、という少数意見もあったが議論されずに終わった。公衆衛生とは、公衆衛生看護とは何か、を問う好機であったが深く立ち入ったものはいなかった。その年の九月に出された、誌上討論の結末は、公衆衛生看護は訪問看護を含んでいる、というものだった(61)。

かつて、「我々のやっていることが定義そのもの(62)」と強気で発言していたころとは程遠く、進む病院主導の看護に立ち後れてきた不安や、ソーシャル・ワーカーとの競合への不快感が見え隠れしている。教育する立場を強調したが、その対象が移民であったのなら、移民制限が現実のものとなるのはもう間近であった。そうすれば教育する相手がいなくなるではないか。

加えてメトロポリタン保険会社との交渉でも話題となった、資格のないものでも看護の一部は充分賄えるとする根強い意見と闘わなくてはならなかった。看護婦はいつも母親の延長線上に考えられていたため、境界はあいまいにされがちだったのである。実際、第一次世界大戦を前にした看護婦不足に、公衆衛生看護協会は自ら、ヘルス・ビジターとよばれる、「看護婦でも、ソーシャル・ワーカーでも、教員でもない」人々を導入せざるをえなくなっていた[63]。教育する立場を優先することが、かえって看護婦以外の人々を呼び込み、それが公衆衛生看護婦の存在意義を不明瞭にしていったのである。問題を広く捉えようとすればするほど、病院では不可能だった患者の丸抱えを目指せば目指すほど、自らの力が拡散するのだった。ざっと看護雑誌をみくらべてみても当初から、その視野の違いが見えている。単純化を恐れずに結論するならば、移民の文化的背景をさぐる様々な記事が見つかるのは、『公衆衛生看護』誌であるし、新しい看護器具の開発や、その使用のマニュアルが満載されていくのが『看護学』誌なのである。地域、文化を視野にいれた看護誌と、病院密着型の看護をめざす方針が顕著な看護学誌との違いであった[64]。

一九二〇年代をもって公衆衛生看護婦の華々しい時代は終わったとする見方もある[65]。拡大と拡散を成功と見るか、弱体化と見るか議論の別れるところだろう。たしかに、第一次大戦後、それまで彼らを後押ししてきた、社会改革の風潮は衰え、能力ある女性たちを集める拠点は、看護以外の分野にも広がっていった。だからこそ、彼らの最後のエネルギーが、連邦による初の母子保護立法、シェパード＝タウナー法の成立へと結集していったと見ることもできよう。ウォルドをはじめ公衆衛生にかかわった看護婦や女医たちが推進した法だからである。また看護婦以外の協力者を得たからこそ可能になった成果であった。一九二一年に連邦議会で可決されたこの法は母親と幼児の健康教育に関する連邦初の法であった。高い乳児の死亡率の低下を目指して、妊産婦に衛生・看護教育を施すというものだ。保健局の管理のもと、訪問看護婦（公衆衛生看護婦）が教育する、というものであった。看護婦による産前・産後の母親の教育を通してコミュニティに健康を根づかせようとした発想は、彼らの活動の集大成であった。そこから、市民の健康を国家的レベルで考え、公的資金で支えることを望んだのである。彼らの長年の活動と発想の結集だったのだ。

しかし、よく知られているように、シェパード＝タウナー法は医師会の反対にあい、一九二九年には廃案になった。クリニックというかたちで看護婦が中心となって指導する母子教育の機会はついえた。「出産」が病気のカテゴリーに入れられたことで看護婦の手から離れ、医師の指導下に入ったためである。[66]保護法をつくることで「家庭」を守り、「母子」を特別視するという発想そのものの限界が指摘されて久しい。なるほど、訪問看護婦は「聖地」である家庭に踏み込むことが許される特権を忘れてはならないというような記述に出会う。[67]しかし、その母性主義ゆえに、本来の訪問看護が望んだ、在宅看護の重要性の主張、社会的・文化的な背景も含めた看護の発想、医療と社会の接点を見つめる看護の姿勢を簡単に葬ってはいけないだろう。

いったい、病院の外こそをその活躍の場として活動してきた公衆衛生看護婦たちはどこにいるのだろう。公衆衛生看護婦について網羅的な調査をしたメアリー・ガードナーは、一九三三年の著書に「ひとりではたらくフィールド・ナース」という項目をもうけている。そこでは、都市の拠点から離れ、地方で働く彼らの姿が浮き彫りになってくる。ウォルドが夢見た全国展開はどのようになっているのだろうか。そこでは、州や地方都市の保健局で雇われたときは、必ず上の人の指示に従うのが肝要であること、小さな団体に雇われたときは、任されたと思って安心せず、運営がどのように行われているか見きわめ、会合には必ず出席して、万が一のときの支持者を獲得しておくようにと助言している(68)。

また、ことのほか地域の医療関係者とのつながりは重要であり、これも細心の注意を払って臨むようにと助言している。そこでは、医師との友好関係がなにより優先されるのだった。さらに、「プロフェッショナル・エチケット」と遠回しに呼ぶ、医者を立てる習慣を忘れてはならないと繰り返した。屈折した思いをつぎのように語っている。

公衆衛生看護婦として学んだことや、指導する能力を認めてもらえなくても、絶望することはありません。医者の信頼は、彼の考え方を講釈して変えるのではなく、看護婦自身が、彼の求める、心根の善い、正直な女性であって、患者を清潔に保ち、彼の指示にすみやかに従うことを見せて勝ち取るものなのです。そうすれば、医者は信頼し、最新の用語を使えないにしても、初対面で見せたほど、社会的な問題に無知ではないことを看護婦にも見せるでしょう。そして、いかに整理されていないやり方であったにしても、彼が健康は大切であると教えてきた努力が、コミュニティにとって何らかの効果を生んできたことも見えてくるでしょう(69)。

医者を遠回しに皮肉り、公衆衛生看護が看護婦に授けたプライドと自信の名残を留めてはいるが、カバンをもって開拓していた初期のころの勢いはここにはない。医師の物足りなさ、資質への目配りをしながらも、医療のあり方に発言していく動きは微塵もなく、その関係は常に遠慮と従順を前提にしている。たった一人で孤軍奮闘している姿は、当初ウォルドのもとに集まった看護婦たちの姿とは程遠いだろう。一九三一年の調査では、訪問看護婦を雇う団体の六八パーセントもが、たった一人しか雇っていない[70]。孤独な活動を強いられていたのだ。

不本意な例であるが、たとえばタスキーギ梅毒実験で、アフリカ系公衆衛生看護婦ユニース・リバースが置かれていた立場を慮ることができるだろう。一九三二年から七二年の間に、六〇〇人もの黒人男性に治療と偽って経過観察の人体実験を続けたこの実験は、人種差別と公衆衛生の点からも、医療の責任からも、行政の責任からも、四〇年間も見過ごされてきたことも、厳しく問い直されなければならない。しかし、ひとつ言えるのは、リバースは保健局や医師の指導に忠実であったことだ。何の治療もなされぬまま死にいたる経過を観察するだけの研究とは、想像だにしなかった。彼女の助けなしにはあれほど多くの被験者は集まらなかったといわれている。まさに「コミュニティ・マザー」として公衆衛生看護婦が信頼されていた証拠だろう。しかし、たった一人で担わなければならなかった重荷はとてつもなく大きい[71]。

ウォルドのもとに集まった、明るさと自信に満ちた訪問看護婦たちによる活動は、一九三三年にウォルドが退き、四〇年に亡くなると、四年後の四四年、ソーシャル・サービス部門と訪問看護部門に分裂した。ウォルドの頭の中では、二つは常に同じもので、どちらが欠けても不十分であったろう。両者の境界のあいまいさあってこそ、補い合ってこその強みであったからである。また、本来ネットワークを象徴し繋ぎ止めるはずの公衆衛生看護協会は一九五三年に解散し、看護教育連盟と看護大学協会として新しい一歩をふみだした。素人メンバーのいる公衆衛生看護協会はアメリカ看護協会から合併を拒否されたからである。また、公衆衛生看護が強調してきた教育的側面は、エリート主義とも見なされていたという。[72]加えて、メトロポリタン保険会社との協力関係も一九五三年、経費のかかり過ぎを理由に打ち切られた。[73]経済的な基盤を失っては、縮小しか道はなかった。

こうした状況はすでに一九三七年に予見できたといってよいだろう。公衆衛生看護婦の拡大は、病院や医師会の反対はもとより、ニューディール期の根強い公的医療への反感にあって封じ込められたからである。[74]しかし外的な環境の変化のみならず、公衆衛生看護婦自身の変化にも目をむけなくてはいけないだろう。一九三七年、公衆衛生看護協会の設立二五周年の巻頭言は、一九一二年当時の看護婦を振り返っている。かつてのような、「保護監察官、テナメント・インスペクター、衛生検査官、郡役人代理[75]」であった時代は終わりを告げたとし、次のように書いた。

一九一二年の看護婦は長いスカートに大きな帽子を被り、家庭に入ったものです。帽子も脱がずに看護をしている姿に、思わず笑ってしまいます。カバンはいまよりずっと重くて、中身も的を射ない簡単なものばかり。多分、あのころは自転車でした。そして、患者の記録も夜遅く、紙の切れ端に書きつけただけのものでした。[76]

カバンはすでに時代遅れの象徴であり、中身を誇らしげに語ったころの、訪問看護婦の思いはもうすでにここにはない(77)。

おわりに

訪問看護婦は「家庭」に入り、看護と衛生の知識を広めることで、医療から取りこぼされた、貧しい移民やアフリカ系アメリカ人に手を差し伸べてきた。それは公衆衛生看護婦と名を変え看護婦たちの、全国的なネットワークへと発展した。その姿は、もっとも安上がりな、ソーシャル・コントロールの手先とも見なされてきた。しかし、見てきたように、行政も、病院も整わないなかで、アメリカの混乱期を最前線で引き受け、財政難のなかを奔走してきた。不十分とはいえ、かれらの理想とする看護国家を目指そうとした。気がつくと、高度化する病院の看護現場から取り残され、孤独な闘いを強いられていた。公的な支援のないなか、妥協もやむを得なかった。当時の思潮であった移民蔑視、母性保護、効率重視の傾向も、否定できない。しかし、「インスペクター」や「コミュニティ・マザー」という相反するイメージを利用しながら、必要とされる看護を求めて柔軟な発想と現実的な対応をしてきた事実こそ、過渡期のこの時期を考える上で重要である。産業化の嵐、都市化の波そして移民の到来という国家的な危機に、かれらは「家庭」での「市民教育」を「看護」を通して根付かせようとした。看護をキーワードに、安定を求めてこの過渡期を奔走した意義は大きい。また、かれらのめざした、地域に根ざした医療、社会的・文化的背景に目配りした看護、また不十分とはいえ、非人間的な医療現場の否定や医療費の行政負担といった医学とは異なる看護を打ち出した点で、今日の公衆衛生、在宅看護、在宅介護を考える上で彼らの教訓はいかされるべきだろう。二〇世紀初頭のアメリカを理解するにあたって、看護が発想をリードし、看護が独占できる自由なスペースがあったことを最後にもう一度確認しておきたい。

註

（1）Mary Magoun Brown, "Nurses' Settlement Bag," *The American Journal of Nursing*, Vol. I July 1901, p.772.

（2）看護婦の専門職化が医師の階層構造の中に組み込まれていく過程を描いたなかで、唯一訪問看護婦がオートノミーをもっていたとして一章をさいたのは Barbara Melosh, *The Physician's Hand: Work, Culture, and Conflict in American Nursing*, Philadelphia: Temple University Press,1982. である。看護史のなかでは傍流とされる訪問看護婦に焦点をあてた Karen Buhler-Wilkerson, "False Dawn: The Rise and Decline of Public Health Nursing, 1900-1930," in Ellen Condliffe Lagemann ed., *Nursing History: New Perspectives, New Possibilities*, New York: Teachers College Press, 1981, pp.89-106. は、一九二〇年代をそのピークとみて、「実用的で象徴的」役割を終えたとしている。看護史全般にいえることだが、専門職化のリーダーシップにあてられた比重が大きく、患者の視点にたった看護史への課題が残る。同時に看護の対象となった移民の二世が医師や看護師に成長していく過程も言及されなければならないだろう。看護史の見直しを含めその動向は、Barbara Mortimer and Susan McGann eds., *New Directions in the History of Nursing: International Perspectives*, London and New York: Routledge, 2005. 在宅看護を今日の看護のなかに位置づけたものに、Karen Buhler-Wilkerson, *No Place Like Home: A History of Nursing and Home Care in the United States*,

Baltimore: The Johns Hopkins University Press, 2001. また、本論でとりあげた看護は病院内に留まらず、「市民教育」、「国民の健康」という国家的な発想をはじめてしており、そうした点での研究も課題である。なぜなら、アメリカの発展とともに看護婦たちの国際協力のネットワーク作りに発展していくからである。なお本論では、訪問看護婦サービスの特質を理解する枠組みとして、Benedict Anderson, *Imagined Communities: Reflection on the Origin and Spread of Nationalism*, New York: Verso, 1991. 地域社会に根づいた集団こそ国家の枠組みを超えられる点を指摘したMichael Peter Smith, *Transnational Urbanism: Locating Globalization*, Malden: Blackwell Publishers Inc. 2001. を参考にしている。具体例としてヘンリー・ストリート訪問看護サービスを拠点に国際看護連盟の発足と発展に尽くしたラヴィニア・ドックに関しては、拙稿 "Lavinia Lloyd Dock: Nurse and Internationalist"『人文学部紀要』一四号、恵泉女学園大学、二〇〇二年、一月。

（3）Annie M. Brainard, *The Evolution of Public Health Nursing*, Philadelphia and London: W. B. Saunders Co.1922. 訪問看護婦自身による初期の通史。

（4）Lillian D. Wald, *The House on Henry Street* (1915), New York: Dover, 1971.（リリアン・ウォルド著、阿部里美訳『ヘンリー・ストリートの家——リリアン・ウォルド——地域看護の母——自伝』、東京：日本看護協会出版会、二〇〇四年）は *Windows on Henry Street* (1934) Little, Brown Co. とともにウォルドの残した自伝的ヘンリー・ストリート・セツルメントの記録。自伝というよりは支援者を意識した活動報告史、共同体験記録であり、「私」と「私たち」が混在して語られる。またウォルドには決定的な個人の伝記が存在しない。そのことこそウォルドの活動の作り出した共同体的看護婦集団の特徴を表しているだろう。女性の自伝を考えるうえで示唆に富むのは、Susan Stanford Friedman, "Women's Autobiographical Selves: Theory and Practice", in Shari Benstock, *The Private Self: Theory and Practice of Women's Autobiographical Writings*, Chapel Hill: University of North Carolina Press, 1988, pp.34-62. 訪問看護サービスの歴史は、拙稿 "Lillian D. Wald and Visiting Nursing" *The American Review* 17. The Japanese Association for American Studies, 1983. また一九九三年には Ellen Paul Denker ed., *Healing At Home: Visiting Nursing Service of New York, 1893-1993*, New York: Visiting Nurse Service of New York, 1993. がセツルメントの百周年を記念して出版さ

れた。かならずカバンを携えている訪問看護婦の写真集が印象的である。

（5）Wald, *The House on Henry Street*, p.6. Lillian Wald, "The Nurses' Settlement in New York," *The American Journal of Nursing*, Vol. II May, 1902, pp.567-573. 転機を語るこの箇所は繰り返して語られることが多かった。

（6）*Healing At Home*, p.9. なお、ブリュースターは健康上の理由からまもなく退いた。

（7）ユダヤ系移民関連の著作は枚挙にいとまがないが、代表的なものに、Moses Rischin, *The Promised City: New York's Jews, 1870-1914*, New York: Harper & Row, 1970. John Bodnar, *The Transplanted: A History of Immigrants in Urban America*. Bloomington: Indiana University Press, 1985. Elizabeth Ewen, *Immigrant Women In the Land of Dollars: Life and Culture of the Lower East Side, 1890-1925*, New York: Monthly Review Press, 1985. Mario Maffi, *Gateway to the Promised Land: Ethnic Cultures in New York's Lower East Side*, New York: New York University Press, 1995. 野村達朗、『ユダヤ移民のニューヨーク――移民の生活と労働の世界』山川出版社、一九九五。

（8）革新主義時代を近代化に伴う専門職化という視点から、その担い手の背景を分析したものに、Robert H. Wiebe, *The Search for Order, 1877-1920*, New York: Hill & Wang, 1967. がある。セツルメント研究に先鞭をつけ初期の運動に詳しいのは Allan F. Davis, *Spearhead for Reform: The Social Settlement and the Progressive Movement, 1890-1914*, New York: Oxford University Press, 1967. また移民との出会いがその革新主義政策を理解する上で欠かせないとし、セオドア・ルーズヴェルトに焦点をあてたものに、Gary Gerstle, *American Crucible: Race and Nation in the Twentieth Century*, Princeton: Princeton University Press,2001. 革新主義運動の担い手、暴露記事屋と揶揄されたマックレーカーに焦点をあて、この時期の青年像を生み出した背景を分析してすぐれたものに、Ellen F. Fitzpatrick, "Late-Nineteenth-Century America and the Origins of Muckraking," in *Muckraking: Three Landmark Articles*, Boston: St. Martin's Press, 1994. がある。

（9）公衆衛生の概念が南北戦争の体験を境に急速に発展したこと、また、臭気が病気の原因と考えられていたことから、汚水処理等に活動が集中していた初期の公衆衛生運動が、細菌学の発展を受け予防の観点へと転換し発展する歴史を追ったものに John Duffy, *The Sanitarians: A History of American Public Health*, Urbana:

University of Illinois Press, 1990. Suellen Hoy, *Chasing Dirt: The American Pursuit of Cleanliness*, New York: Oxford University Press, 1995.（スーエレン・ホイ著、椎名美智、富山太佳夫訳『清潔文化の誕生』紀伊國屋書店、一九九九）アメリカでの細菌学の発展が、大量移民の流入と時期が重なったため、移民への恐怖と公衆衛生運動の関連を追究したものに、Alan M. Kraut, *Silent Travelers: Germs, Genes and "Immigrant Menace,"* Baltimore: The Johns Hopkins University Press, 1994.（アラン・クラウト著、中島健訳『沈黙の旅人たち』青土社、一九九七）

（10）Buhler-Wilkerson, "False Dawn," p.90.

（11）*Healing At Home*, p.11. Charles-E. A. Winslow, "The Training of Nurses for Public Health Inspection," *Public Health Nurse Quarterly*, Vol. V. April 1913, pp.43-49.

（12）Sheila Rothman, *Woman's Proper Place: A History of Changing Ideals and Practices, 1870-to the Present*, New York: Basic Books, 1978. は「Educated Motherhood（教育ある母親）作り」と彼らの理想を呼び、当時の女性活動家をまとめている。

（13）Janet Wilson James, "Isabel Hampton and the Professionalization of Nursing in the 1890's," in Morris Vogel and Charles E. Rosenberg, eds., *The Therapeutic Revolution: Essays in the Social History of American Medicine*, Philadelphia: University of Pennsylvania Press, 1979, pp. 201-244. は、ハンプトン・ロブが若くして事故死したため、活動の期間が短く注目度が低いが、看護婦の専門職化に先鞭をつけた人物として高く評価している。Susan M. Reverby, *Ordered to Care: The Dilemma of American Nursing, 1850-1945*, New York: Cambridge University Press. 1987. はアメリカ看護史を理解する上でもっとも影響の大きかった著作のひとつ。「ケア」を評価しない社会で「ケア」を重視し専門職化しようとしてきた看護婦像を描き出した。「ケア」を支える母性主義を中心においている。その点を取り上げ再考をこころみたものに、Tom Olson, "Ordered to Care? Professionalization, Gender and the Language of Training, 1915-37," in Anne Marie Rafferty, Jane Robinson and Ruth Elkan eds, *Nursing History: Politics of Welfare*, London: Routledge, 1997, pp.150-163. 徹底して技能面の訓練を強調した記録を紹介し、看護婦が母性の強調で地位を確立してきたとする見解に疑問を

投げかけている。本論ではその双方のバランスを巧みにとって組織力につないだウォルドの手腕を過渡期において重要であるとみなしている。

(14) Lavinia L. Dock, "Self-Portrait," *Nursing Outlook*, Vol.25. January 1977, pp.22-26. ドックのヘンリー・ストリート・セツルメント時代に関しては、Carole A. Estabrooks, "Lavinia Lloyd Dock: The Henry Street Years," in Ellen D. Baer, Patricia D'Antonio, Sylvia Rinker, and Joan E. Lynaugh eds., *Enduring Issues in American Nursing*, New York: Springer Publishing Co., 2002, pp.282-308. ドックの看護婦のための教科書は Lavinia L. Dock, *Text-Book of Materia Medica for Nurses*（1890）, New York: G. P. Putnam's Sons. 1900. 毎年、再版された。

(15) Dock to Wald, June 30, 1904, Lillian Wald Papers, Columbia University.

(16) Edna L. Foley, "Nursing As a Vocation for the College Woman," *Nurses' Journal of the Pacific Coast*, Vol. VIII Feb. 1912, pp.54-63 フォーリーはシカゴ訪問看護婦サービスの中心的看護婦、のちに公衆衛生看護協会の会長を務める。

(17) Rothman. Allan F. Davis, *American Heroin: The Life and Legend of Jane Addams*, New York: Oxford University Press. 1973. Sara M. Evans, *Born for Liberty: A History of Women in America*, New York: Free Press, 1989.（サラ・M・エヴァンズ著、小檜山ルイ、竹俣初美、矢口祐人訳『アメリカの女性の歴史——自由のために生まれて』明石書店、一九九七）Anne Firor Scott, *Natural Allies: Women's Associations in American History*, Urbana: University of Illinois Press, 1993. John P. Rousmaniere, "Cultural Hybrid in the Slums: The College Woman and the Settlement House, 1889-1894," in Nancy F. Cott, ed. *History of Women in the United States: Historical Articles on Women's Lives and Activities* Vol.17. Social and Moral Reform Part 1. Munich, New Providence, London and Paris: K. G. Saur, 1994, pp.280-301. ヘンリー・ストリート・セツルメントに関してその女性集団としての特徴を分析したものに、Doris Daniels, *Always a Sister: The Feminism of Lillian D. Wald*, New York: The Feminist Press at the City University of New York. 1989. Diane Hamilton, "Constructing the Mind of Nursing," in *Nursing History Review* 1994 vol.2. pp. 3-28. また、

アメリカにおける看護史をフェミニズムの観点から分析したものに、Joan I. Roberts and Thetis M. Group, *Feminism and Nursing: A Historical. Perspective on Power, Status, and Political Activism in the Nursing Profession*, Westport: Praeger Publishers, 1995.

(18) 人種・民族別による看護婦の派遣については、Jane Elizabeth Hitchcock, "Method of Nursing in the Nurses' Settlement, New York City," *The American Journal of Nursing*, 1907, p.461. "Nurses' Settlement News," *The American Journal of Nursing* Vol. VI Sep.1906, p.832. Mary Elizabeth Carnegie and Josephine A. Dolan, *The Path We Trend: Blacks in Nursing Worldwide, 1854-1984*, Philadelphia: J. B. Lippincott Co., 1986, pp.17-48.

(19) Darlene Clark Hine, *Black Women in White: Racial Conflict and Cooperation in the Nursing Profession, 1890-1950*, Bloomington: Indiana University Press,1989, p.101. この著作は、欠落していたアフリカ系アメリカ人看護史を補ったという点より、地域と看護婦をむすびつけ、患者側からのニーズと看護のあり方に視点を変えたところにもっとも意義がある。

(20) Adah B. Thoms, *Pathfinders: A History of the Progress of Colored Graduate Nurses* (1929), New York: Kay Print House, 1985, p.41.

(21) Jessie Sleet, "Tuberculosis among Negroes: A Report to the Committee on the Prevention of Tuberculosis 1904-1905," in Third Annual Report of the Committee on the Prevention of Tuberculosis of the Charity Organization of the City of New York. スリートの報告は "A Successful Experiment," *American Journal of Nursing*, 1901 No.10. pp.729-31 の中で全文が引用され、その活躍がたたえられている。Joyce Ann Elmore, "Black Nurses: Their Service and Their Struggle," *The American Journal of Nursing*, Vol.76. March 1976, p.436. Mabel Keaton Staupers, *No Time for Prejudice: A Story of the Integration of Negroes in Nursing in the United States*, New York: The Macmillan Co., 1961, p.7, 8. Carnegie, pp.146-149.

Thoms, p.40. Marie O. Pitts Mosley, "Satisfied to Carry the Bag: Three Black Community Health Nurses' Contributions to Health Care Reform, 1900-1937," *Nursing History Review* 4 (1996), pp.65-82.

(22) Thoms, p.40. Staupers, pp.7.8. Carnegie, pp.148.149. Mosley, pp.69-71.

(23) Ibid.

(24) Thoms, p.41. Staupers, p.8, 9. Carnegie, p.149.

(25) Mosley, pp.75-77.

(26) Edith M. Carter, "Summary of Stillman for the Month of Nov. 1916," Submitted Dec. 10, 1916, Visiting Nurse Service of New York Archives, Mosley, p.77.

(27) Lavinia L. Dock, "An Experiment in Contagious Nursing," *Charities*. July 4, 1903. p.19-23. Howard Markel, *Quarantine! East European Jewish Immigrants and the New York City Epidemics of 1892*, Baltimore: The Johns Hopkins University Press, 1977. ともに、隔離島として使われたマンハッタン島周辺の島々の惨状を伝えている。 Charles E. Rosenberg, *The Case of Strangers: The Rise of American Hospital System*, New York: Basic Books, 1987. Charles E. Rosenberg, *Explaining Epidemics and Other Studies in the History of Medicine*, Cambridge University Press, 1992. Chapter 8 は病院が整うまでの診療所の果たした役割にくわしい。

(28) Carter, Ibid. Thoms, p.44.

(29) Thoms, pp. 42-44.

(30) *Healing at Home*, p.15. ウォルドの苦しい立場をしめす例は、ニューヨークのベルヴュー病院付属看護学校への進学を望むアフリカ系学生を、看護学校の混乱を理由にあきらめさせたことにも見られるだろう。「アフリカ系看護学校も優れており、その卒業生は有能である」とし、「一人のアフリカ系学生の入学が多くの南部からの看護学生を退学に追い込むことだけは避けねばならない」と主張している。Wald to Noyes, August 13, 1914 Lillian Wald Papers, Columbia University. 一方タイラーから逐一連絡が届く、警察のアフリカ系移民者への差別等の不祥事の解決には惜しみない援助をしている。Wald to Tyler, July 10, 1908. Lillian Wald Papers, Columbia University. またドックはかねてよりアフリカ系看護婦擁護で知られ、全米黒人看護婦協会の設立にあたってもその援助で知られる。エドナ・フォーリーもシカゴ訪問看護婦サービスにおいて地域で最初のアフリカ系看護婦を正式採用した。

(31) Karen Buhler-Wilkerson, "Left Carrying the Bag: Experiments in Visiting Nursing, 1877-1909," *Nursing*

Research Vol. 26. Jan/Feb 1987, p.43.

（32）Ellen N. La Motte, *The Tuberculosis Nurse: Her Function and Her Qualifications: A Handbook for Practical Workers in the Tuberculosis Campaign*, New York: G. P. Putnam's Sons, 1915, pp.117-121, pp.136-139. この著作は、自己判断を下せる有能な看護婦像を印象づけた点で看護婦の専門職化に貢献した。第三章参照。

（33）M. Adelaide Nutting, "The Visiting Nurse for Tuberculosis," Charities *and the Commons* XVI April 1906, pp.51-54.

（34）Buhler-Wilkerson, "Left Carrying the Bag: Experiments in Visiting Nursing, 1877-1909," p.43.

（35）Wald, *The House on Henry Street*, p.27. "The Henry Street (Nurses') Settlement in New York," *Charities and the Commons*. XVII April 1906, p.35.

（36）The Henry Street Settlement, "Report of the Henry Street Settlement, 1893-1913," 1913, p.24. は、一九〇九年には $3000.00, 一九一三年には $5182.32 であることを伝えている。

（37）看護婦が移民たちにアメリカの理想を伝えるもっとも最前線にいることをウォルド自身が語ったものに Lillian D. Wald, "Best Helps to the Immigrant through the Nurse," *The American Journal of Nursing* Vol. VIII March 1908, pp.464-467. スクール・ナースの有用性に関しては Wald, "Medical Inspection in the Public Schools," in *Annals of the American Academy of Political and Social Science*, March 1905, pp.290-298

（38）Lavinia Dock, "School Nurse Experiment in New York," *The American Journal of Nursing* Vol. III 1903, pp.108-110. Kraut, *Silent Travelers*, pp.226-254.

（39）Lina Rogers Struthers, *The School Nurse: A Survey of the Duties and Responsibilities of the Nurse in the Maintenance of Health and Physical Perfection and Prevention of Disease Among School Children*, New York: Putnam's, 1917, pp.24-26.

（40）S. Josephine Baker, *Fighting for Life*, New York: The Macmillan Co. 1939, p.147. 第一章で取り上げたベーカーは、ウォルドと同様、学校看護婦の導入に積極的だった保健局に勤める公衆衛生医。その自伝にはウォルドへのライバル意識がみえかくれする。Kraut, *Silent Travelers*, p.245. 看護婦は poor nutrition（栄養失調）を略して poor nut（馬鹿者）と書いた。

（41） Struthers, p.69. Selma Berrol, "Immigrant Children at School 1880-1940: A Child's Eye View," in Elliott West and Paula Petrik eds., *Small Worlds: Children and Adolescents in America*, Lawrence: Kansas University Press, 1992, pp.42-60.

（42） Struthers, pp.123-128, 225-226.

（43） Ibid. p.71.

（44） Ibid. pp.196-197.

（45） "East Side Women Riot. Stone Schoolhouses" *New York Tribune* 28 June 1906, p.14. Kraut, *Silent Travelers*, pp.228-232. Ewen, p.143.

（46） Struthers, pp.231-236

（47） The Henry Street Settlement, "Report of Henry Street Settlement 1893-1913," 1913, p.15.

（48） Ella Phillips Crandall, "A New Extension of Visiting Nursing," *The American Journal of Nursing* Vol. X Jan. 1910, pp.236-239. は、パンフレットを送りつけるだけの他の保険会社にくらべて、貧しい人々に働きかける新しい試みと絶賛している。

（49） Diane Hamilton, "The Cost of Caring: The Metropolitan Life Insurance Company's Visiting Nurse Service, 1909-1953," *Bulletin of the History of Medicine*. 63 Fall 1989, p.417 n.10.

（50） Ibid. p.418. トーマス・W・ローソンが *Frenzied Finance*（New York: Basic Books, 1904）で告発していたという。

（51） Ibid. p.417.

（52） Ellen Paul Denker ed. *Healing At Home: Visiting Nursing Service of New York, 1893-1999*, New York: Visiting Nursing Service of New York, 1993, p.13.

（53） Hamilton, pp.422-45.

（54） Ibid. p.423.

(55) Ibid. p.445.

(56) Kuhn, Loeb and Co. to Wald Jan. 6, 1919, Lillian Wald Papers, Columbia University ではブルックリン運送に三〇〇〇ドル、イリノイセントラル鉄道に二万ドル、カンザスサザーン鉄道に五〇〇〇ドルの証券購入用に六五〇ドルのチェックを振り込んだと報告している。

(57) Karen Buhler-Wilkerson, "*False Dawn: The Rise and Decline of Public Health Nursing 1900-1930*," in Ellen Condliffe Lagemann ed., *Nursing History: New Perspectives, New Possibilities*, New York: Teachers College Press, 1981, p.91.

(58) Ibid. p.93.

(59) Dock, "Whence the Term 'Public Health Nursing'? An Authority Speaks," *Public Health Nursing* Vol.29. December 1937, pp.712-714.

(60) Brainard, p.334. Louise M. Fitzpatrick, *The National Organization for Public Health Nursing, 1912-1952: Development of a Practice Field*, New York: National League for Nursing, 1975. 引用はEditorials. "The Atlantic City Meeting," *The Public Health Nurse Quarterly* Vol.V. July 1913, p.8.

(61) H. W. Hill, "Is the Visiting Nurse a Public Health Nurse?" *The Public Health Nurse* (*PHN*) Vol. XI July 1919, p.486, 487, A. M. Brainard, "Why the Visiting Nurse is a Public Health Nurse," *PHN* Vol. XI July 1919, p.488-490, Bessie A. Haasis, "Public Health Nurse, An Agent of Americanization," *PHN* Vol. XI July 1919, pp.493-496, Elizabeth G. Fox, "Is the Visiting Nurse a Public Health Nurse?" *PHN* Vol. XI Aug., 1919, pp.575-578, Charles-E. A. Winslow, "The Visiting Nurse, The Best Type of Public Health Nurse," *PHN* Vol. XI Aug., 1919, p.578, Lee K. Frankel, "Is the Visiting Nurse a Public Health Nurse?" *PHN* Vol. XI Sep., 1919, p.688-699, "The Importance of True Definitions: Editorial," *PHN* Vol. XI Sep., 1919, p.692-697, Katharine Tucker, "Whither?" *PHN* Vol. XI Sep., 1919, pp.700-702, "Conclusion," *PHN* Vol. XI Sep., 1919, p.703. ヒルの著作はHibbert W. Hill, *Sanitation for Public Health Nurses*, New York: The Macmillan, 1922.

(62) "Editorials," *Public Health Nurse Quarterly* Vol.VIII April 1916.

(63) E. V. Brumbaugh, "The Public Health Instructor—A New Type of Health Worker," *American Journal of Public Health* Vol. VIII Sep. 1918 pp.662-664, Buhler-Wilkerson, "False Dawn," pp.95-97.

(64) Dorothy Caffin, "Strangers within our Gates," *PHN* Vol.XI Sep., 1919 pp.704-711. など、民族衣装の写真までのせた企画で好例であろう。

(65) Buhler-Wilkerson, "False Dawn."

(66) Sheila Rothman, *Woman's Proper Place: A History of Changing Ideals and Practices, 1870-to the Present*, New York: Basic Books, 1978, pp.142-153, Michael B. Katz, *In The Shadow of the Poorhouse: A Social History of Welfare in America*, New York: Basic Books, 1986, p.144, J. Stanley Lemons, *The Woman Citizen: Social Feminism in the 1920s*, Urbana: University of Illinois Press, 1975, pp.153-180. はともに医師の反対を強調する立場をとっている。いっぽうBeatrix Hoffman, *The Wages of Sickness: The Politics of Health Insurance in Progressive America*, Chapel Hill: The University of North Carolina Press, 2001. は推進する女性たちのなかの分裂を敗因の一因に挙げている。しかし本論ではあくまでもウォルドの超党派的、求心的な役割に重きを置いた。また、Kriste Lindenmeyer, *A Right "to Childhood": The U.S. Children's Bureau and Child Welfare, 1912-46*, Urbana: University of Illinois Press, 1997, pp.103-107. は、攻防が、医師との対立のなかで語られてきたのに対して、子どもの福祉を病的な面からのみ捉えた法律そのものに問題があったと指摘している。法律そのものの歴史と母性主義の限界に関しては、Molly Ladd-Taylor, *Mother-Work: Women, Child Welfare, and the State, 1890-1930*, Urbana: University of Illinois Press, 1994, Chapter 6. Robyn Muncy, *Creating a Female Dominion in American Reform, 1890-1935*, New York: Oxford University Press, 1991. 一九二九年に廃案になった後、母子への連邦福祉法は一九三五年のニューディールまで待たねばならなかった。

(67) "Spiritual Values," *The Public Health Nurse Quarterly* Vol. VIII April 1916, p.11-12.

(68) Mary Sewall Gardner, "The Field Nurse Working Alone," in *Public Health Nursing*, 2nd ed. New York: Macmillan, 1933, pp.266-281.

(69) Ibid. p.269.

(70) Karen Buhler-Wilkerson, *"Left Carrying the Bag: Experiments in Visiting Nursing, 1877-1909,"* Nursing Research Vol.26. Jan/Feb 1987, p.44.

(71) James H. Jones, *Bad Blood: The Tuskegee Syphilis Experiment*, New York: Free Press, 1981. Allan M. Brandt, "Racism and Research: Case of the Tuskegee Syphilis Study," in Judith Walzer Leavitt and Ronald L. Numbers, eds., *Sickness and Health in America: Readings in the History of Medicine and Public Health.* Madison: University of Wisconsin Press, 1997, pp.392-404. Darlene Clark Hine, "'They Shall Mount Up with Wings as Eagles': Historical Images of Black Nurses, 1890-1950," in Judith Walzer Leavitt, ed., *Women and Health in America*, Madison: University of Wisconsin Press 1999, pp.475-488. Hine, *Black Women in White*, pp.154-156, Susan L. Smith, *Sick and Tired of Being Sick and Tired: Black Women's Health Activism in America, 1890-1950*, Philadelphia: University of Pennsylvania Press, 1995. 全体像を見直す試みは、Susan M. Reverby ed., *Tuskegee's Truths: Rethinking the Tuskegee Syphilis Study*, Chapel Hill: University of North Carolina Press, 2000.

(72) Barbara Melosh, *The Physician's Hand: Work, Culture, and Conflict in American Nursing*, Philadelphia: Temple University Press, 1982, pp.143-157, Louise M. Fitzpatrick, *National Organization for Public Health Nursing, 1912-1952: Development of a Practice Field*, New York: National League for Nursing 1975, pp.166-201, Hamilton, "Faith and Finance," *Journal of Nursing Scholarship* vol.20 issue 3, pp.124-127, Sep. 1988.

(73) *Image: Journal of Nursing Scholarship*,vol.20 No.3,Fall 1988, p.127. 経費の面のみならず、看護婦の採用がもうイメージの向上にも繋がらないとした保険会社の調査結果を引用している。

(74) 医師会の反対とアメリカにおけるその体質に関しては、John Duffy, "The American Medical Profession and Public Health: From Support to Ambivalence," *Bulletin of the History of Medicine* Vol.53. Spring 1979, pp.1-22. さらに Buhler-Wilkerson, "Public Health Nursing: In Sickness or in Health?" *American Journal of Public Health* Oct. 1985 vol.75 No10, p.1159. では、医師会のみならず、ボランティア団体が仕事の範囲が狭められる

と公衆衛生看護婦の拡大に反対したと伝えている。

(75) "What's Changed?" *Public Health Nursing*, Vol.29 June 1937, p.341.

(76) Ibid.

(77) 第二次大戦後、看護をめぐる状況は郊外化や高度医療の発達に伴う、さらなる病院の拡大と整備によって変化する。ただし、一九四八年において、白人看護婦の五三パーセントは病院勤務となったが、黒人看護婦は看護資格を持つものの二パーセントのみが病院勤務であり、依然としてフィールドの比重が大きい。黒人看護婦の病院勤務が五〇パーセントを超えるのは一九六〇年代になってからである。地域で患者と密接に関わる看護婦像および産婆像は西部・南部地域をその対象とし研究がさかんである。たとえば、Susan L. Smith, "White Nurses, Black Midwives and Public Health in Mississippi, 1920-1950," Darlene Clarke Hine, "They shall Mount Up with Wings as Eagles": Historical Images of Black Nurses, 1890-1950," Emily K. Abel and Nancy Reifel, "Interactions Between Public Health Nurses and Clients on American Indian Reservations During the 1930s," in Judith Walzer Leavitt ed., *Women and Health in America: Historical Readings*, Madison: The University of Wisconsin Press, 1999, pp.444-458, pp.475-488, pp.489-507. などが、地域での役割を評価しその重要性に目をむけている。一九四〇年以降の看護史全般の動向を説明したものに、Joan E. Lynaugh and Barbara L. Brush, *American Nursing: From Hospitals to Health Systems*, Malden: Blackwell Publishers,1996. ヘンリー・ストリートの看護部門のその後に関しては、Shirley H. Fondiller, "The Promise and the Reality: Visiting Nurse Service of New York 1944-1993," in *Healing at Home*. pp.16-24. が縮小期を乗り越え、メディケア、メディケイドの導入後、保険局や病院と連携して地域と関わる姿を伝えており、そのコスト・パフォーマンスの高さを強調している。その点をもっとも評価して訪問看護サービスの有用性に言及したものが、Susan M. Reverby, "From Lillian Wald to Hillary Rodham Clinton: What Will Happen to Public Health Nursing?" *American Journal of Public Health*, Vol.83, December 1993, pp.1662-1663. しかし、コスト・パフォーマンスだけが訪問看護サービスの本質でないことは見てきた通りである。

第三章　エレン・N・ラモット
――北京を歩いた結核看護婦

はじめに

グリニッジ・ヴィレッジのレストラン「ポーリーの店」（写真6）はかつてジョン・リードを中心にリベラル・クラブのメンバーが集まり、政治と芸術を巻き込んだ社会改革の過激さから伝説になった場所である。しかし、その同じレストランの二階を借りて、女性たちが集まっていたことはあまり知られていない。一九一二年のことである。後年、ヘテロドクシー（異端）クラブと名づけられたその集まりの参加者は百人にも及んだという。共産主義に傾倒するもの、労働組合を組織するもの、政治活動に惹かれるもの、産児制限を唱導するもの、フリーラブを実践するもの、弁護士、医者、作家、女優ら、集まったものは皆、女性の自立を求め、参政権の実現が合言葉であった。中心になったのはマリー・ジェニー・ハウで、その夫は移民街での教育活動に専心していたピープルズ協会のグリニッジ支部長フレデリック・C・ハウであった。一九二〇年のピーク時を過ぎ、一九

写真6　ポーリーの店

三四年のハウの死を経て、女性たちの集まりは四〇年まで続いたという(1)。

ハウは女性牧師を志していたというが、夫とともにニューヨークへ移り住んだことから、温めていた思いを違った形で実現しようとしたのだろう。ハウの提案でその会はいつも自分たちの生い立ちや思い出、日ごろの思いを忌憚なく語ることから始まり、親交を深め合った。会合での話し合いは口外しないという掟があったらしい。その集まりにはヘレン・ケラーやマーガレット・サンガー、エマ・ゴールドマンもゲストとして呼ばれた。警察に睨まれたこともたびたびだった。ロシア革命に惹かれ、参政権運動や産児制限など異端と恐れられた思想に希望を見出し、来るべき新しい世界を渇望する女性たちの集まりであったのだろう。引っ込み思案だった女性たちが胸襟を開き、めまぐるしく移り変わる世界を前に意見を交換し合った。常連だったフォラ・ラフォーレットやエリザベス・ガーリー・フリンらを演説家に育てる役割を果たしたのも、そうした体験があったからだといわれる。

第一章で取り上げた、ニューヨークの保健局の公衆衛生医、児童衛生局の初代局長となったS(サラ)・ジョセフィン・ベーカーもエイミー・ローウェルがクラブにやってきたときのことを自伝で言及している。メンバーたちが詩の朗読をローウェルに頼んだ。それがあまりに、センチメンタルな詩であったため、泣き出したメンバーたちを前に、ローウェルが腹を立て、立ち去ったというのだ。自立した、知識ある女性たちの集まりと聞いてやって来たローウェルが、自分の詩のなかでも、もっとも取るに足らないものを朗読させられ、しかも泣き出すメンバーにがっかりしたというのだ。残念ながら、詩のタイトルは不明だが、過激だといわれた集まりの隠れた一面を覗かせるエピソードである(2)。同様のハプニングはマーガレット・サンガーを呼んだときにも起きた。産児制限運動に集中できないメンバーたちにサンガーが不満をこぼしたというものだ。こちらのほうはどうも産児制限だけに改革の矛先を絞ったサンガーに、広範な興味を持って集まっていたメンバーのほうが飽き足らなかったようだ。のちにサンガーが戦略を変え、医者を通しての産児制限運動へと保守化していくのを批判し、より多くの人に恩恵が届くようにと産児制限運動を推進したメアリー・W・デネットは実はこのクラブのメンバーの一人であった(3)。

集まりの様子を口外しないという掟を破り、自伝でクラブの存在を記したベーカーは人生の後半をともにすごす作家アイダ・A・R・ワイリーとともにこのクラブのメンバーであった。自由な恋愛観を容認しあったことは、レスビアンの女性たちにも門戸を開いていたということだった。ここをたずねた一人にエレン・N・ラモットがいる。彼女もまた今では忘れ去られた人物の一人だ。錚々たるメンバーが参加していた、ヘテロドクシークラブでの足跡は名簿に名を残すのみだが、彼女の活動は看護婦集団の多様性をみる上でも、当時の女性の世界観の広がりを見る上でも重要と思われる。残した著作を中心に見ていくことにしよう。

I. 結核看護婦

エレン・N・ラモット（一八七三―一九六二）は一八七三年ケンタッキー、ルイヴィルの裕福な家庭に生まれた。ジョンズ・ホプキンス病院の付属看護学校を卒業したのは一九〇二年、ラモット二九歳のときである。ナイチンゲールの看護学校をモデルに創られたこの学校は、当時の看護職、看護学の専門職化の拠点であった。そのもっとも顕著な例は、イザベル・ハンプトン・ロブによる資格登録制度作りがこの看護学校から始まったことだろう。背景には、米西戦争において、看護活動を行い、その名声を高めた赤十字の「看護婦」が正規の看護教育を受けていなかったことが挙げられる。看護婦職を従属させようとする医師とのせめぎあいのなかで、看護の意義を世間に知らしめようとしていたロブらにとって、資格のないものがちやほやされる米西戦争後の風潮が耐えがたかったとさえいわれる。一方、看護職は、母親の延長線上と考えられ、当時の社会的な役割を逸脱せずに自立をめざすことのできる仕事であったため、アメリカ各地、遠くカナダからも多くの女性たちを集めていた。ラモット自身、入学の際に「人生を意味のあるものにしたいのです。準備はできています。どんな苦労もいといません」と言っている。(4) 女性たちにとって最初に考えられた上昇願望の受け皿であった。

しかし卒業後の可能性は限られていた。まずは、病院に残ることが考えられた。劣悪な環境ゆえに、病院での死亡率が高かったといわれた時代である。整備が進みつつあったとはいえ、それは、医師集団の管轄下に入ることを意味した。次に考えられたのは、個人の家庭に雇われることであった。これは反対に、患者家族の監督下に入ることを意味した。看護婦と家政婦の境界が曖昧ななか、一番に避けられたことであった。そこで最後に残ったのが、当時看護婦自身で運営が試みられていた訪問看護派出所に勤める道であった。第二章でも触れた通り、訪問看護婦はアメリカ看護史の中では傍流と考えられており、十分な扱いを受けてはいない。看護職が医師の階層構造の中に組み込まれていく過程とその抵抗が看護史研究のの中心であったからである。しかし、看護婦たちが学んだ知識を実践に移す場として、それまで女性集団が集まった教会やクラブとは異なった、独自の集団を作り出した。そして、当時制度的に整い始めた革新主義期の保健局と協力し、移民や都市化で混乱する二〇世紀初頭に重要な役割を担っていった。病気を持ち込んだと移民たちをターゲットにし、ソーシャル・コントロールの手先と批判もされるが、地域の健康管理を引き受け、女性たちが地位を獲得していく場を提供していくのである。のちに公衆衛生看護婦と呼ばれるかれらの看護活動は、「予防医学」という新しい分野を核にしながら、家庭訪問による看護を謳い、日々行政の不備と闘うなかで、法律の制定をはじめ、今日の社会福祉の先鞭をつけていった。(5)

ラモットはボルチモアの訪問看護婦会に勤めることを選択し、一九一〇年から三年間は結核担当の看護婦の長として、ボルチモアの保健局に移り、そこで手腕を振るった。当時の看護婦のキャリアとしては頂点に登りつめたといえるだろう。この時期の看護体験をもとに書かれたのが、『結核看護婦――その役割と資格：結核撲滅キャンペーンにおける実践ハンドブック』[6]（一九一四年出版）である。そもそも結核看護婦は、一八九九年にウィリアム・オスラーが彼の医学生の一人に、結核患者をたずねて容態などを報告させたのがきっかけとされる。そこの看護学校の長を務めていたアデレイド・ナッティングが患者の自宅訪問を看護婦の仕事にしたいと申し出て専門化を図ったものである。当時のジョンズ・ホプキンス看護学校の意欲と行動力を物語るエピソードである。

ラモットの『結核看護婦』は、今日的な視点から見ると、驚くほど看護婦のオートノミーを主張している点で見直されるべき本である。「労働条件」、「給料」といった看護婦の権利を明確にする項目から始まり、結核看護婦の仕事を順次紹介しながら、医師不足と玉石混交の医師たちのなかで主導権を握り決断をくだしていく有能な看護婦像を明確にしているからである。ナイチンゲールの看護婦像は看護する側に無欲で献身的な作業を期待した。ある意味とてもあいまいな看護婦像であったといえるだろう。曖昧さを排除し、徹底的にマニュアル化・ガイドライン化する試みであった。

結核看護婦は当時訪問看護婦が乳幼児看護婦、学校看護婦、産業看護婦と細分化が進むなかで、もっとも重要な部門に成長していた。家庭訪問に重点を置いていた訪問看護婦にとって、貧困家庭に蔓延する結核はもっとも憂慮すべきことであり、その悲惨さを伝えれば伝えるほど訪問看護婦の必要性・有用性に説得力が生まれた。

結核との戦いは一八九〇年にコッホが結核菌を発見したのを境に対処のしかたが大きく変化した

のは周知のことである。その伝染性、保菌者の管理が問題になってきたからである。[7] ラモットは当時の人々の不安を背景に、著作のなかで結核の恐ろしさを書いた。そして「結核の分野ほど（患者を家庭で治そうとするという）誤った考え方で看護がなされているところはない。それは本末転倒、荷車を馬の前につなぐようなものだ[8]」と不十分な看護体制を批判した。それは結果的に、在宅看護を退け、隔離病院に送る方針を訴えるものであった。保健局の立ち入り検査は勿論のこと、そこでの看護婦の仕事は結核が伝染する病であることを徹底的に周囲に知らせることであった。家族とコミュニティを守ることが最優先であり、患者の治癒が目的ではないと明言している。このゆるぎない態度は、家庭における看護を基盤に看護婦の専門職化を図ってきた訪問看護婦たちとの齟齬を後に生んでいくことになる。

ラモットは市当局による厳しい生活習慣の監視と病院への隔離を強く主張した。ことに、「治る」と信じたい大衆の「センチメンタリズム」に訴えてごまかすサナトリウムは「アクセサリー」に過ぎないと、サナトリウム批判を展開している。[9] 同様に、当時若年層に展開されていた、田舎でのキャンプによる静養も、田舎での新たな感染源になるだけではなく、戻ってくれば元の木阿弥であると危険性を指摘し、結核患者の野放しと同様であると断罪した。[10] 彼女の主張をまとめるならば、家庭、教育、田舎という一九世紀的な価値観を重視した看護観から、病院、管理、都市といった発想へ、看護の姿勢を中心に転換・推進しようというものといえるだろう。

しかし、当時の結核患者のほとんどは都市部の貧困層で占められていた。予防医学上の措置もさることながら、教育効果が望めない「底辺層（the bottom）」という認識は当時の移民批判、スラム地区批判に加担していくことであった。教育は学ぼうとする人たちのため、隔離は学ぼうとしない人たちのため(11)と看護雑誌に投稿している。貧困と病気を結びつけ、隔離で防ごうとすることで、結核の悲惨さを象徴させた。主治医の持てない人々のなかには、悪化するまで放置された患者が多いこともその原因であったが、容赦ない隔離と継続的に管理する必要性を市当局に要請している。さらに、家庭における結核看護の中心は痰壺の使い方の指導と洗浄、外気浴の実施、薫煙消毒にならんで、結核患者の栄養管理であったが、家庭に看護婦が配給する牛乳、卵についても、慈善事業にすべきではない(12)とまで言い、いたずらに家庭療養を長引かせるより一刻も早い病院隔離を保健局に要請した。

結核の撲滅は民間の訪問看護婦ではまかなえないこと(13)、行政の指導と介入が不可欠であること、またその延長線上に、不足する病院をコミュニティが整備する必要性を訴えている(14)。当時、民間レベルで訪問看護婦会が連携して公衆衛生看護協会が設立された時期であること（一九一二年）、行政指導下の病院という考えは、地方のコントロールによるべきという革新主義時代の発想ではあったが、医師会がそれを受け入れる発想が全くなかったことを考えると、概念の上でも、実現の方法の上でもラモットの主張は受け入れがたかったものと推察できる。ことに患者中心の在宅看護を旗印に専門職化をすすめてきた多くの看護婦にとって、ラモットの強硬な方針は受け入れがたいものであったようだ。家庭での看護を「inadequate（不適切）」と呼んだことで看護婦仲間から拒否された様子はすでに、一九〇八年から一四年に及んだ結核看護をめぐる論争にあきらかである(15)。訪問看護が移民たちのアメリカ化の責任を担い、「教育」という方針を貫く以上、ラモットが「unteachable

教育不能」と患者を呼び[16]、一刻も早い隔離を優先したことも、受け入れがたかった。病院に対抗して、地域社会にその有能さを築いてきた看護婦たちにとって、保健局や医師の力の増大につながる方針はにわかにはとりがたかったためである。第一、家庭を重要視した看護ほど女性の役割を確認させるものはなかった。家庭の中での母親の存在や家族の絆を重要視していた当時の訪問看護の考えからすると、家族が引き裂かれることには大きな抵抗があった。また、教育をその方針として掲げ、少なくとも中産階級では成果を挙げてきた結核予防協会の方針とも異なっていた[17]。

そうした看護仲間との齟齬は結核の看護方針における論争に加え、第一次大戦の勃発で、一層明確になる。ラモットは志願看護婦としてすぐさま旅立ち、一方、訪問看護婦を制度化することに尽力してきた指導的立場の看護婦リリアン・D・ウォルド、ラヴィニア・ドックら公衆衛生看護婦、またセツルメント活動をとおして移民のアメリカ化をすすめてきたジェーン・アダムズら女性改革者、アリス・ハミルトンら当時の女医は戦争反対の立場を明確にし、アメリカの参戦阻止の運動を展開するようになる。母親像を中心にすえて民族の連帯感を訴えるその平和主義は、あきらかにラモットと一線を画するものであった[18]。

Ⅱ．志願看護婦からジャーナリストへ

なにがラモットを志願させたか、フランス系のラモットの家系からすると、ヨーロッパでの戦争は他人事ではなかった、いても立ってもいられなかった、という他の志願看護婦たちの残したこと

ばから、推測するしかない。志願を決意させたのは、ガートルード・スタインからの一本の電話であった。[19] スタインはラドクリフを卒業後、医学の勉強にジョンズ・ホプキンスにきており、卒業はしなかったが、そこでラモットと出会った。よく知られているように、スタインは一九〇三年にパリに移り住み、セーヌ左岸のアパートは作家や画家たちの溜まり場であった。自律する看護婦像を主張し、強硬な姿勢を貫き、辛らつな発言をしてきたラモットだが、スタインの目には、「とても恥かしがりやの無口」と映ったようである。スタインの自伝的著作とされる『アリス・B・トクラスの自伝』に登場するラモットの印象は薄い。[20] しかし前線で、看護婦として務めたいという意志は固く、まずニリィにあるアメリカ病院を訪ねた。しかし、そこはすでに志願看護婦であふれていた。断られたラモットはスタインの友人メアリー・ボーデンのところを紹介される。シカゴ生まれのボーデンは富裕な英国人と結婚し、英国に二人の子供を残してまで、ベルギー、イーペルの近く、前線から一〇キロの地点で野戦病院を指揮していたのだった。[21]

このベルギーの野戦病院での体験をラモットはアメリカに送った。ジャーナリズムが女性にキャリアを提供していくパイオニア時代を物語るものだ。社会の底辺を暴くこと、隠れた現実を白日のもとに照らすことで成長してきた当時のジャーナリズムにとって、前線からの報告は刺激的であり、ラモットの原稿はただちに『アトランティック・マンスリー』や『ハーパーズ』の紙面を飾った。新聞記者の多くは前線に赴けないフラストレーションがあったとされる。ラモットは女性であったにもかかわらず、看護婦であったため、前線での体験を最大限に利用し、レポート、スケッチ、短編小説、といった形式を使い分け、一九一四年から一六年まで送り続けた。

ラモットの戦場で書かれた短編小説はのちに『戦争の無残（Backwash of War）[22]』と題されて、一冊にまとめられた。その副題は「アメリカ病院看護婦が見た人間の浪費」となっている。それは次のようにはじまっている。「戦争の高潔な話をお聞きになる機会は多いでしょう。英雄的でわくわくするお話もお聞きになることでしょう。私は、私が見たままのものを、戦争の裏側を、その無残を、あなたにお話しなければなりません」出版は一九一六年の秋であった。

アメリカは一九一七年四月に参戦、翌年の夏ラモットの本はアメリカで発禁処分を受けた。ともに処分を受けたのはスウェーデンの思想家エレン・ケイの『戦争と平和と将来[23]』であった。ケイの本が平和主義の主張ゆえ処分を受けたのに対し、ラモットはその徹底した戦争批判が対象になったものと思われる。なぜなら、ラモットの本は二つの点で他の戦争回想録と大きく異なっているからである。一つはその批判の辛らつさにおいてであり、もう一つは戦争終結後の戦争批判、幻滅は多く書かれたものの、ラモットの作品は戦後の展開を待たずに書かれたものであるという点である。ラモット自身の解説によると、発禁処分が下される前にすでに何版か重ねていたという。

一三編の作品の中でもっとも作品の特徴を表すのが、「英雄たち[24]」という巻頭の作品である。一九一六年一〇月に『アトランティック・マンスリー』に掲載された。そこでラモットは、銃をくわえて自殺する兵士を「英雄」と呼んだ。そして治療しても敵前逃亡の罪で処刑される空しさを主題とした。症状の描写は当時の抑圧された身体表現から看護婦が解放されていることを証明しているといっていいだろう。モダニズム作家への第一歩を歩みだしたと言ってもいいものだ。朽ちていく肉体の描写はこの短編集を貫く特徴の一つで重要な意味を持っている。野戦病院を夜、カンテラを掲げて歩く看護婦像は明らかに読者にナイチンゲールを思い起こさせるものである。しかし、予想を裏切って、眼差しは厳しい。「なんと、哀れなことか。この眠りをむさぼる小さき兵士たちよ。なんと、いらだたしいことか、目覚めてはかしましい小さき兵士たちと、ここに居る兵士たちよ。あの自殺した兵士との隔たりはあまりにも大きい。いや、本当に大きいのであろうか。ここに居る兵士たちが、あの兵士より、優れて、気高いのであろうか。診てまわりながら、看護婦は自問する[25]」と、語り部を演じるラモットは酷い真実を伝える役割を読者に明確に示しているといっていいだろう。英雄批判はさらに、「外科の勝利」と題された一編でも明らかである。ここでは四肢を失った兵士が克明に描かれ、人工の鼻や耳が一つ一つ補われていく過程を外科の勝利と呼んだ。顔を失った若い兵士は見舞う父親に殺してくれと懇願する。しかし父親に殺人は許されない。「彼にはそれはできません。なぜなら、彼は文明化され、もはや野蛮ではないからです[26]」とラモットは痛烈な皮肉をこめて書く。文明、自由、正義など、戦争につきもののスローガンを裏返していくのである。兵士たちの泣き声、うめき声、そしてにおいの描写が際立つ「たったひとりで[27]」など、全編を貫いて英雄として送り出された男たちの肉体の無残が語られ、戦争の大義名分が問われている。

もう一つのタブーであったテーマは兵士の買春であった。道徳的にも、肉体的にも兵士の士気を殺ぐと考えられていた買春の暴露は、のちに発禁処分となった大きな原因であろう。「女たちと妻たち[28]」と題された作品がそれである。これは同時に、本国で待つ妻たちが無知で、現実とかけ離れている無能さを際立たせる作品にもなっている。訪問看護婦時代にあれほど声高に叫ばれていた家庭第一主義の現実が何の重みもないことをあざわらっているかのように、家庭が機能していない状況が描かれている。国家の大前提であり、兵士の拠りどころ、そして、看護婦たちが守ろうとしてきた「家庭」など幻想であり、現実にありはしないのだと言わんばかりである。皮肉をこめてラモットは書く。戦場から妻に毎日手紙を書く善良な夫たちは、手紙を書いたあとに村に囲った売春婦にいそいそと会いに行くのである。英雄とはほど遠い兵士たちの様子、戦場を知りもしない、知ろうともしない女性たちの姿はラモットの戦争への幻滅となって全作品を貫いている。そして最後に登場するのが、戦争を利用する病院の医師たちの姿であった。病院の評価を高めるために、治療を施さずに、いたずらに延命させる医師たちがそこでは描かれた[29]。

この作品で止めをさすようにラモットは看護婦生活に終止符を打った。たとえ治療しても再び戦場に送り出し、殺されるのを手助けするだけの、「死を目的とした仕事だった[30]」と言い残している。戦争中の作品の多くがプロパガンダで愛国主義であったことを思うと、ラモットの作品は異色であり、戦争への幻滅の程度も他のどの作品より大きいと指摘されている。たとえばヘミングウェイの作品で、看護婦が母親像や愛人を演じ、癒しの役割を担っているのを思い浮かべると、ラモットの看護婦の世界は癒しとはほど遠い[31]。そこに見られる看護婦像は、あの『結核看護婦』で提唱した、冷徹な目をもつ、セルフ・コントロールされた有能なプロの看護婦である。生き残れる者と可能性のない者を、瞬時に選別する看護婦像である。野戦病院の運用や医師の力量を批判できる有能な看護婦像である。しかし、ラモットは二度と看護婦に戻ることはなかった。

もっとも小説形式の作品とはうらはらに、自己の体験を吐露したレポートでは戦地に行けない時期を「退屈」と言い、戦地をあとにする最後のレポートでは、無邪気にも、焼け跡でみつけた子羊をペットにしようとして兵士たちに笑われた体験を綴っている。戦争はむしろ未知の世界への冒険だったのであり、体験を終えて帰路につく、興奮している姿がそのタイトル『楽しいドライブ（Joy Ride）』に見てとれる。[32] 未知の世界への欲求と、それを伝えたい思いの強さ、そしてそれを成しえた時の一種の爽快感・解放感はラモットの世代の特徴的な思いとして記憶されるべきだろう。「戦争でさえ、家庭に閉じ込められ、当時の価値観でがんじがらめになっていた女性たちには解放であった」という指摘は、おなじく第一次大戦に志願した女性へレン・ズィーナ・スミスの小説、レマルクの『西部戦線異常なし』をもじって『異常なくもなし（Not So Quiet）』と題した作品を解説したバーバラ・ハーディである。[33] 解放感や刺激を求める姿はラモットにもあてはまるだろう。第一次大戦に女性として参加し、回想録や小説を残した女性は多い。しかし、その多くは忘れられ、静かな後半生を送ったといわれる。しかし、ラモットはまた新奇な「素材」をもとめて旅立つ決意をした。

Ⅲ．ヨーロッパ戦線から北京へ——作家活動と文明批判の限界

野戦病院をあとにしたラモットが選んだ先は、北京であった。アメリカの参戦を前に、看護職を捨て、ジャーナリストとしての役割に希望を持ったゆえの旅立ちだったと推測できる。袁世凱の死亡直後の中国を取材したいとの思いもあったことだろう。看護婦職には戻らなかったものの、北京滞在を通して、ラモットは新たな目標を見つけることになる。かつて結核の撲滅に注いだエネルギ

ーを阿片の脅威と撲滅を訴えることに向け始めるのである。

北京を題材に書かれた作品は手紙形式で書かれ、列強の植民地主義の批判が中心の『北京の塵』（一九一九）、短編小説を集めた『文明――オリエントの物語』（一九二〇）、『阿片とバター』（一九二五）と、イギリスの阿片貿易を告発した『阿片独占』（一九二〇）、『阿片の倫理』（一九二二）、それに最後になった『ジュネーブに於ける阿片』（一九二九）である。[34]

一九世記末の旅行記や「オリエント」を旅する記録が旅行好事家の作品とされてきたことを転換させたのは、言うまでもなくエドワード・サイードの『オリエンタリズム』であり、東洋を旅する印象記が当時の帝国主義を正当化していく役割を担ったとする説はその後様々なかたちで補強・修正されてきた。ラモットの描く中国人像や白人像も欧米人のアジア人像を知る上で手がかりを与えてくれる。[35]

作品のなかでもっとも多く登場するのは白人男性である。かれらは本国で改革派を名乗っており、落ちぶれて中国に渡ってきた。どこにも所属しない、できない、ましてコスモポリタンなどではない、とするのがラモットの設定である。「オリエント」に来るのは、名声の回復や金銭的報酬を得て、本国への返り咲きを図るためなのだが、失敗が続き叶わない。家庭も上手くいっている場合は少ない。

一方そうした白人男性についてきた女性たちは、一様に青白く、性的魅力に欠け、東洋人の裸におののき、無能なイメージに描かれている。それでいながら、上流階級にあこがれ、植民地政府に取り入ろうとする。上品さを売り物に、道徳的優位を振りかざす。唯一男勝りの有能な女性宣教師がアフリカへ行く設定で登場するが、現地人を蔑み、そこでかれらに殺される役回りである。

思うようにならない、世界から取り残される、妻に理解してもらえない、孤独の極みが白人男性を襲っているというのが共通の設定である。本国では孤児の救済活動に活躍するなど、道徳観を振りかざす女性たちのイメージはラモットにとってはかつての同僚たちのイメージだろう。そして、どこにも所属できない男たちが逃げ込む世界に阿片窟が登場してくる。かつてカンテラをもって野戦病院の真実を暴いたように、ラモットは北京の路地裏を歩いて、阿片におぼれる白人男性像を描くことで、植民地の支配階級の現実を白日のもとにさらす。夫の阿片窟通いに気づかぬ妻たちは、かつて描いた、戦地からの夫の帰りを待つ妻たちとおなじ構図である。

一方、ラモットの中国人像をもっとも象徴するのが、白人宣教師に騙されていく中国人家族を描いた作品である。宣教師を頼って、イギリスに留学した青年を巡る話である。訪ねた先では、青年の訪問は全く伝わっていない。侮られ、蔑まれ、使用人の部屋で勉学を志すが、程なくして病気に倒れてしまう。まわりのキリスト教徒たちはだれも手を差し伸べることをしない。信じた人々に裏切られる。かろうじて情報を手に入れた父親が駆けつけるが、万が一にと、現金代わりに持参した阿片で足止めされ、息子の死に目に会えない。「白人は阿片をいつでも金に換えてくれたではないか。おぞましいものだとは、だれも教えてはくれなかった」と父親は嘆く。(36) 日本について唯一書かれた作品も、コレラの発生と同時に一番に郊外に逃げ出す宣教師たちや、市井は病人で溢れているにもかかわらず、災害や病気から免れて暮らす天皇一家を皮肉ったものだった。(37)

宣教師批判、キリスト教の偽善、植民地批判は全編を貫いて主張されている。そこでの白人男性は征服する強さの象徴ではなく、病的で、意志は弱く、醜さの象徴である。

そして登場してくる混血児は重要な役目を担っている。決して、融和や解決の糸口としてではなく、警鐘を鳴らす存在として登場してくるからである。「黄色い血筋」[38]という作品に登場するのは自分を捨てた白人の父親に愛情を乞い、拒否されて、復讐する混血の息子である。あるいは、妻が身ごもって兵役を免れる男が登場する。彼はひそかに戦地を免れたことを喜ぶのだが、妻は中国人との不貞の子を宿していたことがわかるという短編である。皮肉にも、そのタイトルは「文明」[39]である。

また、マライ女性をそばにおきながら、白人女性と恋に落ちた男が登場する。裏切られた思いから、マライ女性はその男に毒——阿片を盛る。しかし、ここでマライ女性は決して美しく描かれてはいない。純真でも、無欲でもない。白人男性の現地女性への幻想を打ち砕くように、復讐の鬼と化し、阿片の世界へ誘う女性として描かれているのである。[40]

「トラジック・ムラトー（悲劇の混血児）」と呼ばれる作品群は、黒人の混血児にどちらかといえば同情的な作品群をいう。愛を乞うて報われないその居たたまれない姿、混血児の絶望感、アメリカ社会の不正批判として書かれてきた作品が多い。[41]しかし、混血を巡るとき、ラモットにはこうした同情はない。奴隷解放後も黒人差別の激しかったアメリカ南部育ちのラモットの生い立ちも背景にあろう。混血への恐怖は煽られ、そしてそれは、あくまでも、白人男性の病理、白人側の理性の落ち度として描かれているのである。

落ちこぼれの溜まり場としての「オリエント」、かれらが溺れる阿片の誘惑の世界、騙される現地人、路地裏を歩けば歩くほど、ラモットの作り上げた「オリエント」像はラモット自身に警鐘として響く。そして、ラモットの使命感が顔を出すのである。こうした植民地の状況を許すイギリスを告発し始めるのである。『阿片独占』の冒頭のくだりは第一次大戦後のイギリスの荒廃を背景に、アメリカの独立宣言のようである。「英国にいまこそもの言う時が来た。……もうおそれることはない、独自の方針をとっていこう」と告げ、阿片撲滅のリーダーシップをアメリカが執ることを訴えている[42]。

一方で阿片の恐怖世界を短編小説のかたちで送り出しながら、ラモットは阿片貿易を告発し始める。しかし、その内容は、入門書の域を出ないといっていいだろう。ここで重要なのは、阿片の輸入量や販売ルートの調査結果の信憑性より、アメリカの無関心を嘆き、国際舞台から身をひいたアメリカへの苛立ちを明確にしていることである。ラモットは国際連盟による阿片の取り締まりに一縷の望みをかける。アメリカは国際連盟に加入はしなかったものの、可能なかぎりその影響力を行使することを選んでおり、公衆衛生に関する分野もその一つであった。アメリカ赤十字がその母体作りをした連盟の保健機構に一九二三年に加盟している。ラモットはここへ働きかける道を選んだ。残念ながら、ラモットがそこでおおきな足跡を残したとは思えない。中国政府からは阿片撲滅への功績を理由に勲章を贈られているものの、関係書には例外的な活動家とされているのみだからである[43]。

しかし、ここで注目したいのは、なぜ、阿片で被害を受ける側がアジア人で、なぜ搾取する側が白人なのか、と問いを発し、反植民地主義を展開しながらも、アメリカのフィリピンでの阿片対策を擁護するなど、いままで見られなかったナショナリスティクなラモットが登場していることである。禁酒法を通したアメリカを絶賛し、国境でのアルコールの取り締まりをモデルに阿片取り締まりの強化をさけぶ姿は、かつて隔離を強く主張したラモットの姿とも重なってくる。そして、今回も現地レポートとして伝えられるアジアの一隅の状況は、恐ろしい阿片の誘惑を描いた小説とともにどれだけ読者に影響をあたえたことか、排他的移民法が成立する二〇年代のアメリカと波長をともにし、増幅させていたといえるだろう。

かつて結核看護婦として地域を守る最先端の活躍をしたラモットであったが、戦争を経て、阿片撲滅運動で人生を締めくくることになった。その舞台は国際連盟という場に変わっていた。ボルチモアの一地域から国際舞台に飛び出し、アメリカの役割を外から発言していくまでにその活動の場を広げたといえるだろう。その間、常に最前線に飛び込み、醜いものを追い続け、危機感を訴え、タブーにも挑戦してきたオピニオン・リーダーであった。思考を規定してきた隔離の発想、反植民地主義からくる現地人への深い同情、しかし混血は許せないとする人種差別の同居、混血児が復讐の凶器と化す、あるいは混血児が生まれる設定を阿片に誘われる誘惑と同一視することによって、「オリエント」への底知れぬ恐怖をかきたて阿片撲滅を訴える。そして、意志の弱い男性こそが阿片に溺れ、あるいは混血児を生むという短編の主題。ラモットが紡ぎ出した植民地の惨憺たる状況。それを防ぐのが、国際連盟でのアメリカの使命であるという主張に最後は結ばれていく。ラモットの短編作品は賞をとるほど当時は人気があった。時代の要請、読者の要望に応えていたと推測できるだろう。本来、看護や医療にかかわることは、異なる人種や階級を超える潜在的な可能性を秘めていたはずである。しかし、アメリカを飛び出し、国際連盟という場を選んで、家庭第一主義や母性主義という潮流に唯一対抗できたはずのラモットの看護観が、隔離の発想と混血への恐怖をぬぐいきれなかったということであろう。『北京の塵』の冒頭でラモットはこんなことを言っている。「この北京便りはゴシップを集めたようなもの、塵のように洋服に付いたら、払い落としてください(44)」しかしとりついてはなれない、アメリカ人の深いところに、阿片への恐怖、混血への恐怖、そしてアジアへの恐怖は訴えているようにおもわれる。

おわりに

二〇世紀初頭はアメリカが世界に目を向けそのアイデンティティを作り出す重要な時期であった。看護はその際、常に母性主義と国づくりの基礎をなしてきた。しかしその母性主義を排し、また世界に出ていくアメリカを前に列強の植民地主義を批判したラモットに流れる隔離の手法と混血への恐怖。自律する看護婦として世界に飛び出した女性が描くアジア像やアメリカの使命は、自己実現していく一看護婦の姿を超えて、この時期を理解するにあたって多くの示唆を与えているだろう。

註

（1）Judith Schwarz, *Radical Feminists of Heterodoxy: Greenwich Village 1912-1940*, Lebanon, New Hampshire: New Victoria Publishers, Inc., 1982. 集まったメンバーの様子、参戦によって仲間割れする様子はエリザベス・ガーリー・フリンの自伝にも言及がある。フリンの母親はフリンが先駆的なこのクラブとかかわったことを誇りにしていた。Elizabeth Gurley Flynn, *The Rebel Girl: An Autobiography—My First Life*（*1906-1926*）, New York: International Publishers, 1994, pp.279-280.

（2）S. Josephine Baker, *Fighting for Life*, New York: The Macmillan Company, 1959, pp.182-183. Schwarz, pp.17-18, p.65. Ross Wetzsteon, *Republic of Dreams: Greenwich Village: The American Bohemia, 1910-1960*, New York: Simon & Schuster, 2002, p.177.

（3）Schwarz, p.65. Wetzsteon, pp.176-177.

（4）Janet Wilson James, "Isabel Hampton and the Professionalization of Nursing in the 1890's," in Morris Vogel and Charles E. Rosenberg, eds., *Therapeutic Revolution: Essays in the Social History of American Medicine*, Philadelphia: University of Pennsylvania Press, 1979, pp.201-244. Jane Eliot Swell, *Medicine in Maryland: The Practice and the Profession, 1797-1999*, Baltimore: Johns Hopkins University Press, 1999. 引用は看護学校受験時の面接記録から。Jessica M. Robbins, "Class Struggles in the Tubercular World: Nurses, Patients and Physicians, 1903-1915," in *Bulletin of the History of Medicine*, Fall 1997, Vol.71, number 3, p.418.

（5）福祉国家の先鞭をつけたとするのは、Theda Skocpol, *Protecting Soldiers and Mothers: The Political Origins of Social Policy in the United States*, Cambridge: Harvard University Press, 1992. 本書第11章参照。

（6）Ellen N. LaMotte, *The Tuberculosis Nurse: Her Function and Her Qualifications—A Handbook for Practical Workers in the Tuberculosis Campaign*, New York: G. P. Putman's Sons, 1915, 同様の指摘は以下にもみられる。LaMotte, "Tuberculosis Work of the Instructive Visiting Nurse Association of Baltimore," *American Journal of Nursing*, Vol.6. 1905-1906, pp.141-148, LaMotte, "The American Tuberculosis Exhibition,"

American Journal of Nursing, Vol.6. 1905-1906, pp.305-311, LaMotte, "Some Phases of the Tuberculosis Question," *American Journal of Nursing*, Vol.8. 1907-1908, pp.430-434.

(7) 結核を巡る歴史は Barbara Bates, *Bargaining for Life: A Social History of Tuberculosis, 1876-1938*, Philadelphia: University of Pennsylvania Press, 1992, Rene Dubos and Jean Dubos, *The White Plague: Tuberculosis, Man and Society*, Boston: Little Brown, 1952, Richard Harrison Shryoch, *National Tuberculosis Association 1904-1954: a Study of the Voluntary Health Movement in the United States* (1959), New York: Arno Press, 1977, Michael E. Teller, *The Tuberculosis Movement: A Public Health Campaign in the Progressive Era,* Westport: Greenwood Press, 1988, Jane Eliot Katherine Ott, *Fevered Lives: Tuberculosis in American Culture Since 1870,* Cambridge: Harvard University Press, 1996.

(8) LaMotte, *Tuberculosis Nurse*, p.117. LaMotte, "Some Aspects of the Tuberculosis Problem: Report of the Twelfth Annual Convention," in *American Journal of Nursing* Vol.9. 1909, p.931 にも同様の発言がみられる。

(9) LaMotte, "Municipal Care of Tuberculosis," in *American Journal of Nursing*, Vol. 12. 1912, pp.935-943.

(10) LaMotte, *Tuberculosis Nurse*, p.165-167.

(11) LaMotte, "Some Aspects of the Tuberculosis Problem," p.931.

(12) LaMotte, *Tuberculosis Nurse*, p.168.

(13) Ibid. p.148.

(14) Ibid. Chapter 17 passim.

(15) Jessica M. Robbins, "'Barren of Results'? The Tuberculosis Nurses' Debates 1908-1914," in *Nursing History Review* 9, 2001, pp.35-50.

(16) LaMotte, "Some Phases of the Tuberculosis Question," p.431.

(17) Bates, pp.231-249.

(18) Kathryn Kish Sklar ed., *Social Justice Feminists: A Dialogue in Documents, 1885-1933,* Ithaca: Cornell University Press, 1998, Jane Addams, Emily G. Balch, and Alice Hamilton, *Women at the Hague:*

International Congress of Women and its Results (*1915*), New York: Garland Publishing Co., 1972.

(19) "Introduction," in Margaret R. Higonnet ed., *Nurses at the Front: Writing the Wounds of the Great War*, Boston: Northeastern University Press, 2001, pp.vii-xxxviii. 志願した女性たちの全体像は Dorothy and Carl J. Schneider, *Into the Breach: American Women Overseas in World War I*, Lincoln: Excel Press, 1991, Jean Gallagher, *The World Wars through the Female Gaze*, Carbondale: Southern Illinois University Press, 1998, Margaret R. Higonnet ed., *Lines of Fire: Women Writers of World War I*, New York: Penguin Putnam Inc., 1999. 従来エリート集団の志願が多いとされていた点に修正を加えたものに，Susan Zeiger, *In Uncle Sam's Service: Women Workers with the American Expeditionary Force, 1917-1919*, Philadelphia: University of Pennsylvania Press, 1999.

(20) Gertrude Stein, *Autobiography of Alice B. Toklas* (1933), New York: Vintage, 1970, p.170.

(21) "Introduction," in *Nurses at the Front*.

(22) LaMotte, *The Backwash of War: The Human Wreckage of the Battlefield as Witnessed by an American Hospital Nurse*, New York: G. P. Putnam's Sons, 1916, p.105.

(23) Claire M. Tylee, *The Great War and Women's Consciousness: Images of Militarism and Womanhood in Women's Writings, 1914-64*, Iowa: University of Iowa Press, 1990, pp.93-98. Charles V. Genthe, *American War Narratives 1917-1918*, New York: D. Lewis, 1969, p.102. エレン・ケイの原題は *Kriget, Freden och Framtiden* (1915).

(24) LaMotte, "Heroes," in *The Backwash of War: The Human Wreckage of the Battlefield as Witnessed by an American Hospital Nurse*, pp.3-13. Originally published in *Atlantic Monthly* 118 Oct. 1916. pp.482-490.

(25) LaMotte, "Heroes," in *The Backwash of War*, p.8.

(26) LaMotte, "A Surgical Triumph," in *The Backwash of War*, pp.143-155.

(27) LaMotte, "Alone," in *The Backwash of War*, pp.49-59.

(28) LaMotte, "Women and Wives," in *The Backwash of War*, pp.95-111.

(29) LaMotte, “Citation,” in *The Backwash of War*, pp.167-178.

(30) LaMotte, “Heroes,” in *The Backwash of War*, p.7.

(31) Nancy R. Conley and Robert Scholes, *Hemmingway's Genders*, New Haven: Yale University Press, 1994. 看護職のイメージ研究は A. Hudson Jones ed., *Images of Nurses: Perspectives from History, Art and Literature*, Philadelphia: University of Pennsylvania Press, 1988.（アン・ハドソン・ジョーンズ編著、中島憲子監訳『看護婦はどう見られてきたか――歴史、芸術、文学におけるイメージ』東京：時空出版、一九九七）Barbara Ehrenreich and Deiradre English, *Witches, Midwives and Nurses: A History of Women Healers*, London: Writers and Readers Publishing Co-operative, 1973.（B・エーレンライク、D・イングリシュ著、長瀬久子訳『魔女・産婆・看護婦――女性医療家の歴史』東京：法政大学出版局、一九九六）Philip A. Kalisch and Beatrice J. Kalisch, *The Changing Image of the Nurse*, California: Addison-Wesley Publishing, 1987, Julia Hallam, *Nursing the Image; Media, Culture and Professional Identity*, London: Routledge, 2000.

(32) LaMotte, “Under Shell-Fire At Dunkirk,” *Atlantic Monthly* 116 Nov. 1915, pp.692-700,” LaMotte, “Joy Ride,” *Atlantic Monthly* 118 Oct. 1916, pp.481-490.

(33) Barbara Hardy, “Introduction” to *Not So Quiet* by Helen Zenna Smith（Evadne Price）（1930）, London: Virago Press, 1988, p.12. *“Out Here at the Front.” The World War I Letters of Nora Saltonstall*, Judith S. Graham ed., Boston: Northeastern University Press, 2004 にも同様の解放感がみられる。

(34) LaMotte, *Peking Dust,* New York: Century, 1919, LaMotte, *Civilization: Tale of the Orient,* New York: Century,1922, LaMotte, *Snuffs and Butters,* New York: Century, 1925, LaMotte, *The Opium Monopoly,* New York: The Macmillan Company,1920, LaMotte, *The Ethics of Opium,* New York: Century, 1922, LaMotte, *Opium at Geneva: Or How the Opium Problem is Handled by the League of Nations,* New York: N. P., 1929.

(35) Edward Said, *Orientalism*, New York: Random House, 1979, Lisa Lowe, *Critical Terrains: French and British Orientalisms*, Itahca: Cornell University, 1991, Sara Mills, *Discourses of Difference: An Analysis of Women's Travel Writing and Colonialism*, London: Routledge, 1991.

(36) LaMotte, “Snuffs and Betters” in *Snuffs and Butters and Other Stories*, New York: The Century, 1925, pp.3-29.

(37) LaMotte, “Cholera,” in *Civilization: Tales of the Orient*, New York: Books for Libraries Press, 1919, pp.235-244.

(38) LaMotte, “Yellow Streak,” in *Civilization*, pp.11-29. 東洋人観を見る上で示唆に富むのは，Gina Marchetti, *Romance and the “Yellow Peril”: Race, Sex and Discursive Strategies in Hollywood Fiction*, Berkeley: University of California Press, 1993. Robert G. Lee, *Orientals: Asian Americans in Popular Culture*, Philadelphia: Temple University Press, 1999.

(39) LaMotte, “Civilization,” in *Civilization*, pp.93-117.

(40) LaMotte, “The Malay Girl,” in *Snuffs and Butters*, pp.33-53.

(41) Werner Sollors ed., *Interracialism: Black and White Intermarriage in American History, Literature, and Law*, Oxford: Oxford University Press, 2000.

(42) LaMotte, *The Opium Monopoly*, New York: The Macmillan Company, 1920, p.83.

(43) LaMotte, “America and England,” *Nation* 119 September 3, 1924, pp.232-234, LaMotte, “Deadlock at Geneva,” *Nation* 120 February 4, 1925, pp.113-114, LaMotte, “Manchuko and the Opium Trade,” *Nation* 138 February 28, 1934, pp.246-247.

(44) LaMotte, *Peking Dust*, p.viii.

第四章　ケイト・サンボーン
――「ユーモア」を説いた巡回講師

はじめに

一九一一年、晩年のケイト・サンボーン（一八三九―一九一七）は、『タクシーに乗ってインディアン狩り』[1]という妙なタイトルの本を出版した。ニューヨークやボストンの町に点在するタバコ屋の前に看板として置かれていた「インディアン」像の写真を撮って、その歴史やタバコにまつわるエッセイを書いたものだった。写真はジェシー・ターボックス・ビールズが撮った。「インディアン」像といっても先住民によって彫られた像ではなく、正確には、征服者であった白人が彫った、白人のイメージによる先住民の彫刻である。そのほとんどが等身大の大きなもので、ひとめでタバコ屋であることを知らせるためのものであった。もちろん、それは先住民によってもたらされたタバコを象徴するのに先住民の姿そのものを使ったことによる（写真7）。

この本には、幼いころに通りにあったタバコ屋にまつわる思い出、紳士のたしなみとしてのタバコ文化、数奇な運命をたどった彫刻にまつわる話など、短いエッセイの一つ一つに「インディアン」像の写真が複数添えられている。男性の闘士を集めて掲載したページ、女性の先住民像や幼子を背負う姿を集めたページ（写真8）。エッセイは白人のタバコ文化が中心であって、決して先住民文化への理解の書ではない。世代を通して受け継がれてきた彫刻が壊されないようにという思いの本である。しかし、当時の「インディアン」文化熱を皮肉った次のような記述にも出会う。

なんという皮肉な運命でしょう。この大地で幸せに暮らしていた人々を追い出し、殺しておいて、いまさら、彼らを礼賛する詩を書いたり、ハンサムで、勇気があって、まるで聖人のようなインディアンの小説を書いたりするなんて。しかも今真剣に検討されているのが、ニューヨーク湾を見下ろす丘に、記念碑を建てることだとか。白人文化の到来で消えゆくインディアンを称えるためだなんて、インディアンの受けた仕打ちを考えると、なんて都合のよい説明でしょう。[2]

ここではフィラデルフィアで成功を収めた、当時アメリカ最大のデパート、ワナメーカー・デパートメント・ストアが音頭をとって、州政府はもちろんのこと、大統領まで巻き込んで進めていたニューヨークのステーテン島に巨大「インディアン」像を建てる計画にも言及している。ニューヨーク進出を睨んで、当時の「インディアン」人気にあやかろうとした、デパート戦略の一つであった。[3]この計画は頓挫したが、サンボーンによる正しい称え方はどうかというと、なんとタバコ屋の前に置かれていた「インディアン」像を自分が買い取って、自身の経営する農場の偽のティーピー

写真7　タバコ屋の「インディアン」像

写真8　若く美しい母親、見張りをする酋長

写真9　偽ティーピーと「インディアン」像（Courtesy of Dartmouth College Library）

の横に置くことだったのである（写真9）。

ステーテン島の「インディアン」像も、サンボーンの農場に置かれた「インディアン」像も、それで先住民が受けた「仕打ち」を正当化しようとするならば、滑稽な試みでしかない。しかも先住民が作り出した文化とはまったくかかわりのないものを崇めようとしたものなのだ。しかし、一九世紀末のアメリカを考える端緒となることは確かである。先住民征服の勝利と消えゆく民への思いをどのように理解すればよいのか、混乱している状況を見事に映し出しているからである。

南北戦争後の急激なアメリカ社会の変化は多くの人々に不安をもたらした。なんとか政治的な統一は北部主導で行われたものの、文化史家、マイケル・カメンの言葉を借りれば、文化的統一のためのの

「にわか伝統」が必要であった。背景にはもちろん当時大量に流入した、新移民と呼ばれた、東欧、南欧、アジアからの移民のアメリカ化への不安があった。アメリカ化への先導的役割を果たしたものとして、カメンはその著書で美術館や博物館、歴史協会の設立ラッシュを挙げた。(4) 万国博覧会も国民に統一感を象徴する絶好の機会を提供してきたことも多くの研究者の共通した見解である。科学理論が説得力を増していくなか、似非科学理論も含めて、当時可能な限りの科学理論を駆使して、世界の秩序を展示して見せようとした。その頂点に白人の文化と歴史が君臨していることを証明しようとしたのである。(5)

さらに、「にわか伝統」作りに、当時の「インディアン」人気が貢献していたとしたのは、アラン・トラクテンバーグである。ヨーロッパにはないアメリカ独自の「インディアン」の存在を祭り上げた一九世紀後半の現象は、征服を正当化するためであり、またアメリカが先住民を取り込めたことを高らかに唱い上げる必要があったからだという。ヘンリー・ワーズワース・ロングフェローのインディアン神話の英雄を称えた詩「ハイアワサ」はロシア・東欧からのユダヤ移民の言語、イーディシュ語に翻訳され、広く流布されたという。それは、先住民のみならず、新移民もアメリカに取り込もうとした試みであり、まさに一丸となって世界に進出するアメリカを後押しする役割を担ったとしたのだった。(6) 前述のステーテン島の「インディアン」像も、先住民征服と彼らを称えるアメリカの寛大さを象徴するものとして考案されたのだった。それゆえ自由の女神像とともにニューヨーク湾に立つことこそ、意味があったのであった。そしてなにより自由の女神像ほど、統一の理念を可視化したものはなかった。一時は建造を危ぶまれたこの像が全国から寄せられた寄付によって完成したことは、各地で始まっていた統一への胎動がこの像を生んだということを意味する。フランスから贈られたアメリカ独立百周年記念像は、このときアメリカ独自の像に生まれ変わった(7)。こうした「にわか伝統」の作り手たちの中心にいたのは、州政府の役人、デパートの経営者、博物館や歴史協会の活動を後押しした地方の名士たちだった。

しかし、この文化的「にわか伝統」作りに代表される当時のアメリカ観、そして世界観作りに貢献したのは、当然のことながら彼らだけではない。たとえば、ケイト・サンボーンのような、今ではすっかり忘れ去られている巡回講師がアメリカをまたにかけ、テレビもラジオもない時代に「現代事情」の講義をし、会場を満席にしていた。講義だけではなく、当時可能なあらゆる媒体を使って、変わりゆく世界の様子とそれにどう対処すべきかを説いて回っていた。写真集、日めくり金言カレンダー、旅行案内、ユーモア本等々は、すべてサンボーンが古いものを取り込みながら、新しいアメリカを生み出すために工夫した作品群といってよい。サンボーンのような女性の活動を通してこそ、一九世紀から二〇世紀のアメリカの変化がみえてくるといっても過言ではないだろう。たとえば、前述の『タクシーに乗ってインディアン狩り』はそのカタログのような写真のせいで、「インディアン」像のコレクターにもてはやされることになった。銃ではなくカメラによる「インディアン」狩りほど当時の先住民へのまなざしを象徴するものはない。そこには、もうかれらの脅威は存在しない。「見世物」として、「狩られる」つまり「撮られる」時代が到来したことを意味しているからである。しかもそれは白人が作り出した「インディアン」像という二重の過程を通してである。そして、「見世物」として消費されることこそ、新しいアメリカ文化の到来を象徴しているのである。本の中で語られた個々の像の歴史やエピソードは像の価値を評価する基準になったし、面白おかしく語られた売買の交渉や修理の様子はまさしくハウツーものとして読まれたのだった。この皮肉な転換を生み出したのがサンボーンの人生そのものだったのである。サンボーンが残した回想録、手紙、弟であるエドウィン・W・サンボーンが残した短い伝記から足跡をたどってみよう。(8)

I．文学少女

ケイト・サンボーンは一八三九年にニューハンプシャー州ハノーヴァーで生まれ、一九一七年に亡くなっている。父親のエドウィン・ディヴィッド・サンボーンはダートマス大学の教授であった。農村出身のいわゆるセルフ・メイドマンで、ニューイングランドの伝統を誇りにしていたといわれる。プリマス、マサチューセッツと続いた清教徒たちの入植の伝統である。ダートマス大学はその校章に羽飾りをつけた先住民が本を手に大学に集う図柄を持つ。先住民布教を目的に創立された、アメリカ最古の大学の一つである。一方、母親の祖父の名はエベネザー・ウェブスターという。彼はワシントンの右腕としてフレンチ・アンド・インディアン戦争を戦った。このフレンチ・アンド・インディアン戦争はヨーロッパで戦われた七年戦争の植民地版で、その戦後処理のまずさがのちの独立戦争への引き金の一つとなった戦争である。エベネザーはダニエル・ウェブスターの父親である。つまり、ケイト・サンボーンにとって、政治家であり、雄弁で名をはせたダニエル・ウェブスターは大叔父にあたる。ダニエル・ウェブスターが活躍したのは、西部に拡大する地域の利害対立が明白になった時代だった。ことに奴隷制度をめぐって南北の対立が連邦議会で一触即発の折、地域の利害を超えて、連邦政府の側に立って活躍したのがダニエル・ウェブスターであった。ウェブスターの演説のなかでも、関税をめぐって連邦脱退を主張した南部代表ジョン・C・カルフーンとのやり取りはその連邦擁護でことに有名なものである。サンボーンの死後、短い伝記を書いた弟は、サンボーン家の誇り高きニューイングランドの影響を非常に強調している。[9] しかし、果たして、「インディアン」への関心をはじめその後のサンボーンの足跡は、生まれ育ったニューイングランドの伝統だけで語れるものだろうか。ダニエル・ウェブスターの「連邦擁護」の血筋はどのような形で受け継がれ、変化していったのだろうか。

「私は父の書斎で生まれた」と書いた彼女は実際、父親の書斎で直接父親から教育を受けて育った。姉と病弱な弟がいるが、サンボーンが早くに家を離れたせいもあって、膨大な量の書簡が父親との間に残っている。[10] 驚くほど教育熱心な父親がそこにいる。サンボーンが幼いころ、父親の書斎には多くの友人が訪ねてきた。フランクリン・ピアス、ソロモン・P・チェイス、ウェンデル・フィリップス、ウォルト・ホイットマン、ホーレス・グリーリーといった錚々たる面々だった。ピアスはのちの大統領、チェイスはのちの連邦最高裁判所長官である。フィリップスは奴隷解放運動を率いた中心人物の一人である。書斎で迎える、早熟だったケイトに「今日は、『アトランティック・マンスリー』からの暗唱はごめんこうむりたいね」[11] とチェイスからからかわれた話を後日、サンボーンは残している。いかに退屈な女の子で、皆に持て余されていたか、そう言われるまでわからなかった、と苦笑している。父親の頻繁な訪問者であった『ニューヨーク・トリビューン』の編集長グリーリーの若者へのアドヴァイスは、アメリカの歴史を語る上でもっとも有名なもののひとつだ。「若者よ、荒野をめざせ！」である。しかし当時、うら若き女性たちにはそうした国家的アドヴァイスは存在しなかった。早熟だったサンボーンは父親の期待に応え、弱冠一七歳でティルデン・セミナリーで教える教師となった。教職はのちに母親となる女性に相応しいと、唯一、女性に開かれていた職業だったからである。

当時のサンボーンの記録は乏しい。残念ながら、南北戦争をめぐる親子の書簡は残っていない。一八六四年に亡くなった母親の看病に費やされた日々であったと推測するしかない。失意から立ち直って、一八六八年、最初に出版された本はのちのサンボーンの特徴をすでに備えている。『英国詩人の身近な肖像』と題され、チョーサーからバーンズまでを家庭や学校での入門書として解説したものである。この本に関しては、家庭教育で育った人たちに特徴的な会話体で堅苦しくないスタイルを備えていることがまず挙げられるだろう。[12] また、アメリカ作家からの引用が多いこともその特徴である。それらを読むうち、アメリカ作家についてのほうがくわしくなるような紹介の仕方だった。たとえばシェークスピアを読解するのにエマソンやアービングの引用が多いことなど、その顕著な例である。また、詩人たちの肖像画、暮らした家の銅版画などを挿入し、想像力を掻き立てるヴィジュアルな工夫がなされていて、これも後年のサンボーンのサービス精神を窺わせるものである。

この本の評判がよかったこともあって、ブルックリンのパッカー・インスティチュートから招かれ、ニューヨークに移り住んだ。ここでも講義や雑誌への書評が買われ、さらに請われて、マサチユーセッツのスミス大学で英文学を教える職につくことができたのだった。一八八二年のことである。「ここでの仕事は面白く、できることなら、ずっと続けたいと思います。一五〇ドルももらって、本が買えるのですもの[13]」と、職を得た喜びを書き送っている。

残された講義ノートは彼女の努力を如実に表すもので、ひと講義ごとに一つのヴィジュアルな解説となっている。同心円の真ん中に作家の名、周りに作品の特徴をまとめ、さらに同時代の人々の評価がぐるりと取り囲んでいる。余白には当時の歴史的背景、よりよく理解するための読書リスト、リサーチのテーマ例が並んでいる[14]（図3）。非常に便利で独創的な講義ノートといっていいだろう。それを証明するように、学生のコメントが残っている。「スミス大のどの講義より先生の講義は私たちの想像をふくらませてくれました。それまでのニューイングランドの凝り固まった伝統を吹き飛ばしてくれました[15]」というものだ。学生たちにも慕われて、学生用の詩集を編んだり、周辺の自然をテーマにして詩集を編んだりと地域社会にも溶け込もうと大変な努力を払った[16]。しかし、こうした努力にもかかわらず、サンボーンは免職になった。わずか二年足らずのちのことである。

「シーリー大学長が私を首にした本当の理由をそっと知りたいのだけれど。私に伝える前に大学長がいつごろから、エリス先生に話していたのか、わかるかしら。何か聞いている？　私が学生さんにいい影響を与えたことは確かだと思うの。手紙を頂戴、どんな小さなゴシップでもすべて聞かせて[17]」と、当惑した様子が学生の一人に宛てた手紙に垣間見られる。残念ながら、たとえ返信があったとしても、それが残っていないので、免職の原因は憶測するしかない。

まずはサンボーンの授業ノートに代表されるように、伝統的な講義と思われるような授業をして

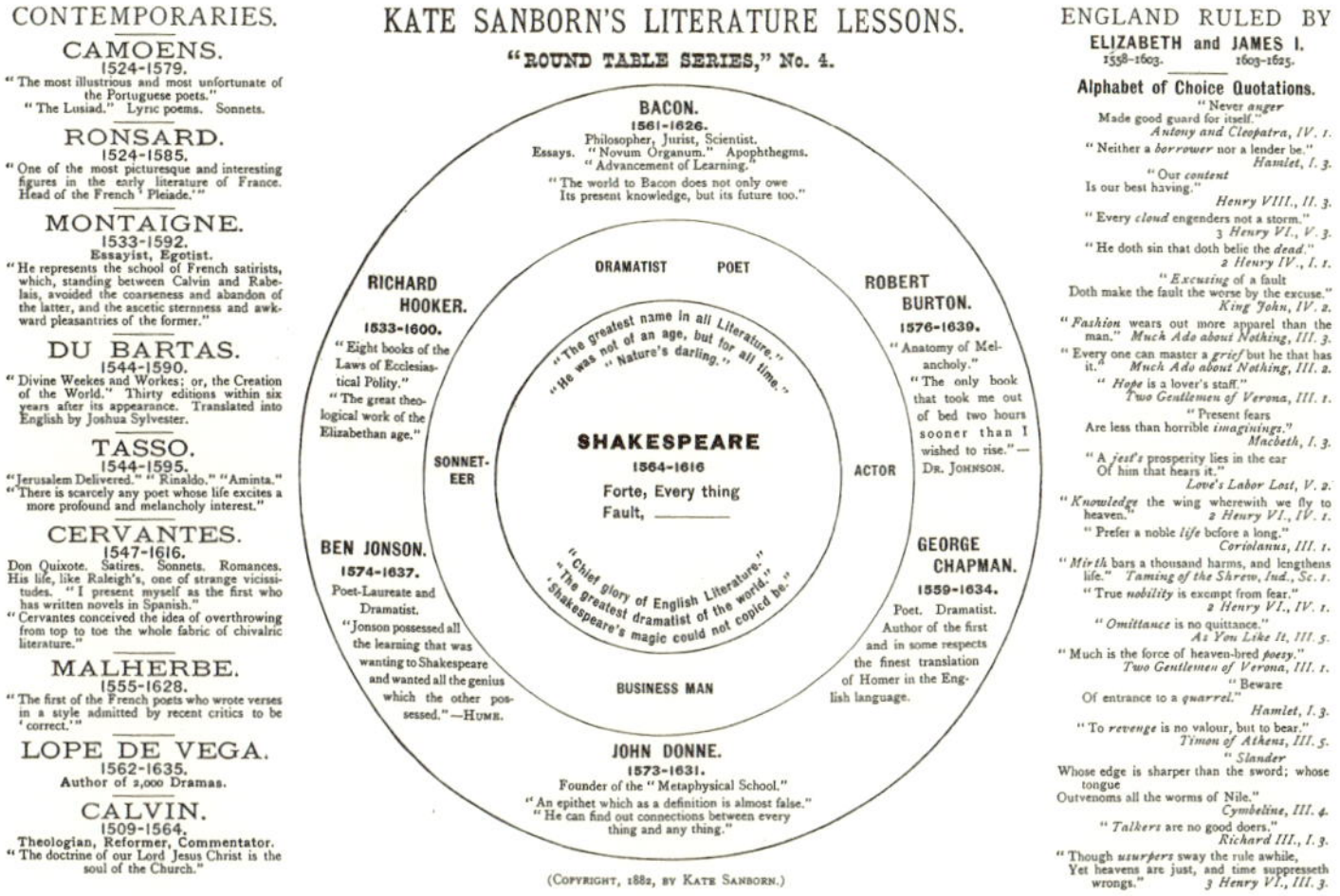
CONTEMPORARIES.
CAMOENS.
1524-1579.
"The most illustrious and most unfortunate of the Portuguese poets."
"The Lusiad." Lyric poems. Sonnets.
RONSARD.
1524-1585.
"One of the most picturesque and interesting figures in the early literature of France. Head of the French 'Pleiade.'"
MONTAIGNE.
1533-1592.
Essayist, Egotist.
"He represents the school of French satirists, which, standing between Calvin and Rabelais, avoided the coarseness and abandon of the latter, and the ascetic sternness and awkward pleasantries of the former."
DU BARTAS.
1544-1590.
"Divine Weekes and Workes; or, the Creation of the World." Thirty editions within six years after its appearance. Translated into English by Joshua Sylvester.
TASSO.
1544-1595.
"Jerusalem Delivered." "Rinaldo." "Aminta."
"There is scarcely any poet whose life excites a more profound and melancholy interest."
CERVANTES.
1547-1616.
Don Quixote. Satires. Sonnets. Romances. His life, like Raleigh's, one of strange vicissitudes. "I present myself as the first who has written novels in Spanish."
"Cervantes conceived the idea of overthrowing from top to toe the whole fabric of chivalric literature."
MALHERBE.
1555-1628.
"The first of the French poets who wrote verses in a style admitted by recent critics to be 'correct.'"
LOPE DE VEGA.
1562-1635.
Author of 2,000 Dramas.
CALVIN.
1509-1564.
Theologian, Reformer, Commentator.
"The doctrine of our Lord Jesus Christ is the soul of the Church."
KATE SANBORN'S LITERATURE LESSONS.
"ROUND TABLE SERIES," No. 4.
BACON.
1561-1626.
Philosopher, Jurist, Scientist.
Essays. "Novum Organum." Apophthegms.
"Advancement of Learning."
"The world to Bacon does not only owe Its present knowledge, but its future too."
RICHARD HOOKER.
1533-1600.
"Eight books of the Laws of Ecclesiastical Polity."
"The great theological work of the Elizabethan age."
DRAMATIST
POET
ROBERT BURTON.
1576-1639.
"Anatomy of Melancholy."
"The only book that took me out of bed two hours sooner than I wished to rise."—Dr. Johnson.
"The greatest name in all Literature."
"He was not of an age, but for all time."
"Nature's darling."
SONNETEER
SHAKESPEARE
1564-1616
Forte, Every thing
Fault, ________
ACTOR
"Chief glory of English Literature."
"The greatest dramatist of the world."
'Shakespeare's magic could not copied be.'
BEN JONSON.
1574-1637.
Poet-Laureate and Dramatist.
"Jonson possessed all the learning that was wanting to Shakespeare and wanted all the genius which the other possessed."—Hume.
GEORGE CHAPMAN.
1559-1634.
Poet. Dramatist. Author of the first and in some respects the finest translation of Homer in the English language.
BUSINESS MAN
JOHN DONNE.
1573-1631.
Founder of the "Metaphysical School."
"An epithet which as a definition is almost false."
"He can find out connections between every thing and any thing."
(Copyright, 1882, by Kate Sanborn.)
ENGLAND RULED BY
ELIZABETH and JAMES I.
1558-1603. 1603-1625.
Alphabet of Choice Quotations.
"Never anger Made good guard for itself." Antony and Cleopatra, IV. 1.
"Neither a borrower nor a lender be." Hamlet, I. 3.
"Our content Is our best having." Henry VIII., II. 3.
"Every cloud engenders not a storm." 3 Henry VI., V. 3.
"He doth sin that doth belie the dead." 2 Henry IV., I. 1.
"Excusing of a fault Doth make the fault the worse by the excuse." King John, IV. 2.
"Fashion wears out more apparel than the man." Much Ado about Nothing, III. 3.
"Every one can master a grief but he that has it." Much Ado about Nothing, III. 2.
"Hope is a lover's staff." Two Gentlemen of Verona, III. 1.
"Present fears Are less than horrible imaginings." Macbeth, I. 3.
"A jest's prosperity lies in the ear Of him that hears it." Love's Labor Lost, V. 2.
"Knowledge the wing wherewith we fly to heaven." 2 Henry VI., IV. 1.
"Prefer a noble life before a long." Coriolanus, III. 1.
"Mirth bars a thousand harms, and lengthens life." Taming of the Shrew, Ind., Sc. 1.
"True nobility is exempt from fear." 2 Henry VI., IV. 1.
"Omittance is no quittance." As You Like It, III. 5.
"Much is the force of heaven-bred poesy." Two Gentlemen of Verona, III. 1.
"Beware Of entrance to a quarrel." Hamlet, I. 3.
"To revenge is no valour, but to bear." Timon of Athens, III. 5.
"Slander Whose edge is sharper than the sword; whose tongue Outvenoms all the worms of Nile." Cymbeline, III. 4.
"Talkers are no good doers." Richard III., I. 3.
"Though usurpers sway the rule awhile, Yet heavens are just, and time suppresseth wrongs." 3 Henry VI., III. 3.

図3　サンボーンの講義ノート

いなかったことが挙げられる。より社会的な背景を学んだ上での作家理解を目指していたのだろう。のちに創成期の心理学を素人ながら応用し、作家の狂気と天才に関する本を残していることを思うと、[18]伝統的な授業を好んだ教授陣から疎まれたものと思われる。しかも彼女はアメリカ作家へ興味の重心が傾いていたことも先に述べたとおりである。そもそも、英国文学でさえ、正当な評価を受けていない時代だったのだ。

その例がサンボーンの父親である。彼の最初の仕事は一八三五年、ダートマス大学における、ギリシャ・ラテン文学の助教授であった。つぎに、一八六八年、ラテン文学の教授に昇格し、一八八〇年には、アングロ・サクソン、英国文学・言語学の教授となり、それで教員生活を終えた。[19]当時、アメリカの大学のカリキュラムに英国文学があるのも珍しく、父親が最終的に射止めた英文学を教える職を自分も得ることになることはどんなにか誇らしく、うれしかったことであろう。父親に認められたい、学者として有名になりたいという思いを何度もサンボーンは口にしているからである。

しかし一九世紀後半はアメリカ現代言語協会の設立(一八八三年)に象徴されるように急激に専門職化が進んだ時期であった。古典を重んじるイェール大学がそうした流れに抵抗したのは知られているところだ。しかし、専門職で鍛えられた若い人々と競って職を確保するのは、独学のサンボーンにとって難しかったものと思われる。

また、彼女の学生への影響力も無視してはならない原因の一つだったろう。創立直後のスミス大学の学長にとって、大学の受ける評判は存続にかかわる重要なものだったからである。参政権の温床と見られることを極力さけねばならなかった。たとえば、「スミス大学の学長は学生の過度の政治への興味は女性らしさを損なうものである、と発言した」[20]というような記事を見ると、どのような環境であったかが窺い知れるだろう。さらに、一八七九年のアボット・アカデミーでの学長の発言はこうだ。「社会が女性に求めているのは、女性の精神と生活における道徳力の向上とその推進力であります。女性にはたとえば思いやりの心というものが男性よりはるかに大きく自然に育っているのであります」[21]こうした当時の女性観を反映した考え方の前に、学生の発言を重視して、皆の前で発表する練習を繰り返していたサンボーンは、好ましくない教師に映ったことだろう。のちにサンボーンは次のように言っている。「昔のことですが、学生のまえで講義をすることがありました。学長が化石のような人物で、先生方に、女性としてふさわしくない講義には学生を行かせないようにと言っていたそうです。でも皆、来たのですよ。満席でうれしかったですね。次の週にその学長の講義があったときにはたった三〇人ほどしかいかなかったと聞いて、いい気味だなんて思ってしまいました」[22]解雇されるとは夢にも思わなかったろう。当時の自信を窺わせるエピソードである。

スミス大学を去ったあと、あれほどまでに望んでいたにもかかわらず、あれほどまでに父親の期待に応えたいと願ったにもかかわらず[23]、サンボーンは二度と大学の教壇に戻ることはなかった。

Ⅱ．巡回講師からユーモア作家へ

大学を去ってサンボーンはその本領を発揮することになる。当時、家庭教育を受けた子女のたしなみのひとつに朗読法があった。詩の暗唱や朗読はことに家族や友人の集まりで披露するのに好まれ、厳しく躾けられたという。しかし、それは決して家庭の外で、公に披露するために躾けられたのではなかった。サンボーンはそれを公の場の職業にした。巡回講師になったのである。しかもそれを「芸術」にまで高めたと評価を受けた[24]。

大学でなければ、どこで講義をしたのだろうか。背景には、一九世紀を通じてアメリカ中に広がっていたクラブ運動がある。教会とは異なり、より自由に、女性たちの主導権で運営されていたのがクラブだった。女性たちに教育と社交の機会を作り出していたのである。女性がその中心であったことから、その役割が軽視されがちだが、サンボーンは地方で隠れて活況を呈していたそうしたクラブに呼ばれた。のちには、自らも、ニューハンプシャーのクラブの創設にかかわっていることから、よほどその活動に惹かれたのだろう。白人女性たちの識字率の高さとそのプライドが彼らのネットワークを支えたといわれる。大学への入学も許されなかった女性たちにとって唯一といっていいほど、知識欲の乾きを潤すかけがえのない場所だったのである。(25) サンボーンはそうした聴衆の期待に十分応えたことだろう。サンボーンの話には、長年の読書と英才教育に支えられた知識の披露と作家や思想家たちの隠れたエピソードがちりばめられているからである。

それらの講義録はのちに『女性たちの機知』(26)（一八八五）や、『わたしの一番人気の講義録』(27)（一八九八）としてまとめられた。なかでももっとも好まれたトピックが「英国の未婚女性作家たち」だった。クラブでの活動がそうであったように、当時の女性たちの生活空間が男性とは異なっていたことを象徴するようなタイトルである。サンボーン自身もそうであったが、集う女性の多くが未婚であったことを想定してつけられたタイトルである。(28)

「英国の未婚女性作家たち」の中でもっともページを割いているのが、ハリエット・マティノーについてである。それがもっともクラブに集う女性たちへの影響を図る上で重要なものであり、サンボーンの果たした役割を物語るものだ。マティノーは一八三四年にアメリカに渡り、帰国後渡米記を書いた。彼女をとりあげながら、サンボーンは英国の習慣とアメリカの習慣の違いを語り、歴史を振り返って大西洋を跨いだ双方を見る目を養うこと、世界の広がりのなかでアメリカを捉えることを伝えようとしている。伝統から外れた生き方をしている女性たちにも多く言及している。「作家」というと、作品紹介を期待して講演に来たものも多かったろう。しかし、実際、サンボーンから聞かされるのは、女性たちが天文学者、雑誌の編著者、科学者となるにあたっていかに困難を乗り越えて道を開いていったかという話であった。そして、講演を次のように結んでいる。「世界はより女性に開かれ、寛容になっているのです。女性たちはやる気さえ起こせば、かつては閉ざされていた道が開かれ、秀でて、世の役に立つことが可能になっているのです[29]」

『女性たちの機知』もタイトルは女性目当てのものである。英国作家のエピソードを紹介しながら、彼女の得意とするアメリカ作家へと移っていく。アン・ブラッドストリートに始まり、『アンクル・トムの小屋』で知られるストウ夫人におよんでいる。それは、ホーレス・グリーリーとのつぎのような会話を紹介したものだ。「『おうかがいするが、参政権を手にいれたら、戦争時はどうそれを活用なさるおつもりか』とグリーリー氏がストウ夫人にお尋ねになったそうですよ。ご夫人のお答えはこうです。『殿方がなさったのとおなじですわ。家に残って、ほかの人々に戦争に行ってこい、と申し上げますわね[30]』」

こうした皮肉を交えたエピソードもさることながら、後半の講義録でおどろかされるのは、サンボーンが西部を題材にした話に言及していくことだろう。たとえば「インディアン・エージェント[31]」と題された、ルイザ・ホールの作品の引用は、広いアメリカの片隅で何が起こっているのか、皮肉をこめて紹介したものである。幼いころ、あれほど厳しく手ほどきをうけた英国文学の世界から、アメリカ西部の笑い話へとサンボーンは焦点を移していくのである。西部だけではない、南部からボストンに上京して作家活動を展開したシャーウッド・ボナーら南部作家の作品も取り入れていくのである。

この南部出身の、名も知られていないユーモア作家の引用と、そこで話題になる黒人奴隷や先住民の日常生活への言及こそがここでは重要である。新しい世界観・アメリカ観を形づくる上でサンボーンが西部や南部地域の伝統を取り込もうとしていたからである。

「女性の機知は男性より繊細なものです」[32]といった表現に着目すると、サンボーンが限られた女性空間の中で育ったユーモア作家と見なされ、なるほどそうした研究がサンボーン研究の唯一のものだ[33]。しかし、サンボーンでもっとも重要なのは、アメリカの地方のユーモアに、そしてエスニックな内容を含んだものにこそ、見るべきものがあると見極めた事実にあるのである。そして、それを巡回講演で広めていったことである。

「インディアン・エージェント」の話は地方の教会で始まる。「笑う犬」国から連れてこられた先住民の青年が教会の会衆の前で演説し、いかに宣教の成果が挙がっているかを証明するというものである。彼の父親「唸る熊」は、すでに重婚が法にかなってないことを諭され、最初のもっとも年老いた妻と離婚し、「文明化」を証明してみせた人物として描かれている。

会衆の前に連れ出された息子は語る。「オー、フー、ブリー、ガッチー、グアミー、マウ、チュー、キビー、ショウェイン、ネメシン」長々とこれが続いた後で、通訳の伝道師が翻訳を始めるのである。「援助をありがたくおもうものであります。すこしでもみなさまの税金の負担にならぬように勤めておるものであります」そして、最後に伝道師自らが、次のように語るところで終わっている。「年々減少する犯罪率は、いままで私どもの伝道に疑い深かった人々の気持ちさえ変えようとしています。この「笑う犬」国での殺人者数は昨年、一二五人。今年はなんと一二三人なのであります」そして、主旨に賛同するものは忘れずに献金をするように、と付け加えるのである[34]。クラブで聞き入っていた聴衆は笑いながらも、考えるだろう。宣教の実態、その成果とはどのようなものなのかと。

一方シャーウッド・ボナーの作品の引用もサンボーンの姿勢を表すものだ。実はボナーがボストンに移り住んだきっかけは彼女の作品を高く評価したヘンリー・ワーズワース・ロングフェローの影響が大きい。しかし、ボナーはボストンの女性知識人たちになじめなかった。道徳観を振りかざし、階層化している女性たちに失望し、かれらの偏狭な宗教観を揶揄する詩を書いた。「ラディカル・クラブ」と皮肉って題された詩は、さすがに名指しではなかったが、読めば誰が非難されているのか明らかだったという。当然、ボナーは狭い文化的な社会で鼻つまみ者となった。しかし、ボナーのその詩をサンボーンは『女性たちの機知』で引用、時代に必要な機知として皮肉を言いながらも礼賛したのである。(35) それは一人の南部女性が故郷に子供を残してまで、北部で新しい生き方を探し出そうと奮闘することへのサンボーンの応援歌であった。さらにボナーの作品、「アニキーおばさんの入れ歯」(36)を紹介しているのである。自ら、奴隷の乳母に育てられたボナーは当時の奴隷文化、その言語・習慣を書き記した作家として見直されていい。それらが奴隷を滑稽に描いているからといって、評価の対象から外してはならない。ニューイングランド地方の文化を担ってきた、サンボーンのような指導的立場のある者からの、作品への高い評価の意味は大きい。

「アニキーおばさんの入れ歯」に登場するアニキーは家族の世話を献身的にしたことから、一番のぞむものを主人からもらえることになった。入れ歯である。新しい入れ歯に人生が変わったように思えたアニキーだったが、同じ奴隷仲間のネッドを看病するうちに眠りこけてしまう。苦しんでいたネッドは枕元にあったコップの水と氷で息を吹き返すのだが、ぼりぼりと噛み砕いた氷はなんとアニキーの入れ歯であった。ろくに看病をしなかった、いや入れ歯を返せと争う二人の調停に入った主人は二人に、仲直りにと結婚を約束させる。看病の代金として支払われるべき豚をネッドが譲らなかったための苦肉の策であった。そしてアニキーには結婚祝いにともう一度新しい入れ歯を約束することで納得させたのであった。しかし日ごろのアニキーの言動に我慢がならない、しかも豚を手放したくないネッドは、どうせ結婚するならもっと若い女がいいとやむにやまれぬ気持ちを奴隷主の子供に打ち明け、夜逃げの手助けを請うのである。ネッドがいなくなった朝、結婚不履行でも入れ歯がもらえるとわかって一安心するアニキーでこの話は終わっている(37)。入れ歯をめぐって笑いをさそい、そのなかに主従関係、奴隷の結婚観、生活状況を見ることができる作品だが、ここで大切なのは、南部文化の遺産として、こうした話をすぐれた女性の作品として受け継ごう、アメリカの遺産として取り込もうとしたサンボーンの姿勢なのである。

人気講師の地位を不動のものにしたサンボーンは、ニューハンプシャーの田舎に農場を買って落ち着くことを考えた。一八八八年のことである。この放棄された農場をよみがえらせることが彼女に新たな活路を開いた。解説でも紹介でも書評でもなく、自分自身で作家として世に出ることになったからである。自分自身を「農婦、養鶏女、文学卒業者(38)」と呼び、「もっとも幸せな時間は畑仕事をしているときだと気がついたのです。参政権の唱導もいまや過去のこと、頭の先からつま先まで農婦である幸せ！(39)」と宣言するにいたった。

『見放された農場を手に入れて(40)』（一八九一）はどのように農場を立て直していったか、『手に入れた農場を手放して』[41]（一八九四）は年老いて経営が難しくなったことから、手放すにあたっての農場の思い出を書いたものである。もっとも注目すべきはこの二冊を通して、サンボーンが自分自身を笑いものにするという手法を手に入れた作家に変身していることなのである。なるほど、西部のほら話の伝統を取り入れたと思える馬や豚をめぐる滑稽な話、連れ合いのメスが死んで後追い自殺するオス孔雀の話などとんでもない想像を搔き立てる話、農場フェアのてんやわんやなど、笑い話に溢れている。せっかく修理を施し、自慢の種となった農家の建物も、なんと安物の宿屋に間違われて、見ず知らずの人が一夜の宿にと訪ねて来る始末なのである。しかし、注目すべきは、経験ある農夫たちに素人のサンボーンが渡り合っていく滑稽さや小気味よさ、知識や学問が役に立たない、日々の体験こそ支えというなかで、この年老いた農婦のたくましさに思わず引き込まれていく書き方だろう。成功を語ることがその自分史の中心である、男性のものとはまったく異なる。失敗談こそが、翻ってこの作品の強みなのである。それは、はじめて自分の力でものを書くことを手に入れた瞬間であった。父親の後を追って、英国文学の教師となることを夢見た少女が、夢破れ、孤軍奮闘する白人農婦を主人公に書き上げた作品であった。

彼女の孤軍奮闘を読むうちに、読者は時代が変わっていることを知らされていく。アメリカの伝統の核であった農業のノウハウはすでに失われ、共通の体験ではなくなっていることをいやというほど体験することになる。しかし同時にこの、老いて、太って、未経験で、しかも、頭でっかちで、時代遅れの女性が、勇気あることに「一人」で切り盛りしようとする姿をそこにみるのである。過去へのノスタルジアと、まだ間に合う、彼女の本を手にすればまだ学べる農場生活のノウハウの双方がそこには同居している。ちりばめられた有益な情報。それはセルフ・ヘルプと自己実現の書なのである。しかし、消えゆく農村への不安を笑いの材料にしたところこそ、ここでは重要なのである。その農場には前述したように、偽のティーピーと偽の「インディアン」像が必要であった。ノスタルジアと現実的な情報の同居こそが移りゆく時代に必要とされていたのである。過去の知識にとらわれない、新しいものに挑戦してゆく、白人女性の姿がそこにはある。農場で働く女性たちがいかに重労働に苦しみ、恵まれていないかという記述に出会うが、社会活動として発展させてはいない。(42) 疲れたらやめられる、そうした選択が可能な豊かな生活が彼女にはあるからである。そしてなにより読者が望んでいたのは、農業政策をめぐる、あるいは農業労働の過酷さを概念化する一般論ではなく、ましてや大掛かりな改革運動でもなく、目の前の一つ一つの具体例に関するアドヴァイスだったのだ。この心情をよみとったのがサンボーンだった。

過去の知識にとらわれない、新しいものに日々挑戦してゆく白人女性の姿こそ、サンボーンが描きたかった自画像だった。もちろん、ここで指摘しなければならないのは、「孤軍奮闘」のイメージは作られたものであることだ。農場には日系アメリカ人の手伝いが雇われていたし（写真10）、彼女の馬車の御者はアイルランドからの移民であった。そんな事実を知る由もなく、消えゆく農村を笑いながら、人々は見送ることができた。偽ティーピーと偽「インディアン」像もいまや安心して懐かしむものになっていたのだった。

写真10　日系人の使用人とサンボーン
(Courtesy of Dartmouth College Library)

Ⅲ．日めくりカレンダーへの思い

教壇を去ってから、サンボーンが手がけた他の仕事を振り返ってみよう。たとえば、女性たちの集まるクラブでもてはやされた彼女の博学は次々と出版された日めくりカレンダー金言集にあますことなく発揮されている。(43) 哲学者、文学者、そしてなによりアメリカ作家からの引用の多さが目立つ金言集は、毎日、日めくりで読まれることを考えるとどれだけ多くの人々に波及し、影響を与えたことだろう。サンボーンらしい項目で満載である。たとえば金曜日の記述。だれもが嫌がるこのキリストの磔刑日を彼女は輝かしいアメリカの戦歴でうめた。

金曜日、この忌み嫌われる曜日もアメ

リカの歴史では輝かしい曜日

コロンブスが船出したのが金曜日。

新大陸を発見したのも金曜日。

ヘンリー三世〔実際はヘンリー七世〕がジョン・キャボットに北アメリカ探検を認可したのも金曜日。

セント・オーガスティン、最古の町が生まれたのも金曜日。

ピルグリムを乗せたメイフラワー号がプリマスに到着した金曜日。

憲法のさきがけ、メイフラワー契約が調印された金曜日。

ジョージ・ワシントンが生まれた金曜日。

バンカー・ヒルを包囲した金曜日。

サラトガが落ちた金曜日。

ヨークタウンで英軍が降伏した金曜日。そして大陸会議が植民地は自由で独立の権利を追求すべきと決議した金曜日。

アメリカはもう金曜日を恐れることはありません。[44]

これでは、歴史協会に行かずとも、いながらにして、アメリカの歴史が学べるではないか。このアメリカの戦歴を誇る自信にみちた宣言はどうだろう。恐れを知らぬ、世界へ船出するアメリカが出来上がっているではないか。

しかもこうしたカレンダーはまずスミス大学に勤務していたころ、学生向けにつくられたものを、一般大衆へと広げたものである。つまり、世代別読者に対応する戦略が背景にある。『サンシャイン・カレンダー』は若向き、『インディアン・サマーカレンダー』は中年向き。インディアン・サマーとは、秋に思い出したように真夏日が戻ってくる現象をさす。中年の思秋期に元気をという思いがそこにはあるのだろう。サンボーン自身が年老いてから編んだカレンダーは、『スターライト・カレンダー（星明りカレンダー）』と名づけられている。老年になる準備を年老いていく作家たちの名言に学んだもので、現代にも通用するのではないかと思われる。これらは一八七九年から一九二一年におよんで出版され、死後も再版が続いた。もともとはみな、一枚一枚、日めくりで切り取って、その日の金言を読むようになっていた。農業体験が忘れ去られないようにと奮闘したように、新しいアメリカに見合う金言を選び出して、彼女は家庭に届けていた。

一方、「インディアン」像で見られた収集癖は壁紙集めに生かされた。『伝統壁紙集：わたしたちの父祖の家々を飾った壁紙――その作り方、飾り方の歴史』(45)である。これも歴史協会の展示になりそうな壁紙資料集である。サンボーン家の居間には、イタリア製のナポリの風景画の美しい壁紙が貼られていた。これは、いまでもダートマス大学のサンボーン英文学記念館となった自宅に保存されている。彼女は、この壁紙の家で生まれたので、激昂する性格になったと言う。もちろん、壁紙の中心にあるのは、煙をあげるベスビオス火山の絵である。この自宅の壁紙の影響があったのだろう、一九〇五年に出版された『伝統壁紙集』に収められているのは、壊される前の家々を回ってかろうじて手に入れた型紙ばかりだという。絵のモチーフの多くは植民地時代の歴史を語るものである。どれも愛国的なものだ。巻末に、壁紙見本が色刷りで付録になっていたこと、加えて、歴史的背景や個々の壁紙にまつわるエピソードのおかげで、「インディアン」像のときそうであったように、コレクターにとって手放せない一冊になった。今日に至るまで、壁紙のコレクターにとって入門書といわれている。失われてゆく過去へのノスタルジアがここでも見事に、消費文明到来のニーズに応える役割を担っている。

加えて、彼女の旅行案内『本音で語る南カリフォルニア』[46]である。一九世紀後半に多く出回った南部旅行の案内は、南北戦争で敗れた南部を取り込む役割を果たしていたといわれる。サンボーンは西部でそれをしようとした。サンボーンは後年、療養のためカリフォルニアに出かけた。ここでも、貧しく落ちぶれていく先住民に遭遇した体験を語った。布教活動の拠点となったミッションの落ちぶれた歴史にも言及している[47]。しかしより多くのページを割いたのは、そしてなにより読者が求めたていたのは、どこに泊まるか、なにを着ていくか、どこを訪ねるかという情報であった。ここでもサンボーンの著作はカリフォルニアの歴史と文化を取り込んで、アメリカ全土を視野にいれる旅行案内という実用書へとみごとに生まれ変わっている。

おわりに

ケイト・サンボーンの巡回講師としての人生は、まさに一九世紀の変化そのものを伝えているように思われる。消えゆくアメリカから、新しいアメリカへの活力を探し出すことであったといえるのだ。自分をも笑い飛ばす対象にすることで、人々の不安に応え、ユーモア作家としての特異な地位を築いた。しかし、皮肉なことにその成果は、ハウツーものや、「インディアン」像や壁紙の本がそうであったように、金儲けのための指南書として流布されたのである。

最後にジェシー・ターボックス・ビールズが撮った彼女の農場での写真を紹介しよう。ロングドレスに鳥打帽を被ったこの姿と、スミス大学の就職用に撮った写真とを比べてみよう（写真11、12）。伝統的な学問による成功を拒まれた末に彼女が自らあみだした生き方は、アメリカそのものの混乱期を象徴した末に行き着いた姿だったといえそうだ。彼女が必死で紡ごうとしたアメリカの全体像は見事に消費文明への指南書へと移り変わっていったのである。

写真11　サンボーン肖像1882年
(Sophia Smith Collection, Smith College, Photographer unknown)

写真12　サンボーンと並んだ犬 (Courtesy of Dartmouth College Library)

註

（1）Kate Sanborn, *Hunting Indians in a Taxi-Cab*, Boston: The Gorham Press, 1911.
（2）Ibid. P.49.
（3）Allan Trachtenberg, *Shades of Hiawatha: Staging Indians, Making Americans*, 1880-1930, New York: Hill and Wang, 2004.
（4）Michael Kammen, *Mystic Chords of Memory: Transformation of Tradition in American Culture*, New York: Alfred A. Knopf, Inc., 1992.
（5）Robert W. Rydell, *All the World's a Fair: Visions of Empire at American International Expositions, 1876-1916*, Chicago and London: University of Chicago Press, 1984, Robert Meccigrosso, *Celebrating the New World: Chicago's Columbian Exposition of 1893*, Chicago: Ivan R. Dee, 1993, Robert W. Rydell ed., *The Reason Why the Colored American is not in the World's Columbian Exposition*, Urbana and Chicago: University of Illinois Press, 1999.
（6）Trachtenberg, *Shades of Hiawatha*, H・W・ロングフェロー著、三宅一郎訳『ハイアワサの歌』、東京：作品社、一九九三。
（7）John Higham, *Send These to Me: Immigrants in Urban America*, Baltimore: The Johns Hopkins University Press, 1984.（ジョン・ハイアム著、斉藤眞、阿部斎、古矢旬訳『自由の女神のもとへ——移民とエスニシティ』、東京：平凡社、一九九四）
（8）サンボーンの全体像を知る上で重要な資料は Kate Sanborn Papers（1839-1917, bulk date 1878-1996), Smith College Archives, Northampton, Mass. さらに Kate Sanborn Papers（1910-1941）および Sanborn Family Correspondence（1773-1883), Rauner Special Collection Library, Dartmouth College, Hanover, New Hampshire. 弟がのこした短い伝記は Edwin W. Sanborn, *Kate Sanborn July11, 1839–July 9, 1917*, Boston: McGrath-Sherill Press, 1918.

(9) Edwin W. Sanborn, *Kate Sanborn*, pp.40-41.
(10) Kate Sanborn Papers, Rouner Special Collection 所収。
(11) Kate Sanborn, *Memories and Anecdotes with Sixteen Illustrations*, New York: G. P. Putnam's Sons, 1915, p.4.
(12) Kate Sanborn, *Home Pictures of English Poets for Fireside and School-Room* (*1869*), New York: D. Appleton and Co., 1894.
(13) Kate Sanborn to Nina E. Browne, class of 1882, Feb. 13, 1883, Kate Sanborn Papers, Series II, Correspondence, Box #1004, Smith College Archives.
(14) Kate Sanborn, *Kate Sanborn's Literature Lessons: Round Table Series*, Boston: James R. Osgood & Co. c.1882.　のちに作家ごとに分冊のかたちで販売された。
(15) Quoted in Edwin W. Sanborn, *Kate Sanborn*, p.53.
(16) Kate Sanborn, *Purple and Gold: Arranged by Kate Sanborn & Illustrated by Rosina Emmet*, Boston: J. R. Osgood and Company, 1882, *Granma's Garden with Many Original Poems Suggested and Arranged by Kate Sanborn*, Boston: James R. Osgood and Company, 1883.
(17) Kate Sanborn to Nina E. Browne, class of 1882, n.d., 1883? Kate Sanborn Papers, Series II. Correspondence, Box # 1004, Smith College Archives.
(18) Kate Sanborn, *Vanity and Insanity of Genius*, New York: George J. Coombes, 1885.
(19) William C. Spengemann, "The Study of American Literature, A View from the Hill," *Dartmouth Library Bulletin*, Nov. 1996. (A talk presented to the Friends of the Library on May 1996), Kate Sanborn Papers, Rauner Special Collection Library.
(20) A newspaper clipping sent by Elizabeth Lawrence in 1883 about Garfield election, Laurenus Clark Seelye Papers, 1820-1995, Box #1 Folder 15, Smith College Archives.
(21) Laurenus Clark Seelye, "Speech at Abbot Academy," June 13, 1879, Laurenus Clark Seelye Papers, Box # 13, Folder 1.

(22) Kate Sanborn Quoted in "What She is Like and What She Has Done," *Boston Journal*, Feb 4, 1984, Kate Sanborn Papers, Series I. Biographical Materials, Box #1004, Smith College Archives.

(23) Kate Sanborn, "Across the Years," in *My Favorite Lectures of Long Ago For Friends Who Remember*, Boston: The Case Lockwood & Brainard Co., 1898, p.4.

(24) Jerold Wikoff, "Kate Sanborn: During A Special Successful Career as a Lecturer, She Developed Elocution to a Special Art," Tuesday Feb. 16, 1982, *Valley News*, Kate Sanborn Papers, Rauner Special Collection Library, Dartmouth College.

(25) Anne Ruggles Gere, *Intimate Practices: Literacy and Cultural Work in Women's Clubs, 1880-1920*, Urbana and Chicago: University of Illinois Press, 1997.

(26) Kate Sanborn, *Wit of Women*, New York & London: Funk & Wagnalls, 1885.

(27) Kate Sanborn, *My Favorite Lectures of Long Ago for Friends Who Remember*, Boston: The Case Lockwood & Brainard Co., 1898.

(28) Kate Sanborn, "Spinster Authors of England," in *My Favorite Lectures of Long Ago for Friends Who Remember*, pp.9-60.

(29) Ibid. p.58.

(30) *Wit of Women*, p.203.

(31) Louisa Hall, "Indian Agent," Chapter VII "Ginger-Snaps," in *Wit of Women*, pp.103-107.

(32) Kate Sanborn, "Are Women Witty," in *My Favorite Lectures*, pp.309-338.

(33) Alice Sheppard, "From Kate Sanborn to Feminist Psychology: Social Context of Women's Humor, 1885-1985," *Psychology of Women Quarterly*, 10, 1986, pp.155-170. Nancy A. Walker, *A Very Serious Thing: Women's Humor and American Culture*, Minneapolis: University of Minnesota Press, 1988.

(34) "Indian Agent," *Wit of Women*, pp.103-107.

(35) Sherwood Bonner, "Radical Club," Chapter V, A Brace of Witty Women, in *Wit of Women*, pp.97-100.

Katharine Sherwood Bonner McDowell, *A Sherwood Bonner Sampler, 1869-1884: What a Bright, Educated, Witty, Lively, Snappy Young Woman Can Say on a Variety of Topics*, ed. by Anne Razey Gowdy, Knoxville: The University of Tennessee Press, 2000.

(36) Sherwood Bonner, "Aunt Anniky's Teeth," Chapter V, A Brace of Witty Women, in *Wit of Women*, pp.85-88.

(37) Ibid.

(38) Kate Sanborn, "Across the Years," in *My Favorite Lectures*, p.5.

(39) Ibid. p.8.

(40) Kate Sanborn, *Adopting an Abandoned Farm*, New York: D. Appleton and Co., 1891.

(41) Kate Sanborn, *Abandoning an Adopted Farm*, New York: D. Appleton and Co., 1894.

(42) "Facts about Farming," in *Abandoning an Adopted Farm*, pp.109-138.

(43) Kate Sanborn, *A Year of Sunshine: Cheerful Extracts for Everyday in the Year Selected and Arranged by Kate Sanborn*, Boston: Houghton Mifflin & Co., 1891, *The Rainbow Calendar: A Companion to "A Dear of Sunshine,"* Boston: Houghton Mifflin & Co., 1889, *Indian Summer Calendar*, Hartford: Case Lockwood & Brainard Co., 1908, and *The Starlight Calendar*, Boston and New York: Houghton Mifflin & Co., 1898.

(44) "January 11" in *A Year of Sunshine: Cheerful Extracts for Everyday in the Year Selected and Arranged by Kate Sanborn.*

(45) Kate Sanborn, *Old Time Wall Papers: An Account of the Pictorial Papers on Our Forefathers' Walls with a Story of the Historical Development of Wall Paper Making and Decoration*, Greenwich, Conn.: The Literay Collection Press, 1905.

(46) Kate Sanborn, *A Truthful Woman in Southern California*, New York: D. Appleton & Co., 1893.

(47) Ibid. pp.41-49, p.63, pp.100-105.

第五章　ポートニー・ビゲロー

――「地の果て」に憧れた植民地主義者

はじめに

父親の名を冠した広場がニューヨークの五番街四二丁目、ニューヨーク公共図書館前にある。ジョン・ビゲロー・プラザという。ニューヨーク公共図書館創設に尽力したポートニーの父ジョン・ビゲローの名をとってつけられた。ジョン・ビゲローはニューヨークの発展とともに生きた人物といっていいだろう。ジャーナリズムが南北戦争前の政界・言論界の激しい論争を展開するなかで、その卓越した経営手腕とバランス感覚をもって、『ニューヨーク・イーブニング・ポスト』を育て上げた。政界へすら影響力を持つ新聞といわれた。その功績で、リンカーンに買われ、フランス公使にまで上りつめた(1)。

息子ポートニー（一八五五―一九五四）も父親と同じ道を歩もうとしていたに違いない。しかし、父親の歩んだ名望政治家の椅子も、戦争で名を挙げた父親の友人たちの道も、一九世紀後半のアメリカにはなかった。大学の教壇に立ちたかったがそれすらかなわなかった。大学環境すら、南北戦争後のアメリカの変化のなかで再編が起きていたからである。

ポートニー・ビゲローは人種差別主義者である。人種の多様性こそがアメリカの将来を握る、アメリカ文化の豊かさや複雑さを物語ると考える今日とはまったく異なる世界に生きていた。当時を振り返ってみよう。中国人排斥移民法成立が一八八二年、労働者の集会での爆破事件をアナキストの仕業に仕立てたヘイマーケット事件が八六年、文化的に先住民族を破壊したといわれるドーズ法の導入が八七年、公民権法が可決されるまで公然と黒人差別を許すこととなった、最高裁判所の「分離すれども平等」という判決が下ったプレッシー対ファーガソン判決が九六年、ハワイ併合、米西戦争がともに九八年。誤った進化論の解釈に基づいた「人体測定学」や「科学的人種差別主義」が万国博覧会の名でアメリカ中を巻き込んだセントルイス万国博覧会が一九〇四年。

こうした背景のなかで、ポートニー・ビゲローの著作は植民地主義と国家拡張を謳う。一例を挙げよう。『白人のアフリカ』[2]に『宗主国家の子供たち』[3]という具合である。中で語られるメッセージは驚くばかりである。アフリカは最後に残された未開地。はしごのように位置づけられた人種の優劣の最下位に位置するとされたその大地の人々は、白人の指導を待つ、まるで子供のようなものだと言っているのである。

偏見に満ちていただけではない。ビゲローも只中にいた黎明期の学問を象徴するように、その著作は分析力に欠け、旅行者の逸話と印象論に満ちている。実際、父親の海外赴任と財力のおかげで、彼の好んだ言い方を使えば、「地の果て」までもビゲローは旅をすることができた。その体験を語り、植民地行政の専門家の名をほしいままにした。アメリカ歴史学会、アメリカ政治学会、アメリカ地理学会に名を連ね、当時の国際関係・植民地論に関する書評はもとより、みずからもその特異な植民地論を各機関誌に寄稿していた。

父親が可能にしたビゲローの人脈はすばらしい。ヘンリー・ジョージからの手紙の数々、「宣教師嫌い」を共有していたマーク・トウェインからの手紙、セオドア・ドライザーからはビゲローを師と仰ぐ親しみを込めた手紙が残る。旅友達だったフレデリック・レミントンからはスケッチがあちこちに描かれた手紙、これも当時の優生学に関心を持った人々の広がりを知る手がかりとなるマーガレット・サンガーとのやりとり。文学者、芸術家、歴史家、政治家、活動家の面々は当事の学際的なビゲローの交友関係を物語っている。アメリカ国内だけではない、父に連れられ幼少時を過ごした、ドイツ、フランス、仕事で行き来したイギリス、そして日本にまでその交友関係は広がっている(4)。

いまでは忘れ去られたビゲローの足跡をたどることは、アメリカの変貌期を見る手がかりを与えてくれる。名望家を取り囲む政治と文化の変化、変わる国際関係とアメリカの世界観、帝国主義・反帝国主義と単純に二分できないそのなかで、文化人といわれる人々の思考と行動の選択肢を考えるきっかけになる。それは一方で、ビゲローが掲げた古い植民地主義がもはや通用せず、新しい形の帝国主義をアメリカが選んでいった時期を確認することになる。また、北部人でありながら、白人至上主義を唱えた時代を象徴する。南北戦争後のアメリカ社会が移民や南部黒人を取り込むなかで、最後まで抵抗を試みたアメリカ白人男性像を見事に象徴するからである。

海外戦略と国家統一の双方で、ビゲローの人種差別主義は排除されねばならなかった。宣教師批判に端を発する日本の植民地政策擁護は、当時のアメリカで生まれつつあった「パシフィック・アメリカ（環太平洋アメリカ）」の発想には受け入れられないものだった。つまり、ビゲローは二〇世紀初頭にアメリカが排除したいアメリカのイメージそのものを象徴していたのであった。彼の著作とその自伝、『七〇回の夏を省みて』（一九二五）から見ていこう。(5)

I．植民地主義者

ポートニー・ビゲローは一八五五年、ニューヨークに生まれた。当時ニューヨークはセントラル・パークの建設を計画し、更なる発展にむけて市の中心部は北上していた。しかし、連邦政府の動きに目を転じると、ドレッド・スコット事件が暗雲を投げかけていた。これは、ドレッド・スコットという黒人奴隷が奴隷主に伴って移住した自由州イリノイおよび一八二〇年のミズーリ協定で奴隷制廃止となったウィスコンシン州に住んでいたことを理由に自由な身分を求めて訴訟を起こした事件である。一八五七年にはスコットの訴えを却下するきわめて南部に有利な判決が最高裁判所から下され、南北の対立がさらに激化したのであった。

ポートニーの父ジョン・ビゲローは当時『ニューヨーク・イーブニング・ポスト』の共同経営者であり、共同編集者でもあった。共同経営者のもう一方はウィリアム・カレン・ブライアントであった。しかし、ジョンは奴隷解放の論調が強いブライアントと袂を分かち、連邦第一主義を貫き、大部数とはいえないが信頼のおける編集者として奴隷制論争、大統領選挙の際の論調で『ニューヨーク・イーブニング・ポスト』を政界にも影響力を及ぼすまでの新聞に育て上げた。リンカーンによってパリの総領事に選ばれ、ポートニーをつれてパリへ渡った。ヘンリー・アダムズの父チャールズ・フランシス・アダムズがイギリス大使として南北戦争中の北部支援の世論作りに奔走したのと同様、パリにてアメリカ北部支援に奔走した。のち、フランス公使にまで上り詰めている。ポートニーは一八七〇年代にはベルリンでのちのウィリアム二世の遊び友達だったともいわれる。

帰国後、ポートニーは一八七三年、イェール大学に入学、七九年に卒業した。卒業が遅れたのは、神経症の治療のため大学からはなれ、「オリエント」を旅行したためという。このとき、日本近海で船が座礁し日本人漁民に助けられ、のち日本との関係が生まれる。その後、法律を学び、僅かな期間、弁護士もしたという。しかし、もっぱら物書き、ことに旅行記の書き手として、イギリスとの間を行き来した。父親はこの病気がちな息子を案じて援助を惜しまなかった。ニューヨーク公共図書館には、父親が息子に書き送った読書指導や、文章の書き方を教え文法を直す、こと細かな書簡が残されている。(6) この読書家で優秀だった父親を唯一追い抜ける分野といえば、息子ポートニーにとって旅行の回数ぐらいのものだったろう。そしてこの見て歩きの体験こそ彼の著書、『宗主国の子供たち』を生んだ背景であった。

ビゲローの代表作『宗主国の子供たち』は以下のように始まっている。

本書は、宗主国が植民地に及ぼす影響とそれぞれの植民地が宗主国に与えた影響を、良い面、悪い面双方くまなく解説しようとする意図によって生まれた(7)。

あたかも今日的な双方の側からの検証を試みるような発言であるが、その内容は植民地を実際に見て歩き、現地の人から仕入れた情報を売りにする、というものであった。専門家養成のための植民地情報大学の設立を本書で訴えたりもしている。その背景には、現地の情報の入手が足りない状況で政策が立案されているという、当時の連邦政府への批判があった。植民地学の設立を訴え、国際化の時代には「ウエストポイント陸軍士官学校のような(8)」、植民地に赴く幹部候補生の養成を主とする大学の必要性を謳った。植民地こそ新しい時代にふさわしい、国際性と正しい白人男性が鍛えられる場所というのが根底にあったからである。彼の言葉でそのくだりを引用しよう。

植民地を単に宗主国のレプリカにしてはならない。植民地こそ、コスモポリタンな教育が可能となる、白人種にとってまことにふさわしい場所なのだ。……コスモポリタンな発想で運用される植民地では、本国のような偏狭なナショナリズムに支配されない。……本国の旗をかかげ一方的に本国の考えを押し付けようとやってきた植民地人は確かに現地で視野の広がりを学べはするが、望ましい姿ではない。本当に嘱望される植民地人とは政治的軋轢の中で、他国の影響をも考慮に入れ、その厳しい環境のなかで、いかに現地人の支配を全うするかを旨に他者と協力しあうコミュニティ作りを臨機応変に目指す人のことである。それでこそ現地の資源を有効に使え、商業の発展に寄与する基盤が築けるというものだ。……植民地によって多くを学べるのはそのような心持の人々である。かれらこそ宗主国政府によって援助をうけるべき本当の「宣教師」なのである。宗主国の利害を退け、人種間の争いを収め、自由貿易を可能にすべく、国家間の友好関係を第一にする人々である。(9)

この著作の出版直後、ビゲローはマサチューセッツのボストン大学から、講師としての招聘をうけた。「国家拡張」というタイトルで二五回の講義をたのまれたのである。しかし、用意された「ニグロ」と題された講義録は実際に教壇から語られることはなかった。(10)講義を重ねるたびに、ビゲローのあからさまな黒人蔑視が当時のボストンで受け入れられなくなっていったのである。『白人のアフリカ』以来、一貫してビゲローの主張は「黒人は決して白人と同等の位置をしめることはない」(11)というものだった。そもそも彼の宣教師批判のもとはここにある。有色人種を白人の地位まで高める活動は白人種の天下に脅威をあたえるだけである、という考えが根底にあるためである。

もっとも当時の人種観に基づいた現地人差別はいたるところに存在した。顕著な例は帝国主義をめぐる論争にもみられた。単純化を恐れずに言うならば、帝国主義を標榜する人々にとって「現地人」は当然支配されるべき、「下等な人々」であったし、反帝国主義者はどうかといえば、併合に反対するのは、かれらにとって、「下等な」人種を同等に扱うことが将来起こり得ることを恐れるがゆえに、受け入れがたかったためであった。(12)

そのようななかでも、ビゲローの人種差別はあからさまなものだった。しかし、それは人種差別のため、と表面上は見られるが、別の面にビゲローへの批判を招いたふしがある。父親への書簡に屈折した思いを語るくだりがある。当時一世を風靡し、アメリカ黒人の象徴としてもてはやされていた黒人指導者ブッカー・T・ワシントンへの憎悪が語られている箇所である。「あんな男をなぜボストンは賞賛するのか」と。[13] ビゲローのブッカー・T・ワシントン批判は、ワシントンが支援をもとめてやまなかった黒人の技術教育、産業教育にも向けられていた。のちにワシントンは、白人との平等を求めず妥協したと批判を受けたことは周知のことである。しかし、ワシントンは当面、政治的平等を求めず、黒人の自立を助ける、産業社会の底辺を埋める教育への支援を謳って圧倒的な支持を受けていた。ビゲローにとって、ワシントンが象徴する未来の黒人像は受け入れがたかった。[14] 勤勉な黒人像は受け入れがたかったからである。

ところが、ブッカー・T・ワシントンが語る産業社会の末端を担う人材、ワシントンがかかげる労働倫理こそ当時のアメリカの統一にはかかせない、産業社会基盤の要素であった。ワシントンを取り込んで人種関係の安定を図ろうとしていた大きな流れのなかで、ワシントンへの批判は脅威とみなされたのである。ハーヴァード大学の学長A・ローレンス・ローウェルに誘われてワシントン歓迎のパーティーに出かけた折のビゲローの記述は、ローウェルを筆頭に、ワシントンを絶賛するボストンの教授陣との耐えがたい違和感に襲われる自身を描き出して当時の状況を浮き彫りにしている。節操ある酒をたしなむワシントンを歓迎し受け入れるボストンの教授陣がいる。一方、そうした節度を見せつけるのが我慢ならないとワシントンを嫌悪するビゲローである。[15] 節度ある飲酒は常に、アメリカ市民の指標とされた。勤勉な労働者の最低条件だったのである。あらゆる場面でワシントン批判を公言して止まないビゲローにボストンの知識人社会は冷たかった。ボストン大学で望んだ地位はあえなく消え去った。

驚いたことに、講義の原稿は逐一父親に送られていた。講義の反響や学生の反応を楽しんで父親に書きおくるビゲローの姿がそこにある。風来坊のような息子に舞い込んだ大学職の可能性は、父親に大きな期待を抱かせた。繰り返される息子のブッカー・T・ワシントン批判と、当初の歓迎から打って変わったボストンでの冷遇に、父親の書簡は戸惑いを隠せない。「あくまでも科学的根拠を明示して（黒人種が劣っていることを）説得することだ[16]」とアドヴァイスを書き送っている。リンカーンとともにいたジョン・ビゲローの黒人観をあぶり出したアドヴァイスである。しかし核心は、前述したように、人種問題を「科学的」に説明する問題などではなく、政治的にワシントンを受け入れる必要こそが北部ボストンの知識人たちのワシントン歓迎の最大の理由であったといえる。

では講義録の全体像はどのようなものか。白人男性がその使命を担う「コスモポリタンな」植民地とはどのようなものか。読み進めると、ビゲローが一番恐れたのは、現地人との異人種間結婚であったことが見えてくる。解決策として掲げたのは、熱帯地域の植民地を女性にとって快適なものにし、白人女性を呼び寄せるための植民地整備をまず政策の第一とすることであった。一夫一婦制のアメリカン・ホームこそが確実に植民地で成果を挙げる礎なのであった。そのためには、公衆衛生上の安全の確保、鉄道の建設、港の整備、無料住宅の支給、学校教育、娯楽環境の充実、これらが整ってはじめて白人種の植民地が機能するのであった。そのような体制作りこそがアメリカがめざす植民地計画であるべきであった[17]。

来るべきアメリカ帝国の基盤に彼がおいたのは、健全な白人の築くアメリカン・ホームであった。隔離された白人の楽園を確保することが植民地拡充の第一歩であったのだ。黒人を排除し、白人至上主義、男性至上主義に基づく序列を強化することによってアメリカの世界進出を語るビゲローがここにいる[18]。ブッカー・T・ワシントンという新しい黒人指導者を支持する北部ボストンで、時流を読めなかったビゲローははみ出し者になった。

Ⅱ．アメリカ批判と日本礼賛

あれほど望んでいた大学職を得ることができず、失意のビゲローはニューヨーク、キャッツキルの風光明媚な山中の自宅に引きこもり、気ままに交友関係を楽しんでいた。第六章で取り上げる写真家ジェシー・ターボックス・ビールズと知り合ったのもこのころであった。隠居生活から大きく抜け出すきっかけは日本であった。日米関係の悪化のなか、藁をも摑む思いでビゲローを祭り上げたのはかつてのイェール大学の親友のネットワークであり、日本政府の支援、そして日本の汽船会社の金銭的支援であった。

前述したように、ビゲローはイェール大学在学中の一八七六年、神経症の治療のため海外への旅に出た。その船が浦賀沖で座礁し、漁民に助けられた。自伝的顚末記によると、「はるか遠くに裸の野蛮人が斧をもって走っているのが見えた[19]」とあからさまな蔑視と無知をさらけ出している。しかし上陸直後に考えを改め、清潔な家屋と心づくしのもてなしを絶賛する言葉をおくった。当時の日本は明治維新後の混乱期であり、外国人は居留地に送られた。ありがたいことに、ビゲローの父親の名を居留地で知らぬものはなく、トーマス・ヴァン・ビューレン将軍の口添えで大久保利通や大隈重信など要人に紹介されている。[20]
以降日本を四度訪れ、五度目となった最後の日本滞在が『日本とその植民地』[21]という著作を生んだ。一九二一年のことである。日本にとってはそのイメージが大きく揺らぐ転換点にこの本が出された。それまで西洋を支配してきた、不思議の国、日本という好感のもたれたイメージの国から、日露戦争以降侵略を続ける日本は、得体の知れない黄色人種の脅威をもたらす国へと変化していたからである。[22]ビゲロー自身も時代を意識して、新興国の実態を知らせる意義を以下のように謳っている。

旅行者のように花見や芸者を見に来たのではない。それまで多くの植民地を訪れ、肌で感じ取ってきた専門家として、この新参の植民地支配国の日本がどのようにこの困難な事業を進めているかを観察しに来たのである。[23]

この著書でビゲローは日本が植民地の特色をそれぞれ視野に入れながら対応していると絶賛した。交通網整備にかける努力、警察の取り締まりが成功をおさめ密貿易や海賊を減少させ、植民地の治安が安定している、そして教育が熱心に行われていると、その中身を問うこともなく学校教育を高く評価した。[24]しかし、植民地下で喘ぐ人々の怒り、悲しみ、受けた屈辱への言及は一切ない。

現場主義の取材を常に誇った彼の旅行記にはかつてのアフリカ見聞録がそうであったように、統治される側からの声は一切語られない。日本訪問直前の一九一九—二〇年の朝鮮の独立運動への言及も全くない。ビゲローを招聘し、上等な列車、宿泊施設、一流のもてなしで一切の手配をした日本の意図が手にとるように見える。

滞在中、ビゲローは早稲田大学において三回連続講演を行っている。(25) のちに、渋沢栄一がそれを絶賛した手紙をビゲローに送っている。(26) ビゲローの著書の翻訳に奔走する『ジャパン・クリスチャン・インテリゲンチャ』の編集者、山縣五十雄からの手紙もビゲローをニューヨークで待っていた。(27) なにが日本の知識人たちを熱狂させたのか。

Ⅲ・「地の果て」協会と女性観の限界

ビゲローの日本観には三つの特色がある。

一つ目は植民地を持つという体験において、フィリピンを獲得したアメリカと、朝鮮や台湾を獲得した日本とはその経験の浅さにおいて共通している、とした点。(28) そして日本の植民地支配を高く評価した上で、日本から学ぶ姿勢がアメリカには必要だと言及した点である。歴史的に植民地政策の比較と通史をまとめてきたビゲローにとって、スペイン、ポルトガルの植民地統治はもとよりヨーロッパのアフリカ支配も決して模範となるものではなかった。アメリカのフィリピンでの政策も失敗だったとビゲローは断言する。「フィリピンもキューバも金をばら撒いてきただけだった」(29) ことに近年の連邦政府の政策は「現地人を幸せにする方法が、山ほどの聖書と、リンカーンの自伝と、独立宣言をばら撒く」というもので全くの失政であると断罪した。[30] また植民地主義者を名乗るビゲローにとって、港や交通網の整備、監獄や病院、学校の建設こそ意義があるのであって、日本の植民地支配下のほうが列強のそれよりはるかに優秀であると判断したためであった。[31] しかし、古い植民地政策は過去のものになり、現地人の代表民主主義の発展を育成することに、いわゆるヒューマンコントロールに重点が移るアメリカ型の戦略をビゲローは理解できなかったのである。

加えて、日本はアメリカのモンロー主義を対岸で実行しているに過ぎない、といったビゲローの考えはアメリカにとって禁句だった。ビゲローによると、

日本とアメリカはアメリカとカナダの友好関係のように太平洋が五大湖となる、対岸の対等な関係になるであろう。太平洋は平和の海となり、戦艦が行きかうことはあるまい。武装した唯一の船は海賊の攻撃から貿易船をまもる警備艇であろう。[32]

と、日米関係を楽観視し、根本は「アジア人のためのアジア」という発想を受け入れている。[33] これは当然のことながら当時うまれた「環太平洋アメリカ」というアメリカの戦略からは受け入れがたいものであった。

二つ目は、人種的に日本人が優れているという考え方に加担していることである。これは日本の植民地を自ら歩いて納得した結果だという。不思議なことに、彼が黒人蔑視で見せた人種理論を退

け、カリフォルニアの日系人も人種的に脅威とならない、と日本人を絶賛し、日本人側に立って当時の反日感情を鎮める側にまわるのである。[34] 排日運動を繰り返す労働組合や、イエロージャーナリズムの扇動的な記事を戒める側に立つのである。もちろんこれには彼の極端なユダヤ人批判がその背景にあった。ユダヤ人が主管する新聞を、蔑視をもって「ユダヤ人野郎どもの新聞」と呼び捨てるほどであった。ユダヤ人移民を受け入れるくらいなら、日本人移民のほうがよい、というのが持論であった。[35]

こうした極端な日本人擁護は、当時の反ユダヤ人勢力をもってしても受け入れがたいものであった。しかもビゲローは当時アメリカが依拠する理論的に優位な帝国主義思想を真っ向から否定していた。代表制民主主義の輸出と宣教師による現地人の向上は彼の植民地政策とは相容れないものだったのは前述した通りである。

最後に挙げるべき点は、行く先々で出会う少数民族への興味である。彼の植民地観の根底に白人男性が鍛えられる場としての未開発地があったことは前述した。そしてそこは白人支配下に置かれるべきというゆるぎない信念のもとに彼の植民地政策が展開されていることも前述した。かれが望んで高雄を訪ねた折の体験は次のようだ。

本日フォーモサの「野蛮人」に会う。一七マイルものジャングルの山々を越え、小包を届けに来た。……汗が身体から滴り落ち、熱気を帯びた身体で敬礼をし、丁重に包みを日本人将校に手渡した。おどろおどろしい刺青のほかは最小限の布しか纏わず、頭には羽飾り、首にはトラの爪

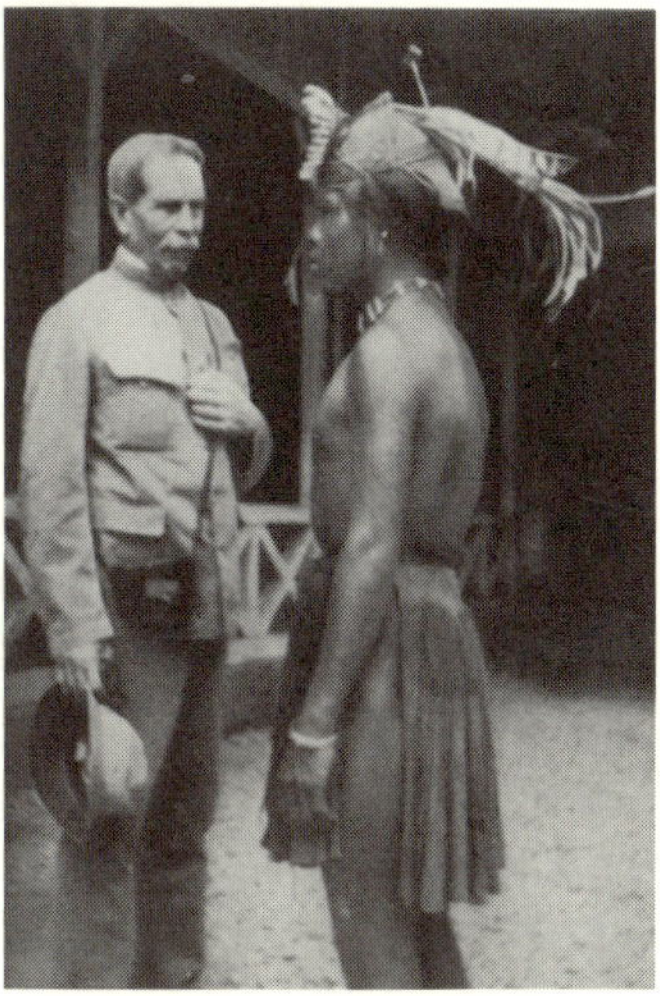

写真13 「著者、フォーモサのジャングルにて初めて「野蛮人」に出会う」

を巻いていた。初めての白人を見て、めずらしいのはお互い様であったか、その若い「野蛮人」は落ち着きのない目で不安そうに私を観察した。

その後ビゲローは「わがフィリピン」のモロ族と非常に似ているとアジア諸部族の知識を披露するのである。このとき撮られた、その（ビゲローのいう首狩り族の）若者との写真は戦利品のように彼のこの著書に収められた[36]（写真13）。

アイヌ民族との出会いも北海道探訪の重要な目的であった。その容貌と物静かな振る舞いに、「荒々しいセンゴルの血」ではなく、キエフのカテドラルを訪ねたときの印象を感じ取ったと記録している。そして、産業化に背を向け、混血のすすむその姿に、「消えゆく」民族であろうと結んでいる[37]。

圧倒的な白人優位主義に立ちながら、なぜこうした少数民族との出会いの場面が重要なのか。なぜ出会いをもとめて奥地まで訪ねあるくのか。日本の植民地政策の確認なのではない。異質な他者との出会いがもたらす衝撃にたとえようのない喜びを感じ取っていたのではないかと思われる。実はビゲローはボストンで「地の果て」協会なるものを一九〇三年に創設している。[38] メンバーに名をつらねたのは父親の威光から集まった面々、加えて、当時の冒険家、帝国主義者・反帝国主義者の別なく人種差別主義を掲げる人たち、名望家の使命感に溢れながらもビゲローのように行き場のない人々と見える。「野蛮」との出会いを切望し、そこに白人男性の征服の喜びと衝撃を見出すことに無上の喜びを見出していた人々である。

メンバーの中核で、無二の親友であったフレデリック・レミントンしかり。西部の先住民族の絵画で知られる彼は、これもビゲローが発刊に関わった『アウティング（野外活動）[39]』という健康と野外・自然探訪に力を入れた初の雑誌に挿絵を描いた。レミントンが望んでやまなかった野生との出会いはなにより、彼自身の男らしさの確認のためだったといわれる。[40] 彼らの周りに手付かずの世界が広がっていることを確認するのが、中央での活躍から外れた白人男性の拠りどころだったのだ。「地の果て」の名の由来はもちろん彼らが敬愛してやまなかった、そしてクラブの名誉会長をつとめたラドヤード・キプリングの詩であった。ビゲローは愛唱してやまないその詩を日本での講義を始める折にも次のように引用している。

「あゝ、東は東、西は西、両者の出会ふことあらず、大地と空と忽ちに最後大審判に御座に立つ日まで」とキプリングは詠いました。しかし、キプリングを愛唱するものならばかならずや最後の行まで読み進むことでしょう。「されど、東も西もなく、国境、人種も生まれのあらず、二人の強き男子等が面と対ひて立つ時に、たとひ地の果てと果てより来るとも！」と。(41)いる。

西洋と東洋がけっして混じらぬ、という信念の上に立って、対岸の日本に自由な活動の場を許したビゲローが見える。と同時に他者との出会いの衝撃をもとめる白人男性の姿が浮き彫りになっている。

こうした白人男性の世界観は別の側面からも検証が必要である。女性にむけられた独特のまなざしに気づくからである。ビゲローの日本人観、アジアでの優位を認めるその姿勢には更なる検証が必要である。

日本を礼賛するビゲローを願っても出現しない人材とみてとびついたのは当時の日本政府の要人たちであったことはすでに述べた。彼を優遇して連れ回した最後の訪問先は、外務省お抱えの運転手の運転する車で訪れた皇居であった。「今まで一般人にはだれも謁見しなかった皇后」(42)との面会がビゲローの日本での最終章であった。

ドイツのカイザー未亡人よりはるかに知的な印象であると述べた上で、天皇が病弱であり、皇太子は留守の状況下、女性である皇后が代わりを勤めるそのけなげな姿に賞賛をおくり、ビゲローは次のように続けた。

日本の植民地についての本を出版する予定ですと私が述べると、「日本とアメリカ、お互いが良い関係になりますように」と、話された。私は「真実を伝えます」と答えた。

皇后は生き生きした表情になられた。そのとき私は皇后が両手の指を擦り合わせるような動作をして、それがあたかも厳しいエチケットを守らねばならないという思いにとらわれているように見えた。

その直後ビゲローは思いがけない行動に出る。当時のビゲローにとてもそれを可能にする力があったとは思えないにもかかわらず、皇太子のアメリカ訪問を促すのである。ビゲローの観察は続く。

皇太子の名があがると、母親の誇りからか、表情がさらに華やぎ、私に礼をいわれた。差し出された手を私はとった。それは通常より長く私の手の中に差し出されたままになっていたように思う。私はしずかに、そして注意深くその手を支え、私の唇まで近づけた。なんといやがられることなどまるでないままに！

さらに続く。

皇后の欧風ドレスの着こなしは見事で、大きすぎなく品よく選ばれた真珠が似合う。形の良い額から髪はうしろへとまとめられ、そのお顔を拝見する喜びを禁じえなかった。ヨーロッパのご

写真14　貞明皇后

婦人方が好む化粧やおしろいのあとは全く見られず、自然で健康なほおと唇の色、その目は大きく、お話しのたびに生き生きと表情が変わる。バランスの取れた体つき、肩の線も腰も後姿もそれぞれ主張しながらも調和が取れ、しかも品が良い(43)。

肌の輝き、唇やほおの色、肩から下肢まで、ことこまかに嘗め回すように観察する表現の数々で埋められている。皇后の容姿、立ち居振る舞いの美しさに魅了された様子から垣間見られる白人征服者のおごり。皇后の指の動きにあたかも自分への隠れた興味があるかのようにすら描く。彼の日本観はもとより、植民地観の根底にある女性観をここにみることができるだろう。

『日本とその植民地』の扉は盛装の皇后の写真で始まり（写真14）、皇后への訪問の記述で終わっている。皇后の写真が届くまでがいかに待ち遠しかったか、届いたときの無常の喜びを書くビゲローに、この本の意図がいったいどこにあるのか考えさせられるだろう。日本からの支援で生まれたこの著作は、その体裁で依頼者を裏切って終わった。

おわりに

ビゲローは恵まれた出自も海外体験の数々も、自身の成功に結びつけることはできなかった。彼の書きおくる体験リポートの数々は一時期雑誌を飾ることがあっても、その限られた分析力と人種主義は受入れ難いものであった。表向きではあっても人種差別主義を排して南北戦争後の黒人労働を取り込もうとしていた当時のアメリカにとって、ビゲローのあからさまな人種差別は受け入れ難いものだった。また、彼特有の日本の植民地政策と海外進出への理解も、環太平洋世界を手中にいれはじめた当時のアメリカの外交政策において受け入れがたいものであった。まして彼が批判した民主主義の輸出と教育における住民支配は、アメリカが掲げる戦略の中核であった。それこそが、アメリカ自身が植民地であった体験から謳うことになるアメリカ例外主義の核になるものであったからである。

ビゲローは父親が獲得した名声を求めて、あらゆることに手をそめたがかなわなかった。彼に残された道は、父の威光を利用できる名望家クラブの創設であった。かなわぬ夢を追い求めるようにその名も「地の果て」協会である。そして「地の果て」の地域に彼らがのぞむ女性像は、一九世紀を背負って二〇世紀の幕開けに対応できなかった白人男性の見果てぬ夢であった。彼の足跡は、アメリカの帝国主義、例外主義、フィリピン政策、日本外交、移民史、さらにアフリカ系アメリカ人、ジェンダー、男らしさ、オリエンタリズムなど、この時代のキーワードを理解するために、その複雑さをもう一度見直す機会を与えてくれるだろう。そして、このビゲローを日本理解の第一人者として祭り上げ、奔走した人々がいた日本側の歴史も検証されねばならないだろう。

『日本とその植民地』執筆中の一九二一年に移民法が可決。一九二四年には「帰化不能」の烙印を押されて、日本人のアメリカ移民は閉ざされた。日本擁護のこの著作の翻訳に躍起になっていた人々との連絡も途絶え、ビゲローのなかの日本も、日本にとってのビゲローも用なしとなった段階で、彼は忘れ去られてしまったのだった。最晩年のビゲローは父親の伝記の草稿を残したが、(44) 出版されることはなかった。

註

(1) Margaret Clapp, *Forgotten First Citizen: John Bigelow*, Boston: Little Brown and Company, 1947.
(2) Poultney Bigelow, *White Man's Africa*, London & New York: Harper & Brothers, 1900.
(3) Poultney Bigelow, *The Children of the Nations: A Study of Colonization and Its Problems*, New York: McClure, Phillips & Co., 1901. 出版されることはなかったが同様の内容は *From the Ends of the Earth* (ca.1900-1914) にも見られる。Poultney Bigelow Papers (1855-1954), New York Public Library (以下

NYPL), Box21.

(4) Letter to Poultney Bigelow from notable persons, Poultney Bigelow Papers, NYPL, Box 8, Box 9, Box 10.

(5) Poultney Bigelow, *Seventy Summers*, 2vols, London: Edward Arnold & Co., 1925.

(6) John Bigelow to his son, June 27, 1893, Jan. 16, 1905, Feb. 27, 1905, Apr. 13, 1905, Dec.21, 1906. PB Papers, NYPL, Box 3. が好例である。

(7) Poultney Bigelow, *The Children of the Nations*, p.vii.

(8) Ibid. p.5.

(9) Ibid. pp.357-358.

(10) Notes for lectures on "National Expansion" Given at Boston University, No.1-No.25 (1904-1905), PB Papers, NYPL, Box 41. and Miscellaneous Writings, Lectures and Notes relating colonialism, PB Papers, NYPL, Box 42.

(11) *The Children of Nations*, p.107.

(12) Robert L. Beisner, *Twelve Against Empire: The Anti-Imperialists 1898-1900* (1968), Chicago: Imprint Publication Inc., 1992, Jim Zwick, "The Anti-Imperialist Movement, 1898-1921" in *Confronting Imperialism: Essays on Mark Twain and the Anti-Imperialist League*, West Conshohocken, PA: Infinite Publishing Co., 2007.

(13) Memo attached on Notes for lectures on "National Expansion," No.13, PB Papers, NYPL, Box 41.　当時のボストンをビゲローは　"The Academic Negropolis of Boston" と呼んでいる。Letters to his father Jan. 1908, PB Papers, NYPL, Box 3., Bigelow, *Seventy Summers*, Vol.2, pp.227-228, p.232.

(14) William B. Gatewook, Jr., *Black American and the White Man's Burden 1898-1903*, Urbana: University of Illinois Press, 1975.　Martha Banta, *Taylored Lives: Narrative Productions in the Age of Taylor, Veblen and Ford*, Chicago & London: University of Chicago Press, 1993.

(15) Bigelow, *Seventy Summers*, Vol.2, 229-231.

(16) John Bigelow to his son, Apr. 13, 1905, PB Papers, NYPL, Box 3.

(17) "Can White Man & His Wife Flourish in the Tropics," in Chapter XXXII, *The Children of the Nations*, pp.330-343.

(18) この考えが突飛でないことは、五〇年を経た、ハワイ州加入の折でさえ、「現地人」との混血を恐れた加入反対者たちがアメリカ南部の人種差別主義者と結託していたことと知らせる研究からも見て取れる。Ann K. Ziker, "Segregationists Confront American Empire: The Conservative White South and the Question of Hawaiian Statehood, 1947-1959," University of California: *Pacific Historical Review*, Vol.76, No 3, pp.439-465, 2007.

(19) "A College Boy's Cruise and the World"（1875-76）, in Holograph ms., PB Papers, NYPL, Box 17.

(20) Aaron M. Cohen, "The Japanese Connections of Poultney Bigelow: Proponent of Japanese Immigration and Colonialism," in *Nanzan Review of American Studies*, Vol.23（2001）pp.65-81.

(21) Poultney Bigelow, *Japan and Her Colonies: Being Extracts from a Diary Made Whilst Visiting Formosa, Manchuria, Shantung, Korea and Sahalin in the Year 1921*, London: Edward Arnold & Co. 1923.

(22) Peter O'Connor, "Japanese Propaganda Books in the Modern Period: Writing against the Tide," in *Japanese Propaganda: Selected Readings*, Series I: Books 1892-1943, Editor, Peter O'Connor, Vol.1, Tokyo: Edition Synapse, 2004, pp.1-36.

(23) Bigelow, *Japan and Her Colonies*, p.14, *Seventy Summers*, Vol.2, p.216.

(24) *Japan and Her Colonies*, p.100, *Seventy Summers*, Vol.2, p.216.

(25) Bigelow, "The Colonial Expansion of England, America and Japan," Pamphlet published by Tokyo University of Commerce,（1921）based on his lecture notes, PB Papers, NYPL, Box 43.

(26) Letters from Viscount Eiich Shibusawa, June 4, 1921, PB Papers, NYPL, Box 43.

(27) Letters from Isoh Yamagata,（editor, *Japanese Christian Intelligencer*）, July 30, 1922 and Dec.31, 1922. Letters from James King Steele（editor, *Japan*, Toyo Kisen Kaisha）, 17, 1921, Dec, 1921, PB Papers, NYPL,

Box 43.

(28) *Japan and Her Colonies*, p.57, p.257.

(29) *Seventy Summers*, p.217.

(30) Ibid. p.317.

(31) *Japan and Her Colonies*, p.86, pp.236-237.

(32) Ibid. p.47.

(33) Ibid. p.121.

(34) Ibid. p.195-196.

(35) *Seventy Summers*, p.213.

(36) *Japan and Her Colonies*, pp.71-75.

(37) Ibid. pp.177-178.

(38) "Ends of the Earth" Society organized 1903, 1904-1952, PB Papers, NYPL, Box 58. ニューヨークで毎年開かれた、初期の会食会の記録のみ残る。他に活動の記録が見えない。

(39) Poultney Bigelow, *Outing and the Wheelman—An illustrated Monthly Magazine of Recreation*, vol.III. Oct. 1883-March 1884, Reprint 2010.

(40) David McCullough, "Remington," in *Brave Companions: Portraits in History*, New York: Simon and Schuster, 1992, pp.69-85.

(41) Quoted at the beginning of the lecture "The Colonial Expansion: Being the substance of the informal addresses made from the Tokyo University of Commerce in June of 1921," Tokyo University of Commerce, p.11, PB Papers, NYPL, Box 43.
邦訳は中村為治訳『キップリング詩集』、東京：岩波書店、一九八八。

(42) *Japan and Her Colonies*, p.250-255.

(43) Ibid. p.250.

(44) Bigelow, Holograph, First Draft and Second Draft, *John Bigelow* (ca.1940?), Never Published, PB Papers, NYPL, Box 26, Box 27.

第六章　ジェシー・ターボックス・ビールズ
――「平安」を提供した写真家

はじめに

　三脚に載せたカメラのレリーズを握る子供の表情は不安げである（写真15）。真新しいものに触れている喜びはそこにない。自然に撮られた写真だろうか。限りなく疑いが湧く。しかし、「この子は将来、写真家に育つ可能性があるかもしれない」と観るものに写真家の意図を感じさせる写真である。この写真は一九〇四年セントルイス万国博覧会会場で撮られた。写真家の名をジェシー・ターボックス・ビールズという。まるでこの子の生まれたフィリピン現地で撮られたような周りの景色はどうしたものだろう。

　セントルイス万国博覧会はまたの名をルイジアナ領購入百周年記念博覧会という。(1)一八〇三年のルイジアナ領購入は現在のルイジアナ州にあたる地域を獲得したというだけではない。当時の合衆国の領土を二倍にするほど広大な土地をナポレオンのフランスからアメリカが買ったことを意味す

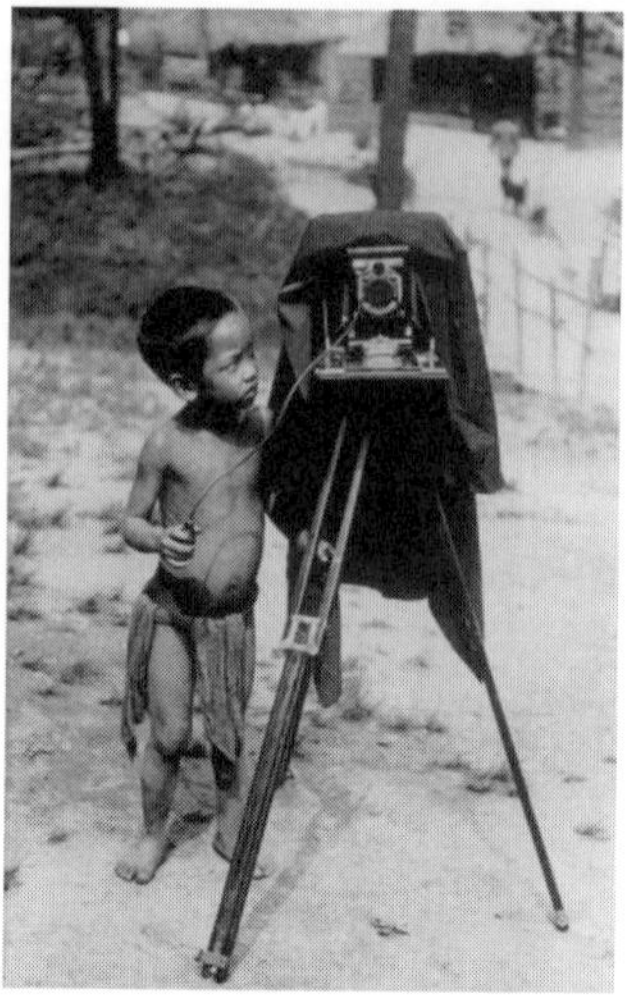

写真15　イゴロットの少年とカメラ

る。大統領トマス・ジェファーソンが憲法を最大限に拡大解釈して国家的利益の見地から購入した。以降一九世紀を通して太平洋岸までの拡大を可能にするアメリカ最大の買い物であった。この領土拡張を祝う万国博覧会は、同時にアメリカ先住民制圧の歴史と一八九八年の米西戦争で手に入れた海外植民地を含めたアメリカの拡大政策を世界に向けて正当化し宣言するために開かれたといってよい。

広大な会場の中央にはルイジアナ領購入で獲得した領土からうまれた一四州のパビリオンが会場の中央から右と左に分かれて腕を伸ばした形でその巨大さを見せつけた。一八九三年、シカゴ万国博覧会ではじめて登場し巨大さを誇った観覧車も、ここでは他のパビリオンがあまりに大きいため、比較すると、「まあまあ大きい」程度だといわれるほど世界最大級を誇る建物が並んだ。世界最大のパイプオルガンも組み立てられて、それは、のちに客寄せのアトラクションとして、アメリカ最大のデパート、ワナメーカー社が引き取っていった。巨大さと世界一を見せつける一方で、ここに至るアメリカの歴史を学ぶ場も万国博覧会は提供している。独立を告げた、フィラデルフィアの「自由の鐘」にはじまり、南北戦争の北軍勝利を導いた指揮官、のちの大統領ユリシーズ・グラントの暮らした丸太小屋の再現、リンカーンの乗った車両、はてはセオドア・ルーズヴェルト大統領の狩小屋まで展示会場に登場した。独立、南北戦争の終結、西部開拓、世界へ目をむけ始めた野心家大統領への礼賛。華々しいアメリカの発展を最先端の建造物の中で見せたこの博覧会には、他の博覧会でもそうであったように、進歩を象徴するメイン会場には「そぐわない」が、しかし、万国博覧会というその名がある限り、取り込まねばならない展示が他にも存在した。それらはシカゴ万国博覧会ではミッドウェイ・プレゼンスと呼ばれ、セントルイス万国博覧会ではパークウェイと呼ばれた。世界中の後進地域から集められ、異国情緒を漂わせて集客を狙った展示会場群である。

臨場感を演出して人を展示することを計画した主催者たちは、まるで展示場に「インディアン」保護区やアルゼンチンの奥地、フィリピンの村々が突然現れたかのように、展示地区を造成したのだった。こうした試みはパリ万国博覧会でも見られた。しかしここアメリカでは規模が違った。何もない更地に川が造られ、木々が植えられ、人々はいながらにして征服したばかりの先住民の住まい、手に入れたばかりのフィリピンの村々を体験できたのだった。体験だけではすまない。納得しなければならない。アメリカの世界観とその正しさをである。アメリカの進んできた道に不安を呼び起こさせてはならない。異教徒や得体の知れない風習を持った人々に恐れをなしてはいけない。

新しい征服地の人々なのだから。彼らは劣っており、ゆえに問題である、というのが主催者たちの方針であったことは疑いの余地はない。人体測定学が過去の奴隷制を正当化し、移民たちに劣っていると烙印を押して移民を制限しようとする動きの真只中の万国博覧会である。しかし、彼らもわれわれと同じ、そんな思いもまた、「見物」客に体験させせようとした。でなければアメリカのフィリピン領有をどう世界に納得させられるのか。

この難題を見事に解決したのが女性初のニュース写真家といわれたジェシー・ターボックス・ビールズであった。もう一度写真を観てみよう。未開地の子供と、最新の、しかも自分がもっとも大切にしている写真機とを並べて撮る。その距離感を一方で写し出しながらも、この子には写真家になるチャンスを先進世界が提供できる、と思わせることこそ、この写真のシャッターを切ったビールズの思いだったのである。厳然たる違いと未開を助ける先進諸国の慈悲と使命を一枚の写真に取り込んだのだった。

しかし、ビールズは写真家として長く忘れ去られてきた。第一世代の女性写真家でより知名度が高いのは、ガートルード・ケーセビアやアリス・オースティンだろうか。恵まれた家庭環境と余暇は彼女たちのロマンティックな女性賛美と家庭賛美を得意とする写真群を生んだ。(2) ビールズの伝記を書いた写真家アレクサンダー・アランド・シニアはビールズを「最初の女性ニュース写真家」と呼んだが、写真家としては二流であったと手厳しい。アランドはその原因を二つ挙げている。一つはどこにも属さず一人であったこと。もう一つは彼女の被写体はあまりにも多様すぎてまとまりがなかったこと。(3) しかし、その多様性こそ、そして拠りどころとなる団体を持たない巡回写真家であったことこそが、世紀転換期のアメリカを写し出して重要なのである。ビールズの残した写真や自費出版の詩集からその足跡を辿ってみよう。(4)

I. セントルイス万国博覧会

ジェシー・リッチモンド・ターボックス(一八七〇―一九四二)は一八七〇年にカナダ、オンタリオ州ハミルトンで生まれた。父親は小型ミシンの開発で成功を収めた技師であった。本来アメリカ在住だったものの、ミシンの特許の関係でカナダを拠点に商売を展開したという。狡猾な印象である。(5) しかし、ジェシーが七歳のころから、商売に陰りが見え始め、一六歳のころには、自分で生活の糧を探さねばならぬほど状況は悪化していた。十代の少女にどのような選択肢があったろうか。ジェシーの姉は宣教師の道を選び、のちにベネズエラ、カラカスの地で早すぎる死を迎えることになる。(6)

ジェシーは姉のような宣教師の道ではなく、アメリカに移住していた兄の紹介でマサチューセッツ州ウィリアムズバーグでの小学校教員の道を選んだ。週給七ドル、当時の写真には教える子供たちとさほど年齢差を感じさせない、幼い教員のターボックスがエプロン姿で写っている。ある日、彼女は雑誌の懸賞に応募した。幸運なことに、カメラが景品として届いた。以来、カメラに没頭することで雑役婦のような教員生活の日常を忘れようとした。押入れを現像所に変える。裏庭で近所の人たちの肖像写真を撮り始めるまで時間はかからなかった。驚いたことに、教員よりはるかに多くの収入が手に入ったのだった。近くにあるスミス大学の学生たちの間で評判になり、次々と学生たちが記念写真を撮りにやってきたし、写真機が珍しかった当時、うわさを聞いた人々が記念に家族写真を、とたずねきたからである。

新しいテクノロジーを手に入れることで、考え方までも新しくなるとは限らない。初期に写真機を手に入れることができた裕福な女性たちの写真は、家庭生活の満足を象徴するように上品な調度品に囲まれた日常生活の記録であったといわれる。(7) しかしターボックスは教員生活に終止符を打ち、写真で生計を立てる道を選んだ。「教員生活は、聞こえのよい仕事でしたが、単調で広い視野も得られず、深みも感じられず、収入も満足のいくものではありませんでした」と、のちにビールズ自身が語っている。(8) 一九世紀後半、女性の職業選択に少しずつ変化が現れていた。彼女にとって幸運だったのは、職場近くで知り合ったアマースト大学の化学専攻の卒業生アルフレッド・ビールズがともに船出をこころざしたことだった。二人は一八九七年に結婚、チームを組んだ。現像の多くを担当したのは夫アルフレッドであった。

ビールズの成功を最初に印象づけたのは、一九〇四年、セントルイス万国博覧会での彼女の活躍であった。紹介状もなくセントルイスに到着したビールズは、何度も頼み込んだ結果、開会前なのと入場許可証を手に入れたといわれる。それまでに、ニューヨーク州バッファローで新聞に掲載するニュース写真を撮る仕事をこなしていたものの、飽き足らず、次なるチャンスを待っていたビールズにとって、万国博覧会の開催はまたとないチャンスだった。若いころに、シカゴ万国博覧会を訪れたときの興奮は忘れられないものだったからである。アランドのビールズの伝記によると、

「多くの写真家たちは産業国家としての華々しい成果を誇る写真を撮りたがった。しかしジェシーは迷わず、当時あまり知られていなかったエキゾチックな人々を撮りに行った」とある。[9] ある日、日本から到着したアイヌの写真を撮っていたところ、南アメリカ、パタゴニアからの人々が連れられてやってきた。「写真家はジェシー一人だった。ほかの写真家たちが慌ててやって来たころには、パタゴニアの女性が黒い箱（当時のカメラのこと）を自分たちに向けるのはまかりならんと、写真家たちを塀の外に追い出したからである」と、アランドは説明している。[10]

この塀には説明がいる。なぜアイヌやパタゴニアの現地人が連れてこられたかにも説明が必要である。後進地域の国々の展示会場は、あるがままの姿を見せることを謳って木々が植えられ、小屋や川までもが造られた。「原住民」を「展示」することによって、人間までも見せ物として消費の対象になった瞬間であった。そして、「原住民」が逃げ出さないようにと、彼らの「展示」場のまわりに塀が廻らされていたのだった。

ビールズはすでに写真を撮り終えていた。いあわせたアフリカからの男性とパタゴニアの男性の二人を並べてその背丈の違い、肉体の違いをまるで標本のように見せたのであった（写真16）。万国博覧会の目的をたった一枚の写真で見事に描き出した、とのちにビールズの写真を分析したローラ・ウェクスラーは語っている。セントルイス万国博覧会は「人体測定学を前提に開かれた万国博覧会」であり、ビールズの写真は「進化の過程のどこに分類されるかが肉体の特徴で一目でわかるとする主催者らの信念」を見せつけたのだった。[11] 人体測定学の序列に基づいた世界観を説明するのに躍起になっていた主催者の意図と、視覚でものごとを捉える習慣が身近になった観客の双方にビールズは応えることができたのだった。この写真は大成功だった。翌日の新聞は女性の写真家が正式に万国博覧会の写真家として許可を得たことを大々的に伝えている。(12)

ものめずらしい対象を標本のように並べると高い評価が得られたことは、その後のビールズの写真を観ると、彼女にとって決定的な体験であったことがわかる。なぜなら、幾度となく意図的に並べられたと思える写真に出会うからである。標本のような写真は主催者に提供するため多く撮られた。髪飾りをつけた女性を正面から、横から、後ろから撮る。異なった楽器を持たせて並べて撮る。衣装をつけて右から左から、前から後ろから撮る。弓矢を持たせてどのように放つのか、時間を追ってポーズをとらせて撮る。宗教的儀式も、ダンスもまるで一こま一こま時間が止まったかのように撮る。ビールズだけではない。当時セントルイスによばれた写真家たちは、こぞって、異教徒、異文化の慣習をカメラに収めて、自然史博物館やハーヴァード大学、イェール大学の研究室に提供した。なかでも分類するため撮られた個人の肖像写真は犯罪者用に撮影された写真と酷似し、そうすることで矯正が必要な人々としてイメージされたのであった。(13)

ことに、獲得したばかりのフィリピンの展示は論議の的であった。自治が可能な人々であることを納得させるように、工夫がなされたという。なるほど、洋装でミシンを踏む女性の姿は（写真17）、弓矢を持たせたりダンスを踊らせたりしたアフリカの部族の撮り方とは異なる意図を感じさせるものである。この章の冒頭に紹介した男の子の写真もそうした背景のもとに撮られていた。

ビールズにはアメリカ帝国主義の正当化に加担したという意識などまるでなかったろう。万国博覧会での抗いがたい高揚感を随所に見ることができる。会場で話題をさらった熱気球に乗り込み

（写真18）、世界を見下ろすように俯瞰で撮るビールズの姿は当時のアメリカの意欲そのものを可視化したものだった。

セントルイスの成功で気をよくしたビールズはニューヨークに進出を試みた。しかし、そこでは願ったようにことは運ばなかった。当時を振り返って、次のように語っている。「ありがたいことに、私には底力があったのです。でなければ、プロの仕事場では、ただ女らしく、弱々しく、陶器人形のようならつぶされていたでしょうね。そんな人たちは、百万長者といっしょになるしかないでしょう。運がよければの話ですけれど。男の世界で仕事をするからには、男のルールで生きるの

写真16　アフリカの男性とパタゴニアの男性

写真17　洋装でミシンを踏む女性

です」[14]セントルイスでは女性写真家であることがめずらしがられ、ビールズもその人気を利用した。三脚片手に、大きな帽子をかぶり、かさばるスカートをまるでトレードマークのように誇らしく着たのだった（写真19）。そのスカート姿ではしごにも登り（写真20）、気球にも乗り込み、俯瞰図も撮った。ちやほやされもした。しかし、ニューヨークではそう簡単に通用しなかった。

写真家としての名声を求めて、ビールズはニューヨークでいろいろな写真に挑戦している。たとえば、社会福祉制度の整わないアメリカで移民たちの世話を早くから始めたコミュニティ・サービス協会（CSS）や、これも移民への啓蒙的な活動から「貧民の大学」と呼ばれたピープルズ協会（PI）の活動報告写真であった。移民たちの写真でまず思い出されるのは、テナメントと呼ばれる安アパートの一室を撮った家族写真だろう（写真21）。二〇世紀初頭のニューヨークはロシアや東欧、イタリアからの移民がかたまり、助け合って暮らす地域を出現させた。換気の設備もないテナメントの部屋に、ひしめき合うようにして暮らしたスラム地区である。彼らの持ち込んだ言語、習慣、宗教の違いに慄いた人々はさまざまな方法でその生活様式を変えようとした。アメリカ市民としてふさわしい生活様式を教えようとした。のちには移民法を作り、法的に締め出すことになるのだが、アメリカ化を試みる動きは早くから、ボランティア団体の人々によって、セツルメント関係者はもとより、公衆衛生関係者、教育関係者、医師、看護婦、警察を巻き込んで進められていた。彼らの活動は、移民たちの生活に寄り添っていたと評価される半面、第一章で見たように、その容赦のなさも特徴であった。ピープルズ協会の活動も評価が分かれるところだ。たとえば、彼らが率先してサイレント映画の自主規制を進めたことだ。それは、移民たちの娯楽を大事にしようとした姿勢と

写真19　カメラと歩道に立つビールズ

写真20　カメラを手にはしごに登るビールズ

写真18　気球に乗るビールズ

写真21　テナメントの一室

見ることもできる。しかし、本当のところは、映画に道徳的な教育効果があることを目ざとく感知し、自主規制の名の下に利用しようとしたのだ。

現場でのそうした映像や写真の新しい役割にいち早く応じた一人がビールズだった。道徳教育だけではなく、彼らが進めた健康管理や母親学級の写真もビールズは撮り続けた。そして、それらの写真群は、ニューヨークの保険局と連絡を密にしながら報告会で使われた。スライドを持ち込んでショーを開く。資金を配分するお偉方を納得させるために、写真は不可欠だったのである。(15) 成果を写真で逐一報告することで、ボランティア団体も保健局も、彼らの存在意義を知らしめることになったからである。もちろん移民たちへの教育効果を上げるためにも不可欠とされた。

写真22　夜のメトロポリタン生命保険会社ビル
――メトロポリタン・ライフタワー

「改革を推進するためにテナメントを撮りました。私がそんなことを考えるなんて、ニューヨークへ来る前には考えてもみませんでした。成長したのですね[16]」と、ここでもソーシャル・コントロールといった発想とは程遠く、移民のアメリカ化を推進した改革者たちに賛同する発言をビールズは残している。

ニューヨークでは通りや、摩天楼の撮影にも挑戦した（写真22）。しかしその後、これらの分野で名を成すには至らなかった。二人の巨人を超えることができなかったからである。移民地区の写真で一番に思い出されるのは、『社会の残り半分はどのような暮らしをしているか』（一八九〇）で有名なジェーコブ・A・リース（一八四九―一九一四）だろう。一方、美術史に残るニューヨークの写真で思い出されるのは、アルフレッド・スティーグリッツ（一八六四―一九四六）だろう。この二人には、及ばなかった。

写真史に名を残す二人の偉業を振り返ってみよう。デンマーク生まれのリースは一八七〇年、二一歳でアメリカに渡り、新聞社ニューヨーク・トリビューンの警察担当係になった。都市に集中する移民の状況を目の当たりにしたリースは、ニューヨークのローアー・イーストサイドの惨状を訴えずにはいられなかった。職を辞して、『社会の残り半分はどのような暮らしをしているか』を出版した。文章だけでなく、写真を使って社会改革へと突き動かす新しいフォトジャーナリストの先駆者になった。暗い移民居住区の写真は、爆発同然に焚かれた火薬のフラッシュが可能にしたものだ。危険を冒して撮影され、スラム街改良の端緒となった彼の写真集は、のちに児童労働告発に絞って写真活動を先鋭化させ児童労働保護法成立の立役者となったルイス・ハインのそれとともに、輝かしい社会改良時代の写真を象徴したものになった(17)。

一方、ベルリンで写真を学び一八九〇年に帰米したスティーグリッツは一九〇二年に「フォト・セセッション」を結成、合成や演出などを駆使して写真を芸術表現の域に高めようと、フォトジャーナリズムとは反対の方向へと歩んだ。一九〇三年、『カメラ・ワーク』を創刊、一九世紀絵画のような仕上がりを写真に取り入れようとしたピクトリアリズムの拠点を築いた。しかし、自ら方向転換し、ストレート写真という、修整を加えない写真を芸術として認知させることに寄与していった。ピカソやブラックなどの画家と出会い、彼らの紹介を通して絵画においても写真においても、新しい潮流をアメリカで紹介する第一人者となった。妻となった画家ジョージア・オキーフの裸体写真を撮ったことでも知られるが、裕福なアマチュア写真家の占有物になっていた芸術写真と、コダックによってもたらされた大衆写真の双方から、モダンアートとしての写真を救い出し牽引していくのである。[18]

スティーグリッツの活動の拠点、五番街の二九一番地の向かいに写真館を持っていたビールズをどのように評価すべきなのだろうか。そもそも、創成期の写真家たちはどのような役割を担い、どのように評価されてきたのだろうか。この問いにまず答えたのは、アラン・トラクテンバーグだろう。『アメリカの写真を読む——歴史としてのイメージ』（一九八九、邦訳一九九六）で、写真家たちがアメリカのアイデンティティをもとめて写真を撮り続けたとし、新しく、強く、堅固なアメリカを作り上げる役割を果たしたと結論づけている。[19] 南北戦争の痛手を乗り越え、北部の価値観で統一を図ろうとするその第一線に写真家たちがいたのであった。写真はアメリカの産業化、大規模開発を記念する道具であったのだ。ピーター・ベーコン・ヘイルもアメリカ像の形成を担った初期の写真家たちを取り上げている。『シルバー・シティーズ』の中で創成期の男性写真家の作品を評して、かれらは都市化する町々の写真を見せることでアメリカの来るべき世紀の秩序をめざしたのだ、と言っている。その頂点に君臨するのが、ホワイト・シティと呼ばれた、シカゴ万国博覧会会場の写真群であった。[20] 白く輝く巨大な建造群を捉えた写真は、来るべきユートピアをアメリカ中に知らせる役割を担っていた。

ビールズは巨大な建物に象徴される万国博覧会の輝かしい部分ではなく、密林から連れてこられたエキゾチックな「素材」を撮った。それは「進化」の過程を視覚的に見せ、頂点に立つ白人像を礼賛し、万国博覧会の負の遺産に加担することであった。しかし、男性写真家と同様の写真家としての評価でよいのか。ビールズは万国博覧会後も写真を撮り続けた。

アメリカ像を銀板に焼き付ける使命を帯びた創成期の写真家たちのなかで、ビールズはどのように位置づけられるだろうか。二〇世紀初頭の世界に歩み出すアメリカに、どのようにビールズは写真家として関わったのだろうか。

Ⅱ．ジェイコブ・A・リースとアルフレッド・スティーグリッツの狭間

セントルイス万国博覧会の写真にひとまず戻ってみよう。標本を意識して撮られた写真についてはすでに述べた。全員を並べた記念写真をまず撮る。そして衣装や髪飾り、楽器や武器、儀式やダンス、異質さを際立たせる写真を撮る。しかし、自然さを印象づける写真の一群が存在することも事実である。それらをどう位置づけるか。なかでもとくに注目すべきは、遊ぶ子供たち、そして母親と子供の写真が多いことであろう。標本写真の撮り方とは異なり、観るものに、ある種の感情を呼び覚ます写真へと変化していることに気づくだろう。こうした写真を整理してみると、エキゾチックなものとは対照的に、万国共通の子供たちの遊びを撮ったものが多いことに気づく。母子像も多い（写真23、24、25）。当時の家族観を背景に見直すと、人種や文化の違いを際立たせる一方で、共通項を取り出す意図的な構図とも思えるものだ。同じ被写体を撮りながら、標本写真ではなく、感情を呼び覚ます装置として写真が機能しているのである。異質性や恐怖を退ける写真群の登場である。

二〇世紀初頭のアメリカ、異人種・異文化に慄くアメリカに求められているものは何か、写真家として何ができたか。ビールズは不協和なものを宥める使命をもって登場した写真家だった。彼女は身近な素材を選んだ。子供たちの遊ぶ姿、子供を抱く母親の姿、一夫一婦制の家族の姿。こうした人類の共通項を取り出す写真家の試みで思い出されるのは、この後約五〇年後、冷戦下の世界を巡回した『人類家族』という写真展であろう。エドワード・スタイケンを中心に進められた近代美術館の展示は戦争後の人々の二度と争いをくりかえしてはならないという思いと冷戦下の不安に応えたものだった。(21) 写真の流通経路が整っていなかった時代、ビールズには、写真集も、大々的な巡回展示展もかなわなかったが、共通する主題を撮ることで、世紀転換期の不安を鎮める役割を担っ

写真23　ナバホの母子像

写真24　アイヌの母子像

写真25　水遊びするモロ族の子供

ていたと思えるのだ。写真が観るものに湧き起こす精神的な力をビールズは嗅ぎ取っていた。ビールズの写真は被写体側の感情ではなく、見る側の感情に見事に応えていたのであった。

被写体への感情への無神経はすぐにわかる。模倣された仮設の小屋、にわか作りのティーピーの前で写真を撮られる姿は痛ましい。処理され、印刷された写真の多くは、その周りに佇む白人見物客の姿は切り取られて写っていない。この万国博覧会最大の問題点、それが残酷な見世物であったという部分は切り取られてしまっている。万国博覧会と知らされなければ、現地で取られた写真と多くの人々は見間違うだろう。しかし、「見世物」にしたその場にいながら、見物客である白人像を取り込んだ写真を撮れなかったことがビールズの最大の失敗だったのだ。「見世物」を見物する白人たちこそが当時のアメリカの自画像だったからである。「見世物」を観ることで心休まるアメリカこそが当時のアメリカの姿だったのである。

共通項を捉えて、観る人々を安心させる写真はセントルイス万国博覧会の後にも存在している。移民居住区で撮られた写真にもそっくりな構図が多く存在するからである。まずは、母親教室が整然と行われているところを撮る。何を習っているのか克明にわかるように、机の位置をずらし、テーブルの教材が見えるように撮る。移民の子供たちが指導通りに仕上げていることが克明に見えるように、意識して写真を撮る。中心には、見栄えのよい出来の作品がすえられる。依頼者の意思を尊重したものだ。ここまではセントルイス万国博覧会同様、主催者におもねった写真である。感情と無縁の標本写真である。しかし、自然な子供たちの姿も撮ろうとした。母と子、年下の子供たちの面倒を見る姉たち、そして兄たち。そこには、当時の改革者たちが女子教育を通じて移民家庭のアメリカ化をすすめたリトル・マザーズ・リーグの指導など必要としない、子供たちの日常が写し出されているといっていいだろう。言われなくても弟妹を見守る、ありのままの兄姉たちの姿である。子供の栄養失調を写し出す身体検査の写真とは違う、子供の達成度を報告せねばならない写真とは違う視線がそこには感じられる（写真26、27、28）。しかし、安心感を生む写真は、次に何をすべきかを語ってはくれない。移民家族の一室を撮った写真（一九四頁、写真21）に戻ってみよう。かつて、ジェーコブ・A・リースが撮った写真と誤って流布された写真である。家族の役割分担が明確なこの写真は何を物語っているのだろう。ネクタイ姿の少年はアメリカ化された小さなビジネス

写真26　遊ぶ男の子たち

写真27　幼児を抱く女児

写真28　川岸で妹を抱く男児

マンである。少女も外出用であろう、不釣り合いなドレス姿で身だしなみを整えている。疲れ、不安げな表情ながらも、アメリカ社会に適応していることを見せつける写真なのだ。「大丈夫、彼らならやっていける」と観るものに思わせる。そして、なにより、「私たちはやっていけます」と移民家族が宣言している写真でもあるのだ。これをたとえば、木賃宿の男たち（写真29）と比べてみよう。リースが好んで撮った、屯する男たちと比べてみよう。ハインが撮った、大きな紡織機に押しつぶされそうになりながら糸を操る少女（写真30）と比べてみよう。不安を喚起しない写真、不協和を写し出すことを避けた写真は改革写真としては通用しないのだった。

いっぽう、スティーグリッツの移民を撮った写真はどうだろう。「三等船室」に見られる、まるで日本の版画のような画面を二つに分ける真新しい構図（写真31）。移民を撮りながら、リースやハインが掲げた社会改革とは全く別の感情を呼び覚ます。実はこの写真、アメリカに到着した移民を撮ったものではない。ヨーロッパに向かう、豪華客船の三等船客を撮ったものだ。家族と避寒に向かうスティーグリッツが、三等船客を見下ろす構図の面白みに惹かれたという。しかし、そうした説明を拒否する、新しい時代を象徴する写真家の視線がそこにある。ニューヨークの通りの写真はどうだろう。「冬の五番街」は、降りしきる雪の中、五番街三五丁目の角に、ハンド・カメラを手に三時間待ち続けて捉えた瞬間という。ハンド・カメラがまだおもちゃのようにおもわれていたころだ。ぼやけていると一笑に付されたこの写真を、馬車が際立つように縦長にし、特殊な用紙を使って、改めて現像した。修整された様子は左側に見える板を消し去ったことで歴然としている（写真32、33）。その結果、この写真は、ピクトリアリズムを象徴する一枚となった。スティーグリッツ

写真29　満員のアパート内

写真30　紡績工場で働く女児

写真31　三等客船1907

写真32　冬、五番街1893、1897

写真33　冬、五番街1897年以降印刷

の写真の美しさ。そしてなにより、切磋琢磨して写真をモダニズム芸術に高めようとした芸術写真へのこだわりは、ビールズにはない。

Ⅲ．切り取った平安

巨人たちと競えないのはわかった。では彼女の他の写真はどうだろう。ビールズの真の評価を探る鍵はどこにあるのだろう。ニューヨークに拠点を移して三年たった一九〇八年、ビールズはグリニッジ・ヴィレッジの友人から依頼され、ポートニー・ビゲローの雑誌取材に同行した。訪ねたところは、ニューヨーク近郊、バードクリフ・アート・コロニーである。バードクリフ・アート・コロニーは一九〇二年、ラルフ・ラドクリフ・ホワイトヘッドによってキャッツキルと呼ばれる丘陵地帯のなか、ウッドストック近郊に作られたいわゆるユートピアコミュニティと呼ばれるものである。英国の資産家の出であるホワイトヘッドは、産業革命によって失われた手作業の復活を望んだといわれる。ヨーロッパで知り合ったフィラデルフィアの富豪の娘ジェーン・バード・マコールと結婚。当時一世を風靡していたウィリアム・モリスとジョン・ラスキンの思想を妻の故郷アメリカの地で実践しようとしていたのだった。アメリカ版アーツ・アンド・クラフツ運動の一翼を担ったコロニーなのである。その名はジェーンのミドルネームのバードとラドクリフのクリフをあわせてつけられた。もっとも、バードクリフ・アート・コロニーの研究者ナンシー・E・グリーンによると、ホワイトヘッドはモリスの社会主義もラスキンの道徳主義も切り捨てた上での実践だったという。[22]金持ちの道楽、深みのない思想と侮られたせいか、忘れられたコロニーの一つである。しかし、二〇世紀初頭のアメリカを考える上で非常に重要な意味をもっていると言わねばならない。社会改革と道徳的な側面を切り捨てたことにこそ、アメリカ的な意味があるからである。過激な変化を望まず、しかも宗教色を取り払ったやりかたで、産業主義に対抗しようとした人々が集ったからである。

そこでは三つの目的が掲げられた。まず手作りの美しい品々をつくること。そしてそれを販売することで、自給自足のコロニーの運営を可能にすること。つぎに、手作業の教室を開き、次世代にも受け継がれる教育を目的とした工房として機能させること、最後に自らの農場で自給自足と健康的な田舎暮らしを実践、美しく虚飾のない生活を周辺の人々にも知らしめること。[23]そこには、産業革命によって壊された生活を取り戻し、工場生産される品々への抵抗と失われた労働の尊さを取り戻そうという趣旨がこめられていた。

雑誌取材のために訪れたビゲローは彼らの生活を絶賛し、「アメリカに変化をもたらすように運命づけられたコロニーがここに存在する」と、書いた。[24]産業化社会に立ち向かおうとする彼らの姿は、あのシカゴ万国博覧会やセントルイス万国博覧会のヴィジョンとは全く異なっている。そこでは手作りの芸術空間と健康的な生活習慣こそが、過酷な産業化への対抗手段として重要視されていたからである。そしてそれは、社会秩序を引っ繰り返すことでも、道徳的な説教で変化を望むのでもなかった。

このコロニーはおどろくほど多くの当時の著名人を呼び寄せた。いかに当時の知識人たちが、新しい社会の到来に混乱しながらも、経済分析や社会分析をすることなく、新しい試みに手当たりしだい挑戦していたかを物語るものといっていいだろう。ニューヨーク・シビック・コミティのメンバーであったころ芸術担当部にホワイトヘッドを雇ったジョン・クインシー・アダムズを筆頭に、彼の親しい友人であったことから招かれたシャーロット・P・ギルマン。ジョン・デューイは移り住んだ人々の子供たちのために、ここバードクリフ・アート・コロニーに遊び小屋を建てたし、ハルハウスからはジェーン・アダムズやエレン・ゲート・スターもやってきた。のちにハルハウスで展開される陶器作り、ハルハウスを退くことになったものの晩年のエレン・ゲート・スターが打ち込んだ製本作りなどには、バードクリフで受けた体験が大きい。決してその影響力を侮れないのが創成期のバードクリフ・アート・コロニーであった。そして、ビゲローの友人でもあったジョン・バロウズがいた。バロウズはワシントンで財務省に勤めていた経歴をもち、その反動からか、自然を謳う詩人となった。コロニー内のバンガローの名には、彼の本の題名をとって「ウェイク・ロビン」と名づけられたものもある。鳥の詩はことに多くの読者に好まれ、たとえばハーミット・スラッシュ（ツグミの一種）の詩は詩人ウォルト・ホイットマンに影響を与え、リンカーンをたたえる詩の中に歌いこまれたほどであった。[25] こうした文化を担う第一線の人々が夜ごと語らい、ともに働く場をバードクリフ・アート・コロニーは提供していたのである。

一九〇九年、ビールズの写真はビゲローの記事とともに『アメリカン・ホームズ・アンド・ガーデンズ』に掲載された。今日にいたるまで、もっともバードクリフ・アート・コロニーの試みを写し出すことに成功した写真といわれている。人物をただの一人も撮ることなく、ビールズはコロニーの精神を捉えた。ホワイトヘッド自身の設計による控えめなたたずまい、白松荘と呼ばれる夫妻の住宅をはじめ、織物工房の小屋、陶器作りの小屋、劇場として利用された集会場、バンガローと呼ばれた林の中に点在する小屋。ホワイトヘッドが「約束の地」を見つけたかのように語ったキャッツキルのながめを前に建つ無垢の家、無駄のない部屋、階段、手作りの椅子、テーブル、暖炉。対象の神聖さ、崇高さを見せつけた写真群だった[26]（写真34、35）。ニュース写真で磨いたシャープな技術が精神性を際立たせている。

雑誌には掲載されなかったものの、ビールズは共同生活のなかで健康づくりに勤しむ子供たちの姿を撮っている（写真36）。バードクリフに集まった人々の、次世代への思いを感じさせる一枚だろう。失われるものを取り戻そうとする一方で、共同生活という新しい生活様式を実験しながら、コロニーという隔離された状況を作り出してでも継がせたい、守りたい子供たちの存在。この時代の変化をまともに受けた人々が作り出した避難所であり、願わくは発信基地をめざしたことをこの写真は伝えている。子供たちの表情は正直だ。侵入者であるビールズを睨んでいるのはホワイトヘッドの息子である。のちにこの少年の突然の死が父親に打撃を与え、コロニーを畳む動きが加速する。すでに経済的に成り立たなくなっていたコロニーに注ぎ込む意欲を失ったからである。手作りの芸術品は手間と時間がかかり、高価であった。人々の手に行き渡らせて、大量生産に対抗する生活様式を望むことなど、不可能であった。家具作りにおいても、動力を導入せずに木材を処理することには限界があった。たとえ出来上がっても、大きな家具をニューヨークの市場へ運び出すことはままならなかった。もちろん、共同生活のなか、君主のように君臨するホワイトヘッドこそがコロニー解体の原因だったとするむきもある[27]。

しかし、ビールズの写真は、このコロニーの思想を可視化して残した。物静かなたたずまいのなかの精神性を伝える写真こそ、激動と混乱の都市生活への何よりの抵抗だった。しかし、ここでも写真は静けさを提供する。安心感を提供している。外と隔離された空間を取り出した。

このコロニーへの訪問は、思いがけず、ビールズにとって新しい展開を用意した。ビゲローやバロウズと親しくなったビールズは、こののちもしばしば彼らの別荘を訪れることになるからである。なかでもポートニー・ビゲローはビールズにとって特別の人となった。

ポートニー・ビゲローの父はかつてフランス公使でのちにニューヨーク公立図書館設立に尽力したジョン・ビゲローである。第五章で取り上げたこのポートニー・ビゲローは、父親の輝かしい経歴とは異なり、政界への進出も、海外での要職も社会的な地位もままならず、若いころから世界各地を渡り歩き、見聞を語ることが彼の誇りを支えていたような人物であった。時代はもう彼のような名望家の息子たちが探検家としての名声を得るには遅すぎた。軍人としての栄誉も手が届かなかった。一九〇五年にボストン大学で教鞭をとる話が届いたときの父親の誇らしさには驚かされる[28]。しかし、教授陣に残る夢はかなわなかった。ビゲローのブッカー・T・ワシントンへの憎悪ともおもえる激しい発言がその原因だった。黒人指導者ワシントンを温かく迎えたボストンの知識人たちをビゲローは激しく非難しているからである。疎まれ始め、当惑する息子への父親からのアドヴァイスはこうだ。「科学的根拠を明示して（黒人種が劣っていることを）説得することだ[29]」。この「科学的根拠」こそセントルイス万国博覧会の背景にあった人体測定学であった。

Ready for the evening fire

Treasures from a studio

A use of native stone

An open stairway

写真34　バードクリフ・アート・コロニー

写真35　白松荘からの眺め1910

写真36　体操の時間1908

ビゲローのボストン大学での講義の手書き原稿が残っている。列強の植民地政策を見聞きしてきたビゲローの語る、各国の政策の展開、地域による状況の違い、現地での実施の状況、具体的な成功例、失敗例の数々は遅れて世界進出に参加したアメリカが必要としていた基礎知識であったろう。(30)しかし、アフリカは白人最後のフロンティアであると公言するその植民地観、あからさまな黒人差別は、南北戦争後の政治的統一に腐心する北部知識人にとって、北部主導をあいまいにしかねない火種を宿していた。当時、ブッカー・T・ワシントンの存在は政治的・経済的統一に欠かせない旗印として非難してはならないものであった。ワシントンの説く黒人の自助精神と効率主義は北部の産業主義の価値観を代弁していたのである。ビゲローがボストンで教壇に立つ夢はもろくも崩れ去った。

一九〇五年当時、ボストンでの失意を癒すかのように、ビゲローはニューヨーク、バードクリフ・アート・コロニーからも程近い、キャッツキルの自宅に引きこもっていた。そこで、ビールズは彼に出会った。セントルイス万国博覧会で塀に囲まれていた人々を、なんとアフリカやフィリピンの地で実際に見てきたというビゲローの出現。密林を歩き、大洋を渡る話にビールズはどんなに胸躍らせたことだろう。セントルイスでの成功が忘れられなかったビールズにとって、ビゲローには特別の思いがあったのだろう。詳しいことはわからない。しかし、一九一一年、ビールズはビゲローとの間に娘を儲けたということになっている。本書の冒頭、写真「病院のナネット」で紹介したナネットである。直後に、ビゲローは再婚をしているので真偽のほどは疑わしい。うそであったとしても、ビゲローの子として育てたいと思うビールズの心情こそがなによりここでは重要なことだろう。アルフレッドとは別居生活ののち、一九二三年に正式に離婚した。活動的で上昇志向の強かったビールズと、物静かで学者肌のアルフレッドとの性格の不一致も原因であったろう。[31]別居中の一七年には五番街二三丁目から、グリニッジ・ヴィレッジに移り住んだ。一人で子供を育てる覚悟であった。ビゲローの残された写真箱には未整理のまま、わずかに二枚、ビールズが送ったナネットの写真と、ビールズの居間の写真があるのみである。ビゲローが彼らの生活を援助したとは思えない。[32]

当時の慣習から外れた生き方を志したビールズに、グリニッジ・ヴィレッジはやさしかった。「ヴィレッジでは、自分の夢の実現のためならば苦労をいとわぬ、あらゆる種類のクリエイティヴな若者たちに出会いました。皆、真剣でした。粗末な彼らの部屋や安いレストランで彼らと話し合うのは刺激的で、私もやりたいと思ってきたことをやらねばいけないといつも勇気づけられました[33]」と振り返っている。一九一七年のグリニッジ・ヴィレッジはその過激さで名を売ったヴィレッジからボヘミアンと呼ばれる時期に入ったとされる。『マセス』の発刊、リベラル・クラブ、パターソンのストライキと続いた過激さは影を潜めた。中心人物の一人だったジョン・リードはロシアに行ってしまったし、サロンの旗手メーベル・ドッジもアリゾナに行ってしまった。[34]ビールズはこの一見その魅力を失った地域に目をむけた。

ビールズはここでも、急激な革命ではなく、しかし現状に物申す人々が暮らす地域としてのボヘミアンのグリニッジ・ヴィレッジのイメージ作りに大きく貢献した。地下鉄の建設、不動産屋の進出、ともすれば飲み込まれそうなニューヨークの開発のなか、ビールズの写真はこの地域の特色を

①リベラルクラブ　マクドゥーガル通り　137番地
②ジョン・リードの家　ワシントンスクウェア　42番地
③メーベル・ドッジのサロン　五番街　23番地
④「ポーリーの店」　マクドゥーガル通り　137番地
④′西4番通り　147番地
⑤ビールズのギャラリー　西4番通り　171番地
⑥サモワール　西4番通り　148番地
⑦マッドハッター　西4番通り　150番地
⑧「ブルーノの屋根裏部屋」
グレース・ゴドウィンのスパゲッティハウス　南ワシントンスクウェア　58番地
⑨ブックショップ　マクドゥーガル通り　135番地
⑨′西8番通り　17番地
⑩ウェブスターホール　東11番通り　119番地
⑪トライアングルシャツ会社　ワシントンプレース　23番地
⑫ニューヨーク大学　五番街　292番地
⑬拡張した7番街
⑭シェリダン・スクウェア　7番街地下鉄駅
⑮プロヴィンスタウン劇場　マクドゥーガル通り　139番地

図4　グリニッジ・ヴィレッジ地図

とらえた。わずか二年のヴィレッジ生活の間に、その歴史を写真に残した。過激派たちが集まったレストラン「ポーリーの店」（一〇二頁、写真6）。かつてのアナキストのたまり場も今では場所を変え、恐れることなく眺められた。ジョン・リードが伝説になりつつあるとき、彼が訪ねた場所や座った場所の写真も格別の意味を持つ。隠れ家のような店。異国の衣装、楽器、調度品。万国博覧会の「展示」を一つ一つ収めるように、ヴィレッジの暮らしと人々を写し出していった。そして、一九一七年、シェリダンスクウェアに自らもアート・ギャラリーを構え、自身の作品を展示した。写真にはビールズの思いが詩のかたちで添えられた[35]（写真37）。

絵葉書となったビールズの写真の数々を見てみよう。アナキスト、ポーラ・ハラデイのレストラン「ポーリーの店」はかつてマクドゥーガル通り一三七番地にあり、リベラル・クラブの居城であった。ジョン・リードやリンカーン・ステファンズ、マックス・イーストマン、フロイド・デルらが革命を論じ合った場所である。しかし、一九一七年に場所を西四番通り一四七番に移した。ビールズが写真に添えた言葉は「生きるのが辛く、意気消沈しているあなた、グリニッジにある『ポーリーの店』に行って御覧なさい。なぜって皆が集まっていますから。作家や芸術家が皆、壁にならんで坐っているのに会えますから。ポーリー嬢が集金して、ウェイターのマイクはそんなにすぐにはできませんよと『ポーリーの店』で言っています。……ニューヨーク、グリニッジ・ヴィレッジ」と、温かい。「サモワール」で見かけたジョン・リードの姿ももう恐れることなく眺められる（写真38）。客層が変化を遂げたのは、安価なレストランだけではない。ティールームやカフェもかつては芸術家による革命を志す人たちのたまり場だった。しかし、『不思議の国のアリス』から名

写真37　ギャラリーの前に立つビールズ1917

をとって「マッド・ハッター」と名づけられたヴィレッジ初のティーハウス（写真39）や、異国情緒を売りにするカフェ（写真40）を観てみると、暖炉やウィンザー・チェアー、イギリス風の接客はもはや一時期の過激さを感じさせない。グレース・ゴドウィンのスパゲッティ・ハウス（写真41）も、かつて行き場のない文士たちに居場所を提供した、「ブルーノのギャレット」跡である。自らもボヘミアンであったグイド・ブルーノはソーダやアイスクリームを売る店の二階を「ブルーノの屋根裏部屋（ギャレット）」と銘打ち、名もない芸術家に自由に自作を発表できる場として提供した。しかし、いまや、イタリアの食事を気兼ねなく味わえる店に変わっている。当時はまだ珍しかったスパゲッティを食べる姿をまるで時間が止まったように撮った写真は、笑いさえ誘う。ヴィレッジの本屋（写真42）、情報誌『インク瓶』の編集室（写真43）、同じく情報誌『クウィル（羽ペン）』の編集者ボビー・エドワーズの手作りのウクレレの店（写真44）。エドワーズのウクレレは葉巻入れからの手作りといわれ、その模様はヴィレッジの劇場を飾った装飾を再現していた。ヴィレッジに集う役者たち、彼らのパーティーの様子もビールズは余すことなくカメラに収めている。かつてアナキストたちの活動資金源として開かれていたウェブスター・ホールのパーティーもいまや大々的なショーとなった（写真45）。一九一八年には週二回のペースでショーが開かれていたという。集う人々の自由な男装、女装は同性愛者たちに優しかったヴィレッジを伝えている。新しい世界を垣間見る場としてのヴィレッジがそこにある。自らの写真にビールズが添えた言葉は、「来て見て」、「覗いて御覧なさい」と必ず謳う。馬舎をそのままのこしてブティックにした店、肉屋を改造して小間物屋にした店（写真46、47）。オーナーを称えて写し出す店の様子、アップタウンにはない世界がここに広がるという誘いは巧みだ。紛れもなく、異国情緒を売り物にした雑貨や調度品の店のプロモーションであった。万国博覧会に行かずとも、異国の品々が手に入ると謳ったのである。リースがおどろおどろしく撮った路地裏も、ビールズが撮ると、ヴィレッジの生活臭を匂わせながら見事にユーモアとなった（写真48）。

もっともヴィレッジを特殊な地域として祭り上げたのは、ビールズだけではないらしい。不動産屋もこの地域の価値を上げようと、ボヘミアン効果を期待し、不動産広告を打ち出したという。前述のピープルズ協会も、新しく移り住んできたイタリア系の人々をこの地域になじませようと共同体作りの活動を学校で繰り広げ、快適な住宅居住区としての一体感作りに貢献したようだ。[36] しかし、

写真38　サモワールの常連客
『サモワール　西4番通り148番地グリニッジ・ヴィレッジ』
（右に座って微笑んでいるのはジョン・リード。胸にビールズの手書きで「嗚呼ジャック」とある。ジャックはリードの愛称。1917年の一時期、リードは執筆のため、グリニッジ・ヴィレッジに戻っていた。このサモワールはユージン・オニールが作品を発表した劇場、プロヴィンスタウン劇場の劇団員のたまり場であった。）

写真39　ティールームの入口に立つアンガー
『ウサギの穴に飛び降りて、お茶を一杯いただきましょう。ニューヨーク、グリニッジ・ヴィレッジ』

写真40　「クランベリ」店内のクランプ嬢

写真41　スパゲッティを食べる人たち

写真42　ワシントン広場ブックショップ
『ワシントン広場ブックショップ　ニューヨーク、グリニッジ・ヴィレッジ』

写真43　編集室でのニュートンとマン
『「インク瓶」狭いけれど、皆が集う場。皆が出会う場。いつ訪ねても、翳り無く、光あふれるところ。ピーター・ニュートンとフォレスト・マンがビレッジの住人を一人残らず「インク瓶」ファンにしようと、たくらんでいるところ。ニューヨーク、グリニッジ・ヴィレッジ』

写真44　ウクレレに絵を描くエドワーズ『木箱に描くは目もさめる色。星を仰ぐ屋根裏部屋で、ボビー・エドワーズがウクレレを作っています。ニューヨーク、グリニッジ・ヴィレッジ』

写真45　ウェブスターホールの仮装パーティ

圧倒的にボヘミアンのイメージを定着させたのはビールズの写真であった。それこそヴィレッジが今日ヴィレッジたるゆえんなのだ。商業主義に貶めたと批判を受けてもやむをえないだろう。ヴィレッジ最初のツアーガイド、アデレイド（アデル）・ケネディのハンサムな写真を撮ったのもビールズである（写真49）。ツアーガイドの認知こそ、この地域が特別であることを宣言したものといっていいだろう。画一的な社会からはみ出した人々が暮らせる場があることを写真は宣言したのだった。碁盤の目のニューヨークに決して組み込まれないというヴィレッジの意思表示であった。そしてそこは、ユダヤ系移民の多く住むローアー・イーストサイドより、アフリカ系が集まり始めたハーレムより、はるかに安全だったのだ。限られた空間、白人中産階級層の異空間を切り取るビールズの作業は、本質的にセントルイス万国博覧会、バードクリフ・アート・コロニーのときと同様であった。

　ヴィレッジの象徴ワシントン・アーチを撮り続けたビールズを最後に観ておこう。ワシントン・アーチのある

写真46　店で坐るアリソン
『魔法で肉屋が魅惑の色と図柄で溢れる店に生まれ変わりました。シェリダン広場のルイーズ・アリソンがここで薄布を染めています。ニューヨーク、グリニッジ・ヴィレッジ』

写真47　デイジー・トンプソンの店
『ここはデイジー・トンプソンの店。皆が今流行の素敵な雑貨を求めて足を止める店。遠く、中国、日本、マンダレーから届く珍しい品々が驚く安さで手に入る店。ニューヨーク、グリニッジ・ヴィレッジ』

写真49　アデル・ケネディ
『アデル・ケネディ　ニューヨーク、グリニッジ・ヴィレッジへの唯一無二のガイド』

写真48　洗濯物
『グリニッジ・ヴィレッジの路地　今風芸術付き』

ワシントン広場はかつてポッター死体処理場と呼ばれた地域である。刑場やニューヨークを襲ったコレラや黄熱病患者の死体処理に使われていた。しかし、ニューヨークの市街地の北上とともに、一八二三年には公園として生まれ変わり、二六年には初代大統領ジョージ・ワシントン就任五〇周年を記念して軍事パレードが行われた。さらに周辺に現在のニューヨーク大学の前身である大学が創設された一八三六年ごろから、様相を変え始める。ことに公園の北側が住宅地として開発され、大学内の空き室には作家や芸術家たちが集い始めた。ワシントンを記念して凱旋門を作る計画は八九年に仮のアーチとして実現し、九二年には、古典主義の代表的な建築家スタンフォード・ホワイトの手によって、大理石のアーチの完成をみた。北に五番街の発展を睨み、また周囲の環境改善を狙った建築といわれている。南から押し寄せる移民たちの進入をせき止めるように、ニューヨークの繁栄を招来するように、白人アメリカの象徴として聳えることになったのである。白人アメリカと異人種の間に立って写真を撮ってきたビールズには相応しい被写体だったろう。

「光のアーチ」とでも呼ぼう。一九〇九年に撮られたこの写真は、ヘンリー・ハドソンがニューヨーク湾を発見した一六〇九年から三〇〇年を祝う祭りを記念して点灯されたときのものだ（写真50）。エジソンが可能にした、電飾で飾られたセントルイス万国博覧会の夜景を髣髴とさせる。アメリカの国威発揚を忘れがたかったビールスの思いを感じさせる一枚だろう。そして、スティーグリッツとまるで競ったかのような、「雪のアーチ」とでも呼びたい、一九一五年の写真。ぼかしの技術を苦労して体得したビールズの誇る一枚だったに違いない（写真51）。しかし、美しさだけではスティーグリッツにかなわなかった。いや飽き足らなかったのかもしれない。「最初の女性ニュース写真

写真50　光のアーチ

写真51　雪のアーチ

写真52　二階建てバスとアーチ

写真53　霧雨のアーチ
『ワシントン広場　ニューヨーク』
この写真はニューヨーク・トリビューン1920年7月4日に、「芸術のために必ずしも細部の明晰さを犠牲にすることは無い、と教えてくれる雨のワシントン広場。写真家たちが好む被写体である。」とコメント入りで掲載された。この記事はビールズのスタジオでの肖像写真に言及し、「被写体から微笑みを引き出す写真家」と紹介している。報道写真と芸術写真の狭間にいたビールズを言い当ててはいるが、本書で言及した写真が醸し出す静寂と忘却による写真の影響力には触れていない。しかし、独立記念日の新聞の掲載写真であることが自ずから人々の不安を鎮めたこの写真の重要性を語っているだろう。

家」として、時代を刻印する使命を窺わせるのが、アーチと二階建てバスを撮った写真である（写真52）。一九〇七年に導入された、五番街を走るこのバスは、公園の南をその基点にすることでヴィレッジのあり方を変えた。このバスのおかげでツアーで集客できるようになったのである。ビールズが絵葉書に写真の活路を見出したのもこのバスあってのことであった。最後に紹介するのは、「霧雨のアーチ」と呼ぼう（写真53）。一九二〇年に撮られた写真である。捉えられたのは子供だろう。肩に担ぐのは衣料品と見える。子供たちが出来上がった衣料品を運ぶ姿はローアー・イーストサイドのユダヤ人街の日常だ。このワシントン・アーチからわずか一ブロック東に行くと、トライアングル・シャツ会社の大火災の現場であることなど微塵も感じさせない。一九一一年に起こったこの火災は通路に積まれた布が火災を広げただけではない。雇い主が鍵をかけた労働現場から従業員が逃げ出せなかったことが最大の悲劇を生んだ。一四六人ものユダヤ系、イタリア系の若い女性の針子たちが犠牲になった。熱さを逃れて飛び降りるという悲惨さであった。そのわずか一ブロック先の悲劇の記憶を霧の中に消し去った、美しい写真に仕上がっている。児童労働の現実も日常として受け止めている。酷く痛ましい記憶を宥めるビールズの写真である。

こうして切り取った安全な空間が幻想であったことは、早くから知られていた。この地域は当初からアフリカ系アメリカ人、アジア系アメリカ人、イタリア系アメリカ人の混在する、多様な住民の居住区だったのである。(37) 彼らは存在していたのに、彼らを交えたイメージは決して作られなかった。セントルイス万国博覧会で白人見物客を切り取ったように。ここにもみごとに不都合な現実を切り捨てて、虚構を作り上げた写真家ビールズの姿がある。

おわりに

戦争で様変わりしたヴィレッジを離れて、ビールズはその後各地を転々とした。小型化する写真機に切り替えず、昔ながらの大型カメラと三脚を娘のナネットが手伝って運んだという。硝子板をいれると一五キロを超える重さだ。一九三〇年代の恐慌は、収入源だった肖像写真や邸宅写真の注文に打撃を与えた。バードクリフ・アート・コロニーの写真群は邸宅や庭園写真家としての高い評価を富裕層に生んでいたが、彼らに新たな注文をする余裕がなくなったからである。

のちに成功の名をほしいままにした写真家たちはそのころヴィレッジなど見向きもせず、超高層のビル群や銀行やニュース、雑誌会社の名を冠した新しいビルを撮った。壊されていくビルの写真さえ、そこではアメリカの勢いを見せつける写真となった。ベレニス・アボットやサミュエル・H・ガッチョウの写真が浮かぶだろう。一時期ビールズの手伝いをしていたマーガレット・バーク－ホワイトの写真は、さらに世代の違いを際立たせる。ダムや機械を恐れることなく撮った。『ライフ』創刊号（一九三六年十一月）の表紙を飾ったフォートペック・ダムを知らない人はいないだろう。人々は力強いアメリカの写真を待ちわびた。そしてそうした写真の多くは移民二世、ことにユダヤ人写真家によって撮られたものだった。[38]アメリカの自画像を写す作業は彼らに引き継がれていったのである。

ビールズは一九二八年に『ソングズ・オブ・ワンダラー（放浪者の歌）』と題された詩集を二〇〇

部私費出版している。ヴィレッジのレストランのメニューの裏に書きつけていたものやスケジュール帳に書いたものをのちに整理したものである。元の筆跡はどれも激しく乱れたものばかりである。思い立ったように書き綴ったその内容は、恋愛感情の揺れ動きを詠ったものが多い。扉に引用されているのはバードクリフ・コロニーで出会って以来の友人ジョン・バロウズの死に際のことばである。題して「家路はまだか[39]」。

ビールズは自分自身を帰る家のない放浪者と呼んだ。そして選ぶべきドアを間違えた自分を「数々のドア」と題した詩の中で、次のように書いた。

数々のドア

人生にはいくつものドアが開き、そして閉じていく
そのドアの一つから　私は香しいバラの香りを嗅いだ
たとえようのない喜びもつかの間、
悲しいことに
ドアは閉じていった

人生はあまりにも酷くそしてやさしい
今日、人ごみの中で

人生を変えるようなまなざしにであった
でも私には無理
私にはやさしすぎる

いつかかなうことなら
幸せがすべての人にかなうドアを開けたい
私にはかなわなかった喜びの見つかる、痛みを忘れるドアを
そしてそのドアが
二度と閉じることがないことを(40)

さまざまな写真を撮り続け、多くのドアを開けて可能性に挑戦してきたビールズの姿はこの詩にはない。この詩集にはすべて、スティーグリッツと見間違うようなニューヨークの通りや摩天楼の写真が添えられている。報道写真家と呼ばれながらも、捨て切れなかった芸術写真への想いがここには感じられる。晩年、ビールズは自分をかつて温かく迎えてくれたグリニッジ・ヴィレッジに戻ったが、もはやそこに活動の場はなく、失意のまま、ニューヨークの慈善病院で最後を迎えた。

しかし、二人の巨人写真家の前に忘れ去られた写真家として侮ることはできないだろう。「放浪者」として巡り歩いた軌跡こそ、アメリカの過渡期を写し出していたのは見てきたとおりである。ビールズは社会が激変するなかで、混乱しながらも居場所を見つけ出していった人々の姿を捉えて

いた。バードクリフ・アート・コロニー、グリニッジ・ヴィレッジ、移民地区……芸術家、ボヘミアン、ソーシャル・ワーカー、看護婦、保健婦。これらの人々の総体こそが振り返ればアメリカそのものだった。それは、日々不安に挑戦し続けるアメリカの姿だった。もちろん、人種差別の上に立ってである。ビールズの写真はそうした人々が望んだ平安をフレームに切り取って、さらに多くの人々へ伝える媒体としたのだった。異質なものをみる「見物者」という自画像を切り捨てることこそ当時、もっとも必要とされたことだったからである。その事実は彼女の写真なしには語れないのである。

註

（1） 万国博覧会、セントルイス万国博覧会に関してはRobert W. Rydell, *All the World's a Fair: Visions of Empires at American International Exposition, 1876-1916*, Chicago: University of Chicago Press, 1984, Nancy J. Parezo and Don D. Fowler, *Anthropology Goes to the Fair: The 1904 Louisiana Purchase Exposition*, Lincoln: University of Nebraska Press, 2007, 先住民族の展示に関してはEric Breitbart, *A World on Display: Photographs from the St. Louis World's Fair*, Albuquerque: University of New Mexico Press, 1997. フィリピンに関する展示はEnrique B. de la Cruz and Pearlie Rose B. Baluyut, *Confrontations, Crossings, and the Convergence: Photographs of the Philippines and the United States, 1898-1998*, UCLA Asian American Studies Center, The UCLA Southeast Asia Program, 1998, 日本に関する展示はCarol Ann Christ, "'The Sole Guardians of the Art Inheritance of Asia': Japan at the 1904 St. Louis World's Fair," in special issue "Visual Cultures of Japanese Imperialism," in *Positions: East Asia Cultures Critique*, vol.8, number 3, winter, 2000, pp.675-710. 吉見俊哉『博覧会の政治学』（東京：中央公論社、一九九二）

（2）C. Jane Gover, *The Positive Image: Women Photographers in Turn of the Century America*, Albany: State University of New York, 1988.

（3）Alexander Alland, Sr., *Jessie Tarbox Beals: First Woman News Photographer*, New York: Camera/Graphic Press LTD, 1978, p.80. Alexander Alland, Sr., "Jessie Tarbox Beals: Pioneering Woman Press Photographer," *American Photographer*, Aug, 1978 Vol.1, No.3, New York: Image Nation Co., pp.52-59.

（4）ビールズの全体像を知る上で重要な写真、書簡、詩集等の資料はアーサー・アンド・エリザベス・シュレジンジャー図書館（ハーバード大学、ラドクリフ・インスティトュート）所収、そのほかニューヨーク歴史協会には肖像写真、ニューヨーク市博物館ではグリニッジ・ヴィレッジの写真を中心に見ることができる。またコミュニティ・サービス協会の資料はニューヨーク、コロンビア大学希少図書資料館所収。ピープルズ協会の写真はニューヨーク公共図書館所収。セントルイス博覧会で撮られた写真の多くはミズーリ歴史協会、セントルイス公共図書館所収。

（5）Alland, *Jessie Tarbox Beals: First Woman News Photographer*.

（6）Jessie Tarbox Papers, The Schlesinger Library, Radcliffe, Institute, Harvard University. 91-M42, "Death of Miss Grace Tarbox," News Paper clipping, obituary, n.d.

（7）C. Jane Gover.

（8）Alland, *American Photographer*, p.56.

（9）Alland, *Jessie Tarbox Beals*, p.43.

（10）Ibid.

（11）Laura Wexler, *Tender Violence: Domestic Visions in an Age of U.S. Imperialism*, Chapel Hill: The University of North Carolina Press, pp.275-278. セントルイス博覧会での写真家たちの先住民の撮り方に対して、「違い」を強調することで進化の発展を見せつけたと厳しくその責任を問うたのはほかにも、Eric

Breitbart, *A World on Display: Photographs from the St. Louis World's Fair.*

（12） Alland, *Jessie Tarbox Beals*, p.43.

（13） *Confrontations, Crossings, and Convergence*, pp.28-31. Lisa Bloom ed., *With Other Eyes: Looking at Race and Gender in Visual Culture*, Minneapolis: University of Minnesota Press, 1999.

（14） Alland, *Jessie Tarbox Beals*, p.58.

（15） "Suggested Changes in Health School Plan," People's Institute Records, 1883-1927, New York Public Library, Box 12, File 6, "Report of Summer Health School," People's Institute Papers, New York Public Library, Box 12 File 7. 呼応する写真は "Little Mothers," Box 64, #38-44, "Boy's Line Up," and "Girl's Line UP," Box 66 #91-96, "Health School," Box 66 #97-105, "Mothers and Babies," Box 66 #121-124, "Tenement," Box 67 #149-158. 自主規制をめぐる問題は "Cinema and Reform," in *The Silent Cinema Reader*, ed. by Lee Grieveson and Peter Kramer, London: Routledge, 2003, pp.136-143. にくわしい。

（16） Alland, *Jessie Tarbox Beals*, p.59.

（17） Jacob Riis, *How the Other Half Lives*（1890）, New York: Dover publications, 1971. Riis, *The Battle with the Slum with Photographs by the Author*（1902）, New York: Dover Publishing, Inc., 1998. Alexander Alland, Sr., *Jacob Riis: Photographer and Citizen*, Millerton: Aperture, 1974. ジェーコブ・A・リースやルイス・ハインの役割をみたものに、Maren Stange, *Symbols of Ideal Life: Social Documentary Photography in America 1890-1950*, Cambridge: Cambridge University Press, 1989,『明日を夢見て――アメリカ社会を動かしたソーシャル・ドキュメンタリー』東京都写真美術館、二〇〇四。

（18） スティーグリッツに関しては William Innes Homer, *Alfred Stieglitz and the Photo-Secession*, Boston: New York Graphic Society, 1983, Christian A. Peterson, *After the Photo-Secession: American Pictorial Photography, 1910-1955*, New York: W. W. Norton, 1997. Bonnie Yochelson, *Alfred Stieglitz New York*, New York: Seaport Museum, 2010.

（19） Alan Trachtenberg, *American Photographs: Images as History—Mathew Brady to Walker Evens*, New York:

Hill and Wang, 1989.（アラン・トラクテンバーグ著、生井英考・石井康史訳『アメリカ写真を読む――歴史としてのイメージ』、白水社、一九九六）

（20）Peter Bacon Hales, *Silver Cities: Photographing American Urbanization, 1839-1939*, Albuquerque: University of New Mexico Press, 2005.

（21）*The Family of Man Created by Edward Steichen*, New York: The Museum of Modern Art, 1955.

（22）Nancy E. Green, "Introduction" in Nancy E. Green ed., *Byrdcliffe: An American Arts and Crafts Colony*, Ithaca: Cornell University Press, pp.10-12.

（23）Ibid.

（24）Poultney Bigelow, "The Byrdcliffe Colony of Arts and Crafts," in *American Homes and Gardens*, Oct. 1909, p.389.

（25）*Byrdcliffe*, p.225. *John Burroughs' America: Selections from the Writings from the Naturalist*, ed. by Farida A. Wiley, Mineola, New York: Dover Publications, Inc. 1997.

（26）ビールズの写真は、Bigelow, "The Byrdcliffe Colony of Arts and Crafts," pp.389-393.

（27）バードクリフの解体に関しては Tom Wolf, "Byrdcliffe's History" in *Byrdcliffe*, pp.16-35.

（28）ビゲローと父の書簡集は Poultney Bigelow Papers, New York Public Library, NYPL, Box 3.

（29）John Bigelow to his son, Apr. 13, 1905, Poultney Bigelow Papers, NYPL, Box 3.

（30）Poultney Bigelow の著作 *White Man's Africa*, London& New York: Harper & Brothers, 1900, *The Children of the Nations: A Study of Colonization and Its Problems*, New York: McClure, Phillips & Co., 1901.

（31）ナネットの出生に言及しているのは Alland, *Jessie Tarbox Beals*, p.83, "Guide to the Jessie Tarbox Beals Photograph Collection," The New-York Historical Society.

（32）"Scrapbooks of Photos, Clippings, etc. 1876 to ca. 1935," Poultney Bigelow Papers, NYPL, Box 60.

（33）Alland, *American Photograph*, p.59.

（34）今日、グリニッジ・ヴィレッジと呼ばれる地域は北が一四番通り、東が四番街、西がハドソン河、南がハウストン通りを境界としている。ヴィレッジの歴史は Ann Alice Chapin, *Greenwich Village* (1917), Charleston: Bibliobazaar, 2008, Rick Beard and Leslie Cohen Berlowitz, *Greenwich Village: Culture and Counter Culture*, New York: Museum of the City of New York, 1993, Gerald W. McFarland, *Inside Greenwich Village: A New York City Neighborhood, 1898-1918*, Amherst: University of Massachusetts Press, 2001, Ross Wetzsteon, *Republic of Dreams: Greenwich Village: The American Bohemia, 1910-1960*, New York: Simon and Schuster, 2002, Luther S. Harris, *Around Washington Square: An Illustrated History of Greenwich Village*, Baltimore: The Johns Hopkins University Press, 2003, Bruce Weber, *Homage to the Square: Picturing Washington Square, 1890-1965*, New York: Berry-Hill Galleries, 2001. 田野勲『祝祭都市ニューヨーク――一九一〇年代アメリカ文化論』、東京：彩流社、二〇〇九。

(35) ビールズのヴィレッジでの生活を特集したものに "'Beals' Bohemians': Greenwich Village Through the Lens of Jessie Tarbox Beals," Catalogue, Museum of the City of New York, June18, 1994-Oct. 30, 1994.「ポーリーの店」の写真に添えた言葉は "Patrons dining at Pollys Restraunt," The Schlesinger Library, Radcliffe Institute, Harvard University, PC60f-23.

(36) McFarland, *Inside Greenwich Village*. pp.189-226.

(37) Ibid. Caroline F. Ware, *Greenwich Village, 1920-1930: A Comment on American Civilization in the Post-War Years* (1935), Berkeley: University of California Press, 1963.

(38) Berenice Abbott, *Changing New York*, New York: The Museum of the City of New York, 1997, Donald Albrecht, *The Mythic City: Photograph of New York by Samuel H. Gottscho, 1925-1940*, New York: The Museum of the City of New York, 2005, Margaret Bourke-White, *Margaret Bourke-White: Photographer*, Bulfince, 1998,（原信田実訳『マーガレット・バーク＝ホワイト写真集』、東京：岩波書店、一九九九）, Ronald E. Ostman and Harry Littell, *Margaret Bourke-White: The Early Work, 1922-1930*, Boston: David R. Godine publisher, 2005, Max Kozloff, *New York: Capital Photography*, Organized by The Jewish Museum of New York, New Haven: Yale University Press, 2002.

(39) "Are We Very Far From Home?" Quoted in Jessie Tarbox Beals, *Songs of a Wanderer* (Privately Printed), New York: August Gantheir, 1928, p.9.

(40) Beals, "Doors," *Songs of a Wanderer*, p.62.

おわりに

ポートニー・ビゲローの最初の妻イデスはミセス・ポートニー・ビゲローの名で小説を出版している。その中の一冊、『チャーリーがいない間に』(1)は西アフリカに冒険に出た夫の留守に、幼馴染への思いを募らせる妻の話である。まるでイデス本人の思いを本にしたのかのような筋書きである。往復書簡の形式で綴られたなかで、主人公メアリーは夫への不満、社交界のしきたりや暇つぶしのむなしさを幼馴染のビルに書き綴る。結婚式に招待されては祭壇の前から若い花嫁を引きずり降ろしたい衝動にかられるほど、結婚生活に絶望している。その絶望を癒すかのように、幼馴染への思いをしたため、自分の髪の毛を一房、手紙に忍ばせて送ったりしている。ところが、思いを寄せるこの幼馴染までもが今度は南アフリカに旅立つと聞いて、いてもたってもいられない。掻き立てられる不安と切ない想いを書き送る。人妻の不満と絶望と道ならぬ恋に焦がれる思いの小説である。最終章では夫の客死を知らせる電報が届き、幼馴染との生活を夢見るところで終わっている。当時の妻たちの幻想だったろうか。恋人も夫も、帝国の野望の実現のために、はるか海のかなたにいる。

男性不在の物語。しかし実のところ登場する男たちは精彩を欠く。アフリカに旅立つ理由の一つが結核療養であったりするのだ。まるでポートニー・ビゲローが虚弱な体力を回復する場としてアジアやアフリカを旅したように。

そのポートニーに恋焦がれたジェシー・ターボックス・ビールズも、イデスの小説の主人公と同様の思いのなかにいたことを思い出す。叶わぬ恋に焦がれ、アフリカの地への幻想をしばしば詩によんだ。異性への思いを募らせながらも、異性のいない間に許される自由。その自由は生活苦との戦いでもあり、過酷だ。

戦場でさえも家庭から解放された場所に映ったエレン・N・ラモットの場合はどうだろう。これでもか、これでもかと惨い現実に飛び込んでいった。振り返ると、ここで足跡を追った女性たちには夫の影はおろか、家族の影さえ薄い。家庭を第一に掲げ、移民家族を守ろうとした看護婦たちもそうだ。むしろ家族を離れ、自分たちの仲間と生活をともにすることを選んだ。女性たちの母性保護を掲げながらも、自分達は結婚に見向きもしない。

むしろ、夫不在、家族不在のなかで自ら道を切り開いてきたことを誇りにしている。自立する女性像である。実はそれを象徴する姿をビールズはカメラに収めていた。ニューヨークに林立するテナメントの屋上を歩きながら看護先の移民家族へ向かう、ヘンリー・ストリートの訪問看護婦を捉えた写真である。（五六頁、写真5）この写真は訪問看護婦協会のイメージ作りに大いに貢献した。一刻も早く患者のもとに駆けつけようとする姿を写し出していたからである。コンクリートで埋め尽くされている都市と不釣合いなスカート姿の女性の対比。屋上を渡り歩くその姿は、過酷な周りの世界を物ともせず、自分の任務に一人、立ち向かう自立した女性の姿である。不釣合いさは、農村で奮闘していたケイト・サンボーンの雄々しいが滑稽にも見える姿にも通じている。ビールズがスカート姿で気球に乗り込んだ姿にも通じている。外見は一九世紀の女性像を引きずりながら、新しいことに挑戦する女性たちの姿だ。

また、孤軍奮闘の末に乳児死亡率低下で名を挙げたS・ジョセフィン・ベーカーが語った言葉を思い出す。海図のない大洋に漕ぎ出し、自らが海図を描いたのだとその勝利を語った言葉である。それに比べて、ビゲローの世界観は後ろ向きだ。船出しながら、新しい世界から取り残されていった。小説のなかとはいえ、その客死を妻が思い描いていたとは夢想だにしなかったことだろう。

表舞台には登場しなかったものの、過渡期を果敢に生きていた、いまでは忘れられた女性たち。隔離や検査、検閲という方法で共同体を守ろうとしたベーカー、同じく母子の保護を謳って訪問看護という方法で新しい社会福祉の道を模索したウォルド、その手腕は「エディソン、フォード、バーバンク」に匹敵すると、社会派雑誌『サーベイ』の編集長ポール・U・ケロッグに絶賛されたほどだ。[2] ケロッグがウォルドに企業家のイメージを感じ取り、また、土壌の改良で品種改良を試みた園芸家バーバンクを想起したのは、まさに移民を受け入れ、新しいアメリカのあり方を模索した過渡期のこの時期を象徴しているように思われる。家庭重視の一九世紀的価値観を土台に、健康なアメリカ人作りを夢みて全国展開を視野に入れ活動し、ベーカーもウォルドも国内組織の頂点に立った。ベーカーと同じ隔離の発想から出発して、世界に戦争批判を訴え、アメリカに助言していったラモットもいる。アメリカの国際化とともに、彼女たちも世界へ目をむけた。いや、自分が出かけなくてもいい。人は世界に出会えた。ビールズは万国博覧会や居住区近くに移り住んできた移民たちを撮りながら、不安を取り除こうとした。いかに蔑視の目線であろうが、男性写真家と一線を画する女性写真家の視線がそこにある。そのビールズとともに、先住民の彫像を撮り歩いたサンボーンも彼女なりの方法で過度期を生きた人物である。ビールズが碁盤の目のような都市開発に飲み込まれないようにニューヨークのグリニッジ・ヴィレッジを撮り続けたように、サンボーンも農業体験を残そうとした。そしてアメリカ文学の登場とアメリカの輝かしい二〇世紀の到来を静かに、日めくりカレンダーの形で家庭に送り込んでいたのである。消えゆくアメリカと来るべきアメリカへの準備ができていたのは彼女たちだった。

一方、取り残された価値観にしがみつく男性との対比はこの時代の一面を映し出すだろう。いまではすっかり忘れ去られた群像の作り出した二〇世紀初頭のアメリカ社会は、その人種観、ジェンダー観、州から連邦へ視野を広げるアメリカの制度のあり方、国際関係のつむぎ方、どれ一つとっても今日のアメリカを考える上で避けて通れないように思われる。

註

(1) Mrs. Poultney Bigelow (Edith Jaffray Bigelow), *While Charlie Was Away*, London: William Heinemann, n.d. 「この著作に関して不道徳という非難があるが、それはあてはまらない。わたしは娘たちのために書いた」と

イデス・ビゲローは新聞のインタヴューに答えている。“Mrs. Poultney Bigelow Chats Entertainingly About Current Fiction,” *The New York Times*, Jan. 22, 1905.

(2) Paul U. Kellogg, *Lillian D. Wald: Settler and Trail-Blazer*, (Reprinted in part from *The New York Sunday Times* of March 13, 1927), p.3. ルーサー・バーバンクはアメリカ植物学者、育種家。

あとがき

忘れられた人々を取り上げた以上、人物史の限界に言及しなければならないだろう。カリスマ型人物史を退けたとしても、伝記的記述はいかにもアメリカ的な個人主義を礼賛する傾向と軌を一にする。個人の自由意志で動く、個人の可能性を信じる歴史観は、社会史の問いと折り合わない。

しかし、本書では、人物を通して彼らの目線で時代を再構築することがまずは重要であるという視点に立った。その時代を生きぬいた人物群の知恵と限界がみえるという視点に立った。そこから、彼らが残した遺産を考えたかった。二〇世紀の転換期にアメリカに出現した、過渡期文化の遺産である。それを創り上げたのが、女性たち、その多くが中産階級であり、白人であった女性たちであった。自らの人種のバックグラウンドより、女性であることのほうが彼らのつながりにおいて重要であった。

リリアン・D・ウォルドの仕事のやり方を、かつてポール・U・ケロッグは「スレッド・オブ・アクション（行動の糸）」と形容した。[1] それは、ジェーン・アダムズ自らが「ラインズ・オブ・アクティビティ[2]（活動の連鎖）」という言い方をしたのを思い起こさせる。個人が行動することが他者へと繋がっていくという比喩でもあったし、段階を追ってやるべきことがあり、そして、それには手順がある、という意味もあった。個々のことが繋がって形になる、社会に影響を及ぼしていくという、より広範な地平を見渡していたともいえる。また繋がって、よい方へ進むという信念がそこにはあった。この時代の女性たちの行動を理解する上で重要な考え方である。

点から線、線から面へと広がるイメージこそ、ここで取り上げた女性たちの営みの総体である。既成の枠がなかったからこそ、疎外されていたからこそ、自由に点と点を繋いだ。星座のイメージを思い起こそう。繋ぐとそれは、他者への蔑視をあからさまにする怪物にもなった。また、宗教も哲学も近代に向けて混迷しているときの精神的指南書にもなった。共通項を取り出し、支えあう社会の礎にも転じた。

本書では、彼らの考え方の限界を追うことで、社会史の課題にも答えようとした。取り上げた人物たちは名もない普通の人々ではない。しかも、伝記の目指す方向は社会史と正反対の危険もある。一見社会史の手法とは異なるが、総体として見えてくる世界観の限界は社会史がテーマにしてきた差異をめぐる権力関係や人種やジェンダーの視点にも応えるものであると思う。なにより社会史が紡ごうとした「名もない人々」の姿は、被写体となってみごとに写真のなかで、自らの立場を物語って雄弁だろう。彼らへの視線を告発している姿である。

最後になったが、写真を軸に一九世紀末を振り返る手法にも言及しなければならないだろう。写真を歴史の証左として、無批判に受け入れてきたことへの見直しは、多くの人が知るところだ。本書でも写真を事実として受け入れることの危険性、時代の要請で歪められる経緯に言及してきた。ビールズの写真の多くが人々の不安を鎮めるために、意図的に、周りからの要請に屈して、いや、自ら望んで、操作されてきたことを見てきた。ビールズだけではない、万国博覧会での写真の数々、『ナショナル・ジオグラフィック』の旅行写真の数々が白人旅行者の目線で限られた情報を切り取って伝えられてきたことが指摘されていることも思い浮かぶだろう(3)。

また本書では、写真家が捉えた複数の写真、複数の被写体の全体像を時代に照らし合わせて検証する重要性も指摘してきた。移民を撮った写真を写真家の目線で吟味することがなかったからである。しかし、流布されてきた。「テナメントの一室」はかつて、ジェーコブ・A・リースの写真として、観てきたように、移民家族への目線は明らかに、ビールズのものである。その標本のように、家族が並べられた姿からも、歴然としている。あるいは、スティーグリッツの「三等船客」の例も重要である。この写真、今日でも、アメリカに到着した打ちひしがれた移民たちの写真として、ステレオタイプとなっている一枚であろう。ヨーロッパに向かう避寒豪華客船の船客とは、想像できないだろう。これもまた、移民をひとくくりにしてきたことへの、大きな反省材料となろう。

また、ビールズの最後で取り上げた、「霧雨のアーチ」の少年も、時代背景と照らし合わせ、他の多くの写真と比較してこそ、少年の姿の意味、その写真を撮ることの意味、その写真が流布されることの意味が見えてくるのである。そうでなければ、雨が降り始め、肌寒くなった少年が上着を羽織る姿で終わってしまうことだろう。一九二〇年、七月四日の独立記念日の紙面を飾ったことへの意味も見えなくなってしまうだろう。

不十分ではあるが、写真も文字文献と同様に、行間を読む、という視点で取り組んだ。そしてそうした写真が流布され、消費され、記憶され、利用されることもこの世紀転換期において重要な意味を持つことを最後にもう一度言及しておきたい。

註

（1）Paul U. Kellogg, *Lillian D. Wald: Settler and Trail-Blazer*, (Reprinted in part from *The New York Sunday Times* of March 13, 1927), p.13.

（2）Shannon Jackson, *Lines of Activity: Performance, Historiography, Hull-House Domesticity*, Ann Arbor: The University of Michigan Press, 2000.

（3）Catherine A. Lutz and Jane L. Collins, *Reading National Geographic*, Chicago: The University of Chicago Press, 1993.

初出一覧

「S・ジョセフィン・ベーカー」恵泉女学園大学　公開講座　二〇〇〇、「アメリカ史の中の病気、移民、公衆衛生」恵泉女学園大学英米文化学科編『英米文化の光と陰』彩流社、二〇〇一。発表原稿に修正加筆

「リリアン・D・ウォルド」北欧アメリカ学会　コペンハーゲン　二〇〇一、発表原稿に修正加筆

「エレン・N・ラモット」国際アメリカ学会　ライデン　二〇〇三、オーストラリア＝ニュージーランドアメリカ学会　オークランド　二〇〇四、日本西洋史学会　仙台　二〇〇四、発表原稿に修正加筆

「ケイト・サンボーン」国際アメリカ学会　リスボン　二〇〇七、トルコアメリカ学会　イスタンブール　二〇〇八、発表原稿に修正加筆

「ポートニー・ビゲロー」ポーランドアメリカ学会　クラコフ　二〇〇九、発表原稿に修正加筆

「ジェシー・ターボックス・ビールズ」メープルリーフ＝イーグル学会　ヘルシンキ　二〇〇五、オーストラリア＝ニュージーランドアメリカ学会　ローンセストン　二〇〇五、発表原稿に修正加筆

著者紹介
杉山恵子（すぎやま けいこ）
1952年生まれ。
コロンビア大学大学院歴史学科 M.Phil.
専攻：アメリカ史。
現在、恵泉女学園大学人文学部教授。

ジェシー・ターボックス・ビールズのアメリカ
——写真が映し出した世紀末のアメリカ——

2011年10月15日　初版第1刷発行

著　者————杉山恵子
発行者————坂上 弘
発行所————慶應義塾大学出版会株式会社
〒108-8346　東京都港区三田2-19-30
TEL〔編集部〕03-3451-0931
〔営業部〕03-3451-3584〈ご注文〉
〔　〃　〕03-3451-6926
FAX〔営業部〕03-3451-3122
振替　00190-8-155497
http://www.keio-up.co.jp/
装　丁————中島かほる
印刷・製本——萩原印刷株式会社
カバー印刷——株式会社太平印刷社

Printed in Japan　ISBN 978-4-7664-1880-4

参考文献

参考文献

第一次資料

Lillian D. Wald Papers (1889–1957). New York Public Library, Humanities and Social Science Library Manuscripts and Archives Division (NYPL).

Lillian D. Wald Papers (1895–1936). Columbia University, Rare Book and Manuscript Library.

Adelaid Nutting Papaers. The Teacher's College (Columbia University), Nursing Archives.

Kate Sanborn Papers (1878–1996). Smith College Archives, Northampton, MA.

Kate Sanborn Papers (1914–1941). Rauner Special Collection Library, Dartmouth College, Hanover, NH.

Sanborn Family Correspondence (1773–1883). Rauner Special Collection Library, Dartmouth College, Hanover, NH.

Poultney Bigelow Papers. NYPL.

John Bigelow Papers. NYPL.

Jessie Tarbox Beals Papers (1886–1979). Arthur and Elizabeth Schlesinger Library on the History of Women in America, Radcliffe Institute, Harvard University.

Jessie Tarbox Beals. Visual Information Access Collection, Harvard University Library.

Jessie Tarbox Beals Photograph Collection (1900–1940). The New York Historical Society, Department of Prints, Photographs, and Architectural Collections.

Jessie Tarbox Beals Collection. The Museum of the City of New York.

Jacob A Riis Collection. The Museum of the City of New York.

People's Institute Records (1883–1933). NYPL.

欧文文献

はじめに

Apple, Rima D. *Perfect Motherhood: Science and Childrearing in America*. New Brunswick: Rutgers University Press, 2006.

Morison, Elting. Ed. *The Letters of Theodore Roosevelt*. Vol.III, Cambridge, Massachusetts: Harvard University Press, 1951.

Rothman, Sheila M. *Woman's Proper Place: A History of Changing Ideals and Practices, 1870-to the Present*. New York: Basic Books, 1978.

序

Wiebe, Robert H. *The Search for Order, 1877-1920*. New York: Hill & Wang, 1967.

Banta, Martha. *Taylored Lives: Narrative Productions in the Age of Taylor, Veblen, and Ford.* Chicago: The University of Chicago Press, 1993.

Postel, Charles. *The Populist Vision.* New York: Oxford University Press, 2007.

第一章

Apple, Rima D. はじめに、前掲書。

Baker, S. Josephine. *Fighting for Life*. New York: The Macmillan Co., 1939.

_____. *Healthy Children: A Volume Devoted to the Health of the Growing Child.* Boston: Little, Brown, and Company, 1923.

Bolino, August C. *The Ellis Island Source Book*. Washington D.C.: Kensington Historical Press, 1990.

Briggs, Laura. *Reproducing Empire: Race, Sex, Science, And U.S. Imperialism in Puerto Rico*. Berkeley: University of California, 2002.

Brumberg, Stephan F. *Going to America, Going to School: The Jewish Immigrant Public School Encounter in Turn of the Century New York City*. New York: Praeger, 1986.

Cott, Nancy F. ed. *History of Woman in the United States,* vol. 8, Professional and White Collar Employment. Munich, New Providence, London and Paris: K. G. Saur, 1993.

Duffy, John. *The Sanitarians: A History of American Public Health*. Urbana: University of Illinois Press, 1990.

Ewen, Elizabeth. *Immigrant Woman in the Land of Dollars: Life and Culture of the Lower East Side, 1890–1925*. New York: Monthly Review Press, 1985.

Fairchild, Amy L. *Science at the Borders: Immigrant Medical Inspection and the Shaping of the Modern Industrial Labor Force*. Baltimore, The Johns Hopkins University Press, 2003.

Fitzpatrick, M. Louise. *Historical Studies in Nursing*. New York: Teachers College Press, 1978.

Hammonds, Evelynn Maxine. *Childhood's Deadly Scourge: The Campaign to Control Diphtheria in New York City, 1880–1930*. Baltimore: The Johns Hopkins University, Press, 1999.

Higham, John. *Strangers in the Land: Patterns of American Nativism, 1860–1925*. New York: Atheneum Books, 1963.

Hill, Hibbert. *Sanitation for Public Health Nurses*. New York: The Macmillan, 1922.

Homberger, Eric. *The Historical Atlas of New York City: A Visual Celebration of 400 Years of New York City's History*. New York: Henry Holt and Co., 1994.

Hoy, Suellen. *Chasing Dirt: The American Pursuit of Cleanliness*. New York: Oxford University Press, 1995.

Jacobson, Matthew Frye. *Barbarian Virtues: The United States Encounters Foreign Peoples at Home and Abroad, 1876–1917*. New York: Hill and Wang, 2000.

_____. *Whiteness of a Different Color: European Immigrants and the Alchemy of Race*. Cambridge: Harvard University Press, 1999.

Kaplan, Amy. *The Anarchy of Empire in the Making of U.S. Culture*. Cambridge: Harvard University Press, 2002.

_____ and Donald E. Pease, eds. *Culture of United States Imperialism*. Durham: Duku University

Press, 1993.
Katz, Michael B. *In the Shadow of the Poorhouse: A Social History of Welfare in America.* New York: Basic Books, 1986.
Kraut, Alan M. *Silent Travelers: Germs, Genes, and "Immigrant Menace."* Baltimore: The Johns Hopkins University Press, 1994.
Lagemann, Ellen Condliffe, ed. *Nursing History: New Perspectives, New Possibilities.* New York: Teachers College, Press, 1981.
Leavitt, Judith Walter. *Typhoid Mary: Captive to the Public's Health.* Boston: Beacon Press, 1996.
Lowe, Lisa. *Immigrant Acts: On Asian American Cultural Politics.* Durham: Duke University Press, 1996.
Markel, Howard. *Quarantine! East European Jewish Immigrants and the New York City Epidemics of 1892.* Baltimore: The Johns Hopkins University Press, 1997.
Meckel, Richard A. *Save the Babies: American Public Health Reform and the Prevention of Infant Mortality, 1850–1929.* Ann Arbor: University of Michigan Press, 1990.
Miller, Kerby A. *Emigrants and Exiles: Ireland and the Irish Exodus to North America.* New York: Oxford University Press, 1985.
Molina, Natalia. *Fit to be Citizens? Public Health and Race in Los Angeles, 1879–1939.* Berkeley: University of California Press, 2006.
Morantz-Sanches, Regina Markell. *Sympathy and Science: Women Physicians in American Medicine.* New York: Oxford University Press, 1985.
Reverby, Susan, and David Rosner, eds. *Health Care in America: Essays in Social History.* Philadelphia: Temple University Press, 1979.
Rosenberg, Charles E. *The Cholera Years: The United States in 1832, 1849, 1866.* Chicago: University of Chicago Press, 1962.
Rosner, David, ed. *Hives of Sickness: Public Health and Epidemics in New York City.* New Brunswick: Rutgers University Press, 1995.
Rothman, Sheila. *Living in the Shadows of Death: Tuberculosis and the Social Experience of Illness in American History.* Baltimore: The Johns Hopkins University Press, 1994.
Shapiro, Mary J. *Ellis Island: An Illustrated History of the Immigrant Experience.* New York: Macmillan Publishing Company, 1991.
Sklar, Kathryn Kish. *Florence Kelley and the Nation's Work: The Rise of Women's Political Culture, 1830 –1900.* New Haven: Yale University Press, 1995.
Solomon, Barbara Miller. *Ancestors and Immigrants: A Changing New England Tradition.* Boston: Northeastern Press, 1956.
Struthers, Lina Rogers. *The School Nurse: A Survey of the Duties and Responsibilities of the Nurse in the Maintenance of Health and Physical Perfection and Prevention of Disease Among School Children.* New York: Putnam's, 1917.
Tomes, Nancy. *The Gospel of Germs: Men, Women, and the Microbe in American Life.* Cambridge, Mass.: Harvard University Press, 1998.
Trattner, Walter. *From Poor Law to Welfare State: A History of Welfare in America.* New York: The Free Press, 1999.

Walsh, Mary. *Doctors Wanted: No Women Need Apply*. New Haven: Yale University Press, 1977.

West, Elliott and Paula Petrick, eds. *Small World: Children and Adolescents in America, 1850–1950*. Lawrence: Kansas University Press, 1992.

Winslow, Charles-Edward A. *The Life of Hermann M. Biggs: Physician and Statesman of the Public Health*. Philadelphia: Lea and Febiger, 1929.

Zelizer, Viviana A. *Pricing the Priceless Child: The Changing Social Value of Children*. New York: Basic Books, 1985.

第二章

Anderson, Benedict. *Imagined Communities: Reflection on the Origin and Spread of Nationalism*. New York: Verso, 1991.

Baer, Ellen D., Patricia D'Antonio, Sylvia Rinker and Joan E. Lynaugh, eds. *Enduring Issues in American Nursing*. New York: Springer Publishing Co., 2002.

Benstock, Shar. *The Private Self: Theory and Practice of Women's Autobiographical Writings*. Chapel Hill: University of North Carolina Press, 1988.

Bodnar, John. *The Transplanted: A History of Immigrants in Urban America*. Bloomington: Indiana University Press, 1985.

Boyer, Paul. *Urban Masses and Moral Order in America, 1820–1920*. Cambridge: Harvard University Press, 1978.

Brainard, Annie M. *The Evolution of Public Health Nursing*. Philadelphia: W. B. Saunders Co., 1922.

Brush, Barbara L., and Joan E. Lynaugh. *Nurses of All Nations: A History of the International Council of Nurses, 1889–1999*. Philadelphia: Lippincott, 1999.

Buhlar-Wilkerson, Karen. *No Place Like Home: A History of Nursing and Home Care in the United States*. Baltimore: The Johns Hopkins University Press, 2001.

Carnegie, Mary Elizabeth, and Josephine A. Dolan. *The Path We Tread: Blacks in Nursing, 1854–1984*. Philadelphia: J.B. Lippincott Co., 1986.

Choy, Catherine Ceniza. *Empire of Care: Nursing and Migration in Filipino American History*. Durham: Duke University, 2003.

Cott, Nancy, ed. *History of Women in the United States: Historical Articles on Women's Lives and Activities*. vol.7. Social and Moral Reform, Part 1, Munich, New Providence, London and Paris: K.G. Saur, 1994.

Daniels, Doris. *Always a Sister: The Feminism of Lillian D. Wald*. New York: The Feminist Press, 1989.

D' Antonio, Patricia. *American Nursing: A History of Knowledge, Authority, and the Meaning of Work*. Baltimore: The Johns Hopkins University Press, 2010.

Davis, Allan, F. *American Heroin: The Life and Legend of Jane Addams*. New York: Oxford University Press, 1973.

_____. *Spearhead for Reform: The Social Settlement and the Progressive Movement, 1890–1914*. New York: Oxford University Press, 1967.

Davis, Althea T. *Early Black American Leaders in Nursing: Architects for Integration and Equality*. Sudbury. Mass.: Jones and Bartlett Publishers, 1999.

Denker, Ellen Paul, ed. *Healing at Home: Visiting Nursing Service of New York, 1893–1999*. New York: Visiting Nursing Service of New York, 1993.

Duffy, John. 第一章､前掲書。

Edwards, Rebecca. *Angels in the Machinery: Gender in American Party Politics from the Civil War to the Progressive Era*. New York: Oxford University Press, 1997.

Ettling, John. *The Germ of Laziness: Rockefeller Philanthropy and Public Health in the New South*. Cambridge, Mass: Harvard University Press, 1981.

Evans, Sara M. *Born for Liberty: A History of Women in America*. New York: Free Press, 1989.

Ewen, Elizabeth. 第一章､前掲書。

Fee, Elizabeth, and Roy M. Acheson. *A History of Education in Public Health*. Oxford: Oxford University Press, 1991.

Fitzpatrick, Ellen F. *Muckraking: The Tree Landmark Articles*. Boston: St. Martin's Press, 1994.

Fitzpatrick, Louise M. *The National Organization for Public Health Nursing, 1912–1952: Development of a Practice Field*. New York: National League for Nursing, 1975.

Gardner, Mary Sewall. *Public Health Nursing* 2nd Ed. New York: Mcmillan, 1933.

Gerstle, Gary. *American Crucible: Race and Nation in the Twentieth Century*. Princeton: Princeton University Press, 2001.

Hays, Samuel P. *Conservation and the Gospel of Efficiency: The Progressive Conservation Movement, 1890–1918*. Boston: Beacon Press, 1968.

Hill, Hibbert Winslow. *The New Public Health*. New York: Macmillan, 1916.

_____. 第一章､前掲書。

Hine, Darline Clark. *Black Women in White: Racial Conflict and Cooperation in the Nursing Profession, 1890–1950*. Bloomington: Indiana University Press, 1989.

Hoffman, Beatrix. *The Wages of Sickness: The Politics of Health Insurance in Progressive America*. Chapel Hill: The University of North Carolina Press, 2001.

Jackson, Shannon. *Lines of Activity: Performance, Historiography, Hull–House Domesticity*. Ann Arbor: The University of Michigan Press, 2000.

Jones, James H. *Bad Blood: The Tuskegee Syphilis Experiments*. New York: Free Press, 1987.

Katz, Michael. B. 第二章､前掲書。

Kunzel, Regina G. *Fallen Women, Problem Girls: Unmarried Mothers and the Professionalization of Social Work, 1890–1945*. New Haven: Yale University Press, 1993.

Ladd-Taylor, Molly. *Mother-Work: Woman, Child Welfare, and the States, 1890–1930*. Urbana: University of Illinois Press, 1994.

Lagemann, Ellen Condliffe, ed. 第一章､前掲書。

Leavitt, Judith Walzer, and Ronald L. Numbers. *Sickness and Health in America: Readings in the History of Medicine and Public Health*. Madison: University of Wisconsin Press, 1997.

_____, ed. *Women and Health in America*. Madison: University of Wisconsin Press, 1999.

Lemmons, J. Stanley. *The Woman Citizen: Social Feminism in the 1920*. Urbana: University of Illinois Press, 1975.

Lindenmeyer, Kriste. *A Right to Childhood: The U.S. Children's Bureau and Child Welfare, 1912–46*. Urbana: University of Illinois Press, 1997.

Lippmann, Walter. *Drift and Mastery* (1914). Englewood Cliffs: Printice-Hall, 1961.

Lynaugh, Joan E., and Barbara L. Brush. *American Nursing: From Hospitals to Health Systems.* Malden: Blackwell Publishers, 1996.

Maffi, Mario. *Gateway to the Promised Land: Ethnic Cultures in New York's Lower East Side.* New York: New York University Press, 1995.

Markel, Howard. 第一章、前掲書。

Melosh, Barbara. *The Physician's Hand: Work, Culture, and Conflict in American Nursing.* Philadelphia: Temple University Press, 1982.

Mortimer, Barbara, and Susan McGann. *New Directions in the History of Nursing: International Perspectives.* London: Routledge, 2005.

Muncy, Robyn. *Creating a Female Dominion in American Reform, 1890–1935.* New York: Oxford University Press, 1991.

Rafferty, Anne Marie, Jane Robinson and Ruth Elkan, eds. *Nursing History: Politics of Welfare.* London: Routledge, 1997.

Reverby, Susan. *Ordered to Care: The Dilemma of American Nursing, 1850–1945.* Cambridge: Cambridge University Press, 1987.

_____, ed. *Tuskegee's Truths: Rethinking the Tuskegee Syphilis Study.* Chapel Hill: University of North Carolina Press, 2000.

Rischin, Moses. *The Promised City: New York's Jews, 1870–1914.* New York: Harper & Row, 1970.

Roberts, Joan I., and Thetis M. Group. *Feminism and Nursing: A Historical Perspective on Power, States, and Political Activism in the Nursing Profession.* Westport: Praeger Publishers, 1995.

Rosen, George. *From Medical Police to Social Medicine.* New York: Science History Publications, 1974.

Rosenberg, Charles E. *The Care of Strangers: The Rise of American Hospital System.* New York: Basic Books, 1987.

______. *Explaining Epidemics and Other Studies in the History of Medicine.* Cambridge: Cambridge University Press, 1992.

Rosner, David. *A Once Charitable Enterprise: Hospital and Health Care in Brooklyn and New York 1885–1915.* Cambridge: Cambridge University Press, 1982.

Ryan, Mary P. *Womanhood in America: From Colonial Times to the Present.* New York: Franklin Watts, 1975.

Schrefer, Sally, ed. *Nursing Reflections: A Century of Caring.* St. Louis: Mosby Inc., 2005.

Scott, Anne Firor. *Natural Allies: Women's Associations in American History.* Urbana: University of Illinois Press, 1993.

Shryock, Richard H. *The Development of Modern Medicine.* Madison: University of Wisconsin Press, 1979.

Smith, Michael Peter. *Transnational Urbanism: Locating Globalization.* Malden: Blackwell Publishers Inc., 2001.

Smith, Susan L. *Sick and Tired of Being Sick and Tired: Black Women's Health Activisim in America, 1890–1950.* Philadelphia: University of Pennsylvania Press, 1995.

Smith-Rosenberg, Carroll. *Disorderly Conduct: Visions of Gender in Victorian America.* New York:

Oxford University Press, 1985.
Staupers, Mabel Keaton. *No Time for Prejudice: A Story of the Integration of Negroes in Nursing in the United States*. New York: The Macmillan Co., 1961.
Thoms, Adah B. *Pathfinders: A History of the Progress of Colored Graduate Nurses* (1929). New York: Kay Print House, 1985.
Vogel, Morris, and Charles E. Rosenberg. *The Therapeutic Revolution: Essays in the Social History of American Medicine*. Philadelphia: University of Pennsylvania Press, 1979.
Wald, Lillian D. *The House on Henry Street*. New York: Holt, Rinehart and Winston, Inc., 1915.
_____. *Windows on Henry Street*. Boston: Little, Brown and Company, 1934.
Wiebe, Robert H. 序、前掲書。

第三章

Addams, Jane, Emily G. Balch, and Alice Hamilton. *Women at the Hague: The International Congress of Women and its Results* (1915). New York: Garland Publishing Co., 1972.
Bates, Barbara. *Bargaining for Life: A Social History of Tuberculosis. 1876–1938*. Philadelphia: University of Pennsylvania Press, 1992.
Conley, Nancy R. and Robert Scholes. *Hemmingway's Genders*. New Haven: Yale University Press, 1994.
Dubos, Rene, and Jean Duos. *The White Plague: Tuberculosis, Man and Society*. Boston: Little Brown, 1952.
Ehrenreich, Barbra, and Deirdre English. *Witches, Midwives and Nurses: A History of Women Healers*. London: Writers and Readers Publishing Co-Operative, 1973.
Flynn, Elizabeth Gurley. *The Rebel Girl: An Autobiography---My First Life (1906–1926)*. New York: International Publisher, 1994.
Gallagher, Jean. *The World Wars Through the Female Gaze*. Carbondale: Southern Illinois University Press, 1998.
Genthe, Charles V. *American War Narratives, 1917–1918*. New York: David Lewis Publisher, 1969.
Graham, Judith S, ed. *"Out Here at the Front." The World War I Letters of Nora Saltonstall*. Boston: Northeastern University Press, 2004.
Hallman, Julia. *Nursing the Image: Media, Culture, and Professional Identity*. London: Routledge, 2000.
Higonnet, Margaret R, ed. *Line of Fire: Women Writers of World War I*. New York: Penguin Putnam Inc., 1999.
_____. *Nurses at the Front: Writing the Wounds of the Great War*. Boston: Northeastern University, 2001.
Jones, A. Hudson. *Images of Nurses: Perspectives from History, Art, and Literature*. Philadelphia: University of Pennsylvania Press, 1988.
Kalisch, Beatrice J., and Philip A. Kalisch. *The Changing Image of the Nurse*. California: Addison-Wesley Publishing Co., 1987.
Knopf, S. Adolphus. *A History of the National Tuberculosis Association: The Anti-Tuberculosis Movement in the United States*. New York: National Tuberculosis Association, 1922.

LaMotte, Ellen N. *The Backwash of War: The Human Wreckage of the Battlefield as Witnessed by American Hospital Nurse*. New York: G. P. Putman's Sons, 1916.

______. *Civilization: Tale of the Orient*. New York: Century, 1922.

______. *The Ethics of Opium*. New York: Century, 1922.

______. *Opium at Geneva: Or How the Opium Problem is Handled by the League of Nations*. New York: N.P., 1929.

______. *The Opium Monopoly*. New York: Macmillan, 1920.

______. *Pecking Dust*. New York: Century, 1919.

______. *Snuffs and Butters*. New York: Century, 1925.

______. *The Tuberculosis Nurse: Her Function and Her Qualifications—A Handbook for Practical Workers in the Tuberculosis Campaign*. New York: G. P. Putnam's Sons, 1914.

Lee, Robert G. *Orientals: Asian Americans in Popular Culture*. Philadelphia: Temple University Press, 1999.

Lowe, Lisa. *Critical Terrains: French and British Orientalism*. Itacha: Cornell University, 1991.

Marchetti, Gina. *Romance and the "Yellow Peril": Race, Sex and Discursive Strategies in Hollywood Fiction*. Berkeley: University of California Press, 1993.

Mills, Sara. *Discourse of Difference: An Analysis of Women's Travel Writing and Colonialism*. London: Routledge, 1991.

Ott, Jane Eliot Katherine. *Fevered Lives: Tuberculosis in American Culture Since 1870*. Cambridge: Harvard University Press, 1996.

Schneider, Carl J., and Dorothy Schneider. *Into the Breach: American Women Overseas in World War I*. Lincolin: Excel Press, 1991.

Shryoch, Richard Harrison. *National Tuberculosis Association, 1904–1954: A Study of the Voluntary Health Movement in the United States* (1959). New York: Arno Press, 1977.

Schwarz, Judith. *Radical Feminists of Heterodoxy: Greenwich Village, 1912–1940*. Lebanon. New Hampshire: New Victoria Publishers, Inc., 1982.

Sklar, Kathryn Kish, ed. *Social Justice Feminists: A Dialogue in Documents, 1885–1933*. Ithaca: Cornell University Press, 1998.

Skocpol, Theda. *Protecting Soldiers and Mothers: The Political Origins of Social Policy in the United States*. Cambridge, Mass.: Harvard University Press, 1992.

Smith, Helen Zenna (Evadne Price). *Not So Quiet* (1930). London: Virago Press, 1988.

Sollers, Werner, ed. *Interracialism: Black and White Intermarriage in American History, Literature and Law*. Oxford: Oxford University Press, 2000.

Stein, Gertrude. *Autobiography of Alice B. Toklas* (1933). New York: Vintage, 1970.

Swell, Jane Eliot. *Medicine in Maryland: The Practice and the Profession, 1797–1999*. Baltimore: The Johns Hopkins University Press, 1999.

Teller, Michael E. *The Tuberculosis Movement: A Public Health Campaign in the Progressive Era*. Westport: Greenwood Press, 1988.

Tylee, Claire M. *The Great War and Women's Consciousness: Images of Militarism and Womanhood in Women's Writings, 1914–64*. Iowa: University of Iowa Press, 1990.

Ware, Vron. *Beyond the Pale: White Women, Racism and History*. London: Verso, 1992.

Weindling, Paul, ed. *International Health Organizations and Movements, 1918–1939.* Cambridge: Cambridge University Press, 1995.
Wetzsteon, Ross. *Republic of Dreams: Greenwich Village: The American Bohemia, 1910–1960.* New York: Simon & Schuster, 2002.
Zeiger, Susan. *In Uncle Sam's Service: Women Workers with the American Expeditionary Force, 1917–1919.* Philadelphia: University of Pennsylvania Press, 1999.

第四章

Amory, Cleveland. *The Proper Bostonians.* New York: E. P. Dutton, 1947.
Bonner, Simon J., ed. *Consuming Visions: Accumulation and Display of Goods in America, 1880–1920.* New York: W. W. Norton, 1989.
Conn, Steven. *Museums and American Intellectual Life, 1876–1926.* Chicago: University of Chicago Press, 1998.
Deloria, Philip J. *Playing Indian.* New Haven: Yale University Press, 1998.
_____. *Indians in Unexpected Places.* Lawrence: University Press of Kansas, 2004.
Dippke, Brian, et al. *George Catlin and his Indian Gallery.* New York: W. W. Norton, 2002.
_____. *The Vanishing American: White Attitudes & U.S. Indian Policy.* Lawrence: University of Kansas Press, 1982.
Faust, Drew Gilpin. *Mothers of Invention: Women of the Slaveholding South in the American Civil War.* Chapel Hill: University of North Carolina Press, 1996.
Gere, Anne Ruggles. *Intimate Practices: Literacy and Cultural Work in Women's Clubs, 1880–1920.* Urbana: University of Illinois Press, 1997.
Hertzberg, Hazel W. *The Search for an American Indian Identity: Modern Pan-Indian Movements.* Syracuse; University Press, 1971.
Higham, John. *Send These to Me: Immigrants in Urban America.* Baltimore: The Jons Hopkins University Press, 1984.
Huhndorf, Shari M. *Going Native: Indians and the American Cultural Imagination.* Itahca: Cornell University Press, 2001.
Kammen, Michael. *Mystic Chords of Memory: Transformation of Tradition in American Culture.* New York: Alfred A. Knopf, Inc., 1992.
Kelley, Mary, ed. *Woman's Being, Woman's Place; Female Identity and Vocation in American History.* Boston: Hall, 1979.
Kirshenblatt-Gimblett, Barbara. *Destination Culture: Tourism, Museums, and Heritage.* Berkeley: University of California Press, 1998.
Krech III, Shepard, and Barbara A. Hail. *Collecting Native America 1870–1960,* Washington: Smithsonian Institution Press, 1999.
Leach, William. *Land of Desire: Merchants, Power and the Rise of a New American Culture.* New York: Pantheon, 1993.
Lears, T. Jackson. *No Place of Grace: Antimodernism and the Transformation of American Culture, 1880–1920.* New York: Pantheon, 1981.
McDowell, Katharine Sherwood Bonner. Anne Razey Gowdy ed. *A Sherwood Bonner Sampler, 1869*

–1884: What a Bright, Educated, Witty, Lively, Snappy Young Woman Can Say on a Variety of Topics. Knoxville: The University of Tennessee Press, 2000.

Mitchell, Lee Clark. *Witnesses to a Vanishing America: The Nineteenth-Century Response*. Princeton: Princeton University Press, 1981.

Rydell, Robert W. *All the World's a Fair: Visions of Empire at American International Expositions, 1876–1916*. Chicago: The University of Chicago Press, 1984.

_____. ed. *The Reason Why the Colored America is not in the World's Columbian Exposition*. Urbana: University of Illinois Press, 1999.

Sanborn, Edwin. *Kate Sanborn July 11, 1839–July 9, 1917*. Boston: McGrath-Sherill Press, 1918.

Sanborn, Kate. *Abandoning an Adopted Farm*. New York: D. Appleton and Co., 1894.

_____. *Adopting an Abandoned Farm*. New York: D. Appleton and Co., 1891.

_____. *Granma's Garden with Many Original Poems Suggested and Arranged by Kate Sanborn*. Boston: James R. Osgood & Co., 1883.

_____. *Home Pictures of English Poets for Fireside and School-Room*. New York: D. Appleton and Co., 1894.

_____. *Hunting Indians in a Tax-Cab*. Boston: The Gorham Press, 1911.

_____. *Indian Summer Calendar*. Hartford, Conn.: Case Lockwood & Brainard Co., 1908.

_____. *Kate Sanborn's Literature Lessons: Round Table Series*. Boston: James R. Osgood & Co., c.1882.

_____. *Memories and Anecdotes with Sixteen Illustrations*. New York: G. P. Putnam's Sons, 1915.

_____. *My Favorite Lectures of Long Ago for Friends who Remember*. Hartford, Conn.: The Case Lockwood & Brainard Co., 1898.

_____. *Old Time Wall Papers: An Account of the Pictorial Papers on Our Forefathers' Walls with a Story of the Historical Development of Wall Paper Making and Decoration*. Greenwich, Conn.: The Literary Collection Press, 1905.

_____. *Purple and Gold: Arranged by Kate Sanborn and Illustrated by Rosina Emmet*. Boston: James R. Osgood & Co., 1882.

_____. *The Rainbow Calendar: A Companion to "A Dear of Sunshine."* Boston: Houghton Mifflin and Co., 1889.

_____. *The Starlight Calendar*. Boston: Houghton Mifflin and Co., 1898.

_____. *A Truthful Woman in Southern California*. New York: D. Appleton and Co., 1893.

_____. *The Vanity and Insanity of Genius*. New York: George J. Coombes, 1885.

_____. *The Wit of Women*. New York: Funk & Wagnalls, 1885.

_____. *A Year of Sunshine: Cheerful Extracts for Everyday in the Year Selected and Arranged by Kate Sanborn*. Boston: Houghton Mifflin and Co., 1891.

Smith, Sherry L. *Reimagining Indians: Native Americans through Anglo Eyes*, 1880–1940. New York. Oxford University Press, 2000.

Trachtenberg, Allan. *Shades of Hiawatha: Staging Indians, Making Americans, 1880–1930*. New York: Hill and Wang, 2004.

Walker, Nancy A. *A Very Serious Thing, Women's Humor and American Culture*. Minneapolis: University of Minnesota Press, 1988.

_____. and Zita Dresner. *Redressing the Balance: American Woman's Literary Humor From Colonial Times to the 1980s*. Jackson: University Press of Mississippi,1988.

Warren, Louis S. *Buffalo Bill's America: William Cody and the Wild West Show*. New York: Alfred A. Knopf, 2005.

第五章

Banta, Martha. 序、前掲書。

Bederman, Gail. *Manliness and Civilization: A Cultural History of Gender and Race in the United States, 1880–1917*. Chicago: University of Chicago Press, 1995.

Beisner, Robert L. *Twelve Against Empire: The Anti-Imperialists, 1898–1900*. Chicago: Imprint Publications, Inc., 1968.

Bigelow, Poultney. *The Children of the Nations: A Study of Colonization and Its Problems*. New York: McClure, Phillips & Co., 1901.

_______. *Japan and Her Colonies: Being Extracts from a Diary Made Whilst Visiting Formosa, Manchuria, Shantung, Korea and Sahalin in the Year 1921*. London: Edward Arnold& Co., 1923.

_____. *Seventy Summers*. 2vols. London: Edward Arnold& Co., 1925.

_____. *White Man's Africa*. London & New York: Harper & Brothers, 1900.

Bloom, Lisa. *Gender On Ice: American Ideologies of Polar Expeditions*. Minneapolis: University of Minnesota Press, 1993.

Carnes, Mark C., and Clyde Griffen, eds. *Meaning for Manhood: Construction of Masculinity in Victorian America*. Chicago: University of Chicago Press, 1990.

Clapp, Margaret. *Forgotten First Citizen: John Bigelow*. Boston: Little Brown and Campany, 1947.

Drinnon, Richard. *Facing West: The Metaphysics of Indian-Hating and Empire-Building*. Norman: University of Oklahoma Press, 1997.

Eperjesi, John R. *The Imperialist Imaginary: Visions of Asia and the Pacific in American Culture*, Hanover: Dartmouth College Press, 2005.

Gatewood, Jr., Willard B. *Black Americans and the White Man's Burden*. Urbana: University of Illinois Press, 1975.

Hoganson, Kristin L. *Fighting for American Manhood: How Gender Politics Provoked the Spanish-American and Philippine-American Wars*. New Haven: Yale University Press, 1998.

Jackson, David H. *Booker T. Washington and the Struggle against White Supremacy: The Southern Educational Tours, 1908–1912*. New York: Macmillan, 2009.

Jordan, Winthrop D. *White Over Black*. Chapel Hill: University of North Carolina Press, 1968.

Kaplan, Amy. 第一章、前掲書。

_____. and Donald E. Pease, eds. 第一章、前掲書。

Karnow, Stanly. *In Our Image: America's Empire in the Philippines*. New York: Foreign Policy Association, 1989.

Malcomson, Scott. *One Drop of Blood: The American Misadventure of Race*. New York: Farrar, Straus & Giroux, 2000.

McCullough, David. *Brave Companions: Portraits in History:* New York: Simon & Schuster, 1992.

Murphy, Gretchen. *Hemispheric Imaginnings: The Monroe Doctrine and Narratives of U.S. Empire*. Durham: Duke University Press, 2005.

O'Connor, Peter, ed. *Japanese Propaganda: Selected Readings*. Series I: Books 1892–1943, Vol.1. Tokyo: Edition Synapse, 2004.

Rojeck, Chris, and John Urry, eds. *Touring Cultures: Transformations of Travel and Theory*. New York: Routledge, 1997.

Rowe, John Carlos, *Literary Cultures and U.S. Imperialism*. Oxford: Oxford University Press, 2000.

Slotkin, Richard. *Regeneraiton through Violence: The Mythology of the American Frontier, 1600–1860*. Middletown Conn.: Wesleyan University Press, 1996.

Zimmerman, Andrew. *Alabama in Africa: Booker T. Washington, The German Empire and the Globalizaition of the New South*. Princeton: Princeton University Press, 2010.

Wilson, Rob. *Reimagining the American Pacific: From South Pacific to Bamboo Ridge and Beyond*. Durham: Duke University Press, 2000.

Zwick, Jim. *Confronting Imperialism: Essays on Mark Twain and the Anti-Imperialist League*. Infinity Publishing. 2007.

第六章

Abbott, Berenice. *Changing New York*. New York: The Museum of the City of New York, 1997.

Albrecht, Donald. *The Mythic City: Photograph of New York by Samuel H. Gottscho, 1925–1940*. New York: Museum of the City of New York, 2005.

Alland, Sr., Alexander. *Jacob A. Riis: Photographer & Citizen*. New York: Aperture Foundation Inc., 1973.

_____. *Jessie Tarbox Beals: First Woman News Photographer*. New York: Camera/Graphic Press LTD., 1978.

Andrea, Barnet. *All Night Party: The Women of Bohemian Greenwich Village and Harlem, 1913–1930*. Chapel Hill, North Carolina: Algonquin Books of Chapel Hill, 2004.

Beals, Jessie Tarbox. *Songs of A Wanderer*. New York: August Gantheir, 1928.

Beard, Rick, and Leslie Cohen Berlowitz. *Greenwich Village: Culture and Counterculture*. New York: Museum of the City of New York, 1993.

Binder, Frederick M., and David M. Reimers. *All the Nations under Heaven: An Ethnic and Racial History of New York*. New York: Columbia University Press, 1996.

Bloom, Lisa, ed. *With Other Eyes: Looking at Race and Gender in Visual Culture*. Minneapolis-London: University of Minnesota Press, 1999.

Boris, Eileen. *Art and Labor: Ruskin, Morris, and the Craftsman Ideal in America*. Philadelphia: Temple University Press, 1986.

Breitbart, Eric. *A World on Display: Photographs from the St. Louis World's Fair 1904*. Albuquerque: University of New Mexico Press, 1997.

Bronner, Simmon, ed. *Consuming Vision: Accumulation and Display of Goods in America, 1880–1920*. New York: W. W. Norton, 1989.

Brown, Julie K. *Contesting Images: Photography and the World's Columbian Exposition*. Tucson: The University of Arizona Press, 1994.

Burke, Peter. *Eyewitnessing: The Uses of Images as Historical Evidence*. Ithaca, New York: Cornell University Press, 2001.

Carlebach, Michael L. *American Photojournalism Comes of Age*. Washington: Smithsonian Institution Press, 1997.

Carnes, Mark C., and Clyde Griffen. eds., *Meaning for Manhood: Construction of Masculinity in Victorian America*. Chicago: University of Chicago Press, 1990.

Chapin, Anna Alice. *Greenwich Village* (1917). Carleston, SC.: Bibliobazaar, 2008.

Dawson, Joy. *Meet me at the Ferris Wheel: An Adventure at the St. Louis World's Fair with 75 Authentic Pictures*. Bloomington, Indiana: Author House, 2004.

de la Cruz, Enrique B., and Pearlie Rose S. Baluyut. *Confrontations, Crossings and Convergence: Photographs of Philippines and the United States, 1898–1998*. Los Angeles: The UCLA Asian American Students Center and the UCLA Southeast Asian Program, 1998.

Dell, Floyd, *Homecoming*. New York: Farrar & Rinehart, 1933.

Gover, C. Jane. *The Positive Image: Women Photographers in Turn of the Century America*. Albany: State University of New York Press, 1988.

Green, Martin. *The Armory Show and the Paterson Strike Pageant*. New York; Collier Books, 1988.

Green, Nancy E., ed. *Byrdcliffe; An American Arts and Crafts Colony*. Ithaca: Cornell University Press, 2004.

Hales, Peter Bacon. *Silver Cities: Photographing American Urbanization, 1839–1939*. The University of New Mexico Press, 2005.

Hapgood, Hutchins. *A Victorian in the Modern World*. New York: Harcourt, Brace & Company, 1939.

Harris, Luther S. *Around Washington Square: An Illustrated History of Greenwich Village*. Baltimore: The Johns Hopkins University Press, 2003

Kozloff, Max. *New York: Capital of Photography*. The Jewish Museum of New York, April 28–Sep, 2002. New Haven: Yale University Press, 2002.

Lears, T. Jackson. 第四章、前掲書。

May, Henry F. *The End of American Innocence: A Study of the First Years of Our Own Time, 1912–1917*. New York: Columbia University Press, 1992.

McEuen, Melissa A. *Seeing America: Women Photographers Between the Wars—Doris Ulmann, Dorothea Lange, Marion Post Wolcott, Margaret Bourke-White, Berenice Abbot*. Lexington: The University Press of Kentucky, 2000.

McFarland, Gerald W. *Inside Greenwich Village: A New York City Neighborhood, 1898–1918*. Amherst: University of Massachusetts Press, 2001.

Orvell, Miles. *After the Machine: Visual Arts and the Erasing of Cultural Boundaries*. Jackson: University Press Mississippi, 1995.

_____, *American Photography*. New York: Oxford University Press, 2003.

Parezo, Nancy J., and Don D. Fowler. *Anthropology Goes to the Fair: The 1904 Louisiana Purchase Exposition*. Lincoln: University of Nebraska Press, 2007.

Radcliffe-Whitehead, Ralph. *Grass of Desert*. Chiswick Press, 1892.

Ramirez, Jan Seidler. *"Beals' Bohemians" : Greenwich Village Through the Lens of Jessie Tarbox Beals*.

June 18, 1994–Oct.30, 1994, Museum of the City of New York. New York: Museum of the City of New York, 1994.

Riis, Jacob A. *The Battle With the Slum with Photographs by the Author* (1902). New York: Dover Publications, Inc.1998.

Rydell, Rober W. 第四章、前掲書。

Schwarz, Judith. 第三章、前掲書。

Stange, Maren. *Symbols of Ideal Life: Social Documentary Photography in America, 1890–1950.* Cambridge: Cambridge University Press, 1989.

Stansell, Christine. *American Moderns: Bohemian New York and the Creation of a New Century.* Princeton: Princeton University Press, 2000.

Trachtenberg, Alan. *Classic Essays on Photography*. New Haven: Leete's Island Books, 1980.

_____. *Reading American Photographs: Images as History—Mathew Brady to Walker Evans*. New York: Hill and Wang, 1989.

Walker, Charlotte Zoe, ed. *The Art of Seeing Things: Essays by John Burroughs.* Syracuse: Syracuse University Press, 2001.

Ware, Caroline F. *Greenwich Village, 1920–1930: A Comment on American Civilization in the Post-War Years*. Boston: Houghton Mifflin, 1935.

Weber, Bruce. *Homage to the Square: Picturing Washington Square, 1890–1965*. New York: Berry-Hill Galleries, 2001.

West, Nancy Martha. *Kodak and the Lens of Nostalgia*. Charlottesville: University of Virginia, 2000.

Wexler, Laura. *Tender Violence: Domestic Visions in the Age of U.S. Imperialism*. Chapel Hill: The University of North Carolina Press, 2000.

Whelan, Richard. *Alfred Stieglitz: A Biography*. New York: Little Brown, 1995.

Yochelson, Bonnie. *Alfred Stieglitz New York*. New York: Seaport Museum, 2010.

おわりに

Bigelow, Mrs. Poultney (Edith Jaffray Bigelow). *The Middle Course*. New York: The Smart Set Publishing Co., 1903.

______. *While Charlie Was Away*. London: William Heinemann., n.d.

Kellogg, Paul U. *Lillian D. Wald: Settler and Trail-Blazer*. Reprint from the New York Sunday Times of March 13, 1927.

あとがき

Jackson, Shannon. *Lines of Activity: Performance, Historiography, Hull-House Domesticity.* Ann Arbor: The University of Michigan Press, 2000.

Luts, Catherine and Jane L. Collins. *Reading National Geographic.* Chicago: The University of Chicago Press, 1993.

邦文文献

有賀夏紀『アメリカの20世紀』上・下、中央公論新社、2002。

池本幸三、他『近代世界と奴隷制——太平洋システムの中で』人文書院、1995。

ウォルド、リリアン『ヘンリー・ストリートの家――リリアン・ウォルド――地域看護の母――自伝』阿部里美訳、日本看護協会出版会、2004。

エーレンライク、バーバラ・D, D・イングリッシュ『魔女・産婆・看護婦――女性医療家の歴史』長瀬久子訳、法政大学出版局、1996。

エヴァンズ、サラ『アメリカ女性の歴史』小檜山ルイ、竹俣初美、矢口祐人訳、明石書店、2005。

亀井俊介『ニューヨーク』岩波書店、2002。

亀井俊介、紀平英作『アメリカ合衆国の膨張』中央公論社、1998。

カーバー、リンダ、K.他『ウィメンズ　アメリカ』有賀夏紀、杉森長子、瀧田佳子、能登路雅子、藤田文子監訳、ドメス出版、2002。

クラウト、アラン『沈黙の旅人たち』中島健訳、青土社、1997。

ケイ、エレン『児童の世紀』小野寺信、小野寺百合子訳、冨山房、1979。

佐々木隆『100年前のアメリカ』京都修学社、1995。

ジョーンズ、アン・ハドソン他『看護婦はどう見られてきたか――歴史、芸術、文学におけるイメージ』中島憲子監訳、時空出版、1997。

杉森長子『アメリカの女性平和運動史　1889−1931』ドメス出版、1996。

田野勲『祝祭都市ニューヨーク――1910年代アメリカ文化論』彩流社、2009。

ダフィー、ジョン『アメリカ医学の歴史――ヒポクラテスから医科学へ』網野豊訳、二瓶社、2002。

中條献『歴史のなかの人種』北樹出版、2004。

常松洋『大衆消費社会の誕生』山川出版社、1997。

トラクテンバーグ、アラン『アメリカ写真を読む――歴史としてのイメージ』生井英考、石井康訳、白水社、1996。

ナッシュ、ロデリック、グレゴリー・グレイヴス『人物アメリカ史』上・下、足立康訳、講談社学術文庫、2007。

野村達朗『ユダヤ移民のニューヨーク――移民の生活と労働の世界』山川出版社、1995。

ハイアム、ジョン『自由の女神のもとへ――移民とエスニシティ』斉藤眞、阿部斎、古矢旬訳、平凡社、1994。

樋口映美、中條献編『歴史のなかの「アメリカ」――国民化をめぐる語りと創生』彩流社、2006。

ペリー、ジョン・C.『西へ!――アメリカ人の太平洋開拓史』北太平洋国際関係史研究会訳、PHP研究所、1998。

ホイ、スーエレン『清潔文化の誕生』椎名美智、富山太佳夫訳、紀伊國屋書店、1999。

ボドナー、ジョン『鎮魂と祝祭のアメリカ――歴史の記憶と愛国主義』野村達朗、藤本博、木村英憲、和田光弘、久田由佳子訳、青木書店、1997。

本間長世編『現代アメリカの出現』東京大学出版会、1988。

松本悠子『創られるアメリカ国民と「他者」』東京大学出版会、2007。

ミラー、カービー、ポール・ワグナー『アイルランドからアメリカへ――700万アイルランド人移民の物語』茂木健訳、東京創元社、1998。

リアーズ、T・J・ジャクソン『近代への反逆――アメリカ文化の変容1880−1920』大矢健、岡崎清、小林一博訳、松柏社、2010。

歴史学研究会編『南北アメリカの500年（1）「他者」との遭遇』青木書店、1992。

レヴィンジャー、ラビ・リー・J.『アメリカ合衆国とユダヤ人の出会い』邦高忠二、稲田武彦訳、創樹社、1997。

油井大三郎、遠藤泰生編『多文化主義のアメリカ』東京大学出版会、1999。
吉川昌之介『細菌の逆襲』中央公論社、1995。
吉見俊哉『博覧会の政治学』中央公論社、1992。

使用図版出典

図1　ニューヨーク、マンハッタン近郊図

図2 "Typhoid Mary" article in *New York American*, June 20, 1909 in Judith Walzer Leavitt, *Typhoid Mary: Captive to the Public's Health*, Boston: Beacon Press, 1996.

図3 "Kate Sanborn's Literature Lessons. Round Table Series, No.4. Shakespeare" Boston: James R. Osgood & Co. c.1882.

写真出典（括弧内は正式タイトルがないため便宜上の仮題）

1. 「病院のナネット、1917年7月」
Nanette in the Hospital July 1917
Alexander Alland, Sr. *Jessie Tarbox Beals: First Woman News Photographer*, New York: Camera/Graphic Press, 1978, Plate 85.
2. 仮題（黒人乳母とナネット）
Olvwork 366272
The Schlesinger Library, Radcliffe Institute, Harvard University, 91–M154–2–1
3. 「医学校入学直前　1894年」
Just Before Entering Medical College, 1894
S. Josephine Baker, M.D., *Fighting For Life*, New York: The Macmillan Co., 1939. p.180.
Photographer unknown
4. 仮題（ベーカー、オフィスにて）
New York Historical Society, PR004, Box No.1, Folder No.1. Portrait, Dr. Josephine Baker, Department of Health of the City of the New York
5. 仮題（屋上を行く、ヘンリー・ストリートの看護婦）
Sally Schrefer ed., *Nursing Reflections: A Century of Caring*, St. Louis: Mosby, Inc., 2000, p.xii
Courtesy Visiting Nurse Service of New York
6. “ポーリーの店で食事する常連客”
Olvgroup 1004033
“Patrons dining at Polly's Restaurant”
Radcliffe Institute, PC60f–23
7. 「タバコ屋の像」
Cigar Store Statuary, 1910
Alland, Sr. *Jessie Tarbox Beals*, Plate 42
8. 「若く、美しい母親、見張りをする酋長」
A Young and Pretty Mother, A Brave Gazing “A Highland Chieftain on the Watch”
Kate Sanborn, *Hunting Indians in a Taxi-Cab.*
9. 仮題（偽ティーピーと「インディアン」像）
Kate Sanborn Papers, Photograph #5066
Rauner Special Collection Library, Dartmouth College
Courtesy of Dartmouth College Library
10. 仮題（日系人の使用人とサンボーン）
Kate Sanborn Paper, Photographs #5082
Rauner Special Collection Library, Dartmouth College
Courtesy of Dartmouth College Library

11. 仮題（サンボーン　肖像1882）
Kate Sanborn Papers, Series IV. Photographs, circa 1810–1883
Box# 1004, Sophia Smith Collection, Smith College
Photographer unkown
12. 仮題（サンボーンと並んだ犬）
Kate Sanborn Papers, Photograps #5080
Rauner Special Collection Library, Dartmouth College
Courtesy of Dartmouth College Library
13.「著者、フォーモサのジャングルにて初めて「野蛮人」に出会う」
"The Author's First Meeting with an Aboriginal of the Formosa Jungle"
Poultney Bigelow, *Japan and Her Colonies*, London: Edward Arnold& Co. 1923,
p.74と p.75の間に写真 Photographer unkown
14.「貞明皇后」
"Her Gracious Majesty the Empress of Japan"
Bigelow, *Japan and Her Colonies*, 扉 Photographer unkown
15.「イゴロットの少年とカメラ」
Igorot Boy with Camera
Eric Breitbart, *A World on Display 1904: Photographs From the St. Louis World's Fair*, Albuquerque: University of New Mexico Press, 1997, Front Cover.
Courtesy of Special Collections, St. Louis Public Library
16. "黒人男性（左）とジプシー（ママ）の男性（右）"
Olvgroup 1002242
"Group Portrait of a Negrito man（left）and a Gypsy/sic/ man（right）"
Radcliffe Institute, PC60–29–1
17. "二人のビサヤ女性"
Olvroup 1003789
"Informal group portrait of two Bisaya women"
Radcliffe Institute, PC60–27–11
18. 仮題（気球に乗るビールズ）
In a Balloon Takes a Flier
Alland, *Jessie Tarbox Beals: First Woman News Photographer*, Back Cover
19. "カメラと歩道に立ち、仕事をするビールズ"
Olvwork 20030616
"Portrait of Jessie Tarbox Beals standing on a city side walk with her camera, working"
Radcliffe Institute, PC60–5–8
20. 仮題（カメラを手にはしごに登るビールズ）
New York Historical Society, PR004, Box1, Folder 2 atop a ladder w/camera
21.「テナメントの一室」
Family in Room in Tenement House, ca 1910 In the Jacob A. Riis Collection #502
Museum of the City of New York.
22. "照明が灯る夜のメトロポリタン生命保険会社ビル"

Olvgroup 1002261
View of the Metropolitan Life Insurance Company Building at night, with lights on
Radcliffe Institute, PC60–51–5
23. "女児と外で座るナバホ女性"
Olvgoup 1002244
Navojo woman seated outdoors on the ground with her daughter
Radcliffe Institute, PC60–31–1
24. "赤ん坊を抱くアイヌ(日本人)女性"
Olvgroup 1003795
Ainu (Japanese) woman holding her infant child in her arms
Radcliffe Institute, PC60–28–4
25. "ラグナ湾(注、万国博覧会会場に造成された人工の水辺)で水遊びする4人のモロ族の子供たち"
Olvgroup 1002239
Four Moro children playing in the waters of the Laguna de Bay
Radcliffe Institute, PC60–26–14
26. "遊び場のポールにぶら下がって遊ぶ男の子たち(注、ローアー・イーストサイド)"
Olvgroup 1002263
Boys swinging from playground fethers attached to a pole. Ca. 1905–1915
Radcliffe Institute, PC60–54–16
27. "公園で幼児を抱く女児"
Olvgroup 1002264
Informal group portrait of a girl standing outside on a park lawn with an infant in her arms. ca.1905–1915
Radcliffe Institute, PC60–55–14
28. "河岸で幼児(妹)を抱く男児"
Olvgoup 1002263
Boy standing near the edge of a dock with an infant girl, probably his sister, in his arms. Ca.1905–1915
Radcliffe Institute, PC60–54–5
29. 「ベイヤード通りの満員のアパートの間借り人———一ヶ所5セント(1889)」
Lodgers in a Crowded Bayard Street Tenement—Five Cents a Spot, New York, 1889
Jacob A. Riis
『明日を夢見て———アメリカ社会を動かしたソーシャル　ドキュメンタリー』、東京都写真美術館、p21.
30. 「セーディ・ファイファー　———身長122センチ、すでに一年の半分は働いたランカスター紡績工場で働く幼い子たちのひとり。1908,11,30」
Sadie Pfeifer: 48inches high
Lewis W. Hine
『明日を夢見て———アメリカ社会を動かしたソーシャル　ドキュメンタリー』、東京都写真美術館、p.26.

31.「三等船客　1907」
The Steerage 1907
Alfred Stieglitz
In Bonnie Yochelson. *Alfred Stieglitz New York*. New York: Sea Port Museum, 2010, p.52.
32.「冬、五番街　1893、1897年印刷」
Winter, Fifth Avenue 1893 (printed 1897)
In Bonnie Yochelson. *Alfred Stieglitz New York*. New York: Sea Port Museum, 2010, p.40.
33.「冬、五番街　1897年以降印刷」
Winter, Fifth Avenue (printed after 1897)
In Bonnie Yochelson. *Alfred Stieglitz New York*. New York: Sea Port Museum, 2010, p.41.
34. バードクリフ・アート・コロニー
In Poultney Bigelow, "The Byrdcliffe Colony of Arts and Crafts". *American Homes and Gardens*. Oct. 1909, pp.389–393 より、ビールスの撮影写真　抜粋
35.「白松荘フロントポーチからの眺め、1910」
View from White Pines Front Porch, 1910/sic/
Nancy E. Green ed., *Byrdcliffe: An American Arts and Crafts Colony*, Herbert F. Johnson Museum of Art, Ithaca: Cornell University, 2004, p.13.
36.「体操の時間　1908」
Exercise Class, 1908
Green, ed., *Byrdcliffe*, p.188.
37. "ギャラリーの入り口に立つビールズ　1917"
Olvgroup 1003630
Beals standing in the gallery doorway 1917
Radcliffe Institute, PC60–7–3
38. "サモワールの常連客"
Olvgroup 1004033
Patrons dining at the Samovar restaurant ca. 1915–1926(ママ)
Radcliffe Institute, PC60–60f–41
39. "ティールームの入り口に箒をもって立つアンガー"
Olvgoup 1004891
Unger standing in the Tea Room entrance, broom in hand. Café is located below street level.
Radcliffe Institute, PC60–60f–2
40. "「クランペリ」店内の暖炉近くで、立って書き物をするクランプ嬢、三つのテーブル全て接客準備済み"
Olvgroup 1004075
"Miss Crump standing near the Crumperie fireplace, writing. Three tables, all preset for customers, are in the room."
Radcliffe Institute, PC–60–62–6
41. 仮題(レストランでスパゲッティを食べる人たち)
New York Historical Society, PR004, Box No.4, Folder 39 Greenwich Village-Grace Godwin's Garret

42. “ワシントン広場ブックショップにて、セール本で覆われた机の前で働く男女”
Olvwork 20031813
“Informal group portrait of an unidentified man and woman working at a table covered with books for sale at the Washington Square Book Shop.”
Radcliffe Institute, PC60–60f–34
43. “編集室でのニュートンとマン”
Olvgroup 1004034
“Newton and Mann in their office.”
Radcliffe Institute, PC60–60f–8
44. “画廊にて、座ってウクレレに絵を描くエドワーズ　1912—1926頃”
Olvgoup 1004890
Edwards seated in his studio and painting a ukulele” ca.1912–1926
Radcliffe Institute, PC–60f–29
45. “ステージ上のオーケストラにあわせて踊るウェブスター・ホールのダンサーたちの仮装パーティー”
Olvgoup 1004105
“Dancers at a Webster Hall costume ball performing on the ballroom floor to the music of the orchestra on-stage.”
Radcliffe Institute, PC–60–66–16
46. “ペットの犬を抱き、画廊兼店で坐る、アリソン”
Olvgroup 1004893
“Allison seated in the front room of her studie-shop on the arm on the chair her pet dog is seated on.”
Radcliffe Institute, PC–60–60f–30
47. “自身の店の中、東洋の飾り棚に置かれた陶器人形の横に立つデイジー・トンプソン。部屋の中は花瓶、皿、鏡などの調度品で溢れる。”
Olvgroup 1002268
“Daisy Thompson standing inside of her shop next to a display of figurines in an oriental cabinet, vases, plates mirrors and other merchandise are placed throughout the room” ca. 1912–1926
Radcliffe Institute, PC60–60f–11
48. 仮題（洗濯物）
Inscription “ A Greenwich Village Alley with Modern Art Lines”
Museum of the City of New York, 91.53.22
49. 仮題（ツアーガイド、アデル・ケネディ）
Inscription “The Only Guide to Greenwich Village—New York”
New York Historical Society, PR004, Box No. 5, Folder No. 41.
50. 仮題（光のアーチ）
“夜のワシントン・アーチ、北向き、電飾の明かりが公園の噴水に映る。後ろにみえる建物には（左）、上階と中央に飾り。1926—1928頃（ママ）”
Olvgoup 1003984
“Nighttime view of the Washington Arch facing north with decorative lights on arch reflected in

ghe park fountain. The exterior of the building in the background, left, has festoons bordering the top and center stories. Ca. 1926–1928."
Radcliffe Institute, PC60–57–7

51. 仮題(雪のアーチ)
"ワシントン・アーチ、北向き、冬の夜景。雪の上には足跡。公園の照明がともっている。1926—1928頃(ママ)"
Olvgoup 1003984
"Washington arch facing north as seen at night, winter. Footprint-covered snow is on the ground: park street lamps are on. Ca. 1926–28."
Radcliffe Institute PC–60–57–4

52. 仮題(二階建てバスとアーチ)
"二階建てバスがワシントン記念アーチ、北向き、と公園の噴水近くに止まっている。"
1912—1926頃
Olvgroup 1004032
"Double-decker bus parked near the fountain and Memorial Arch, Washington Square Park facing north. Ca. 1912–1926."
Radcliffe Institute, PC60–60f–15

53. 仮題(霧雨のアーチ)
"雨のワシントン・アーチ、北向き、男の子?　右側にコートを羽織ろうとしている。(ママ)"
『ニューヨーク・トリビューン』1920年、7月4日掲載
Olvgoup 1003984
"View of Washington Arch facing north in the rain, with an unidentified boy? Putting on his coat, right. (Published in the New York Tribune, July 4, 1920)
Radcliffe Institute, PC–60–9